Alle Altersstufen

Marlies Zibell

AF556537

Häkeln & Co

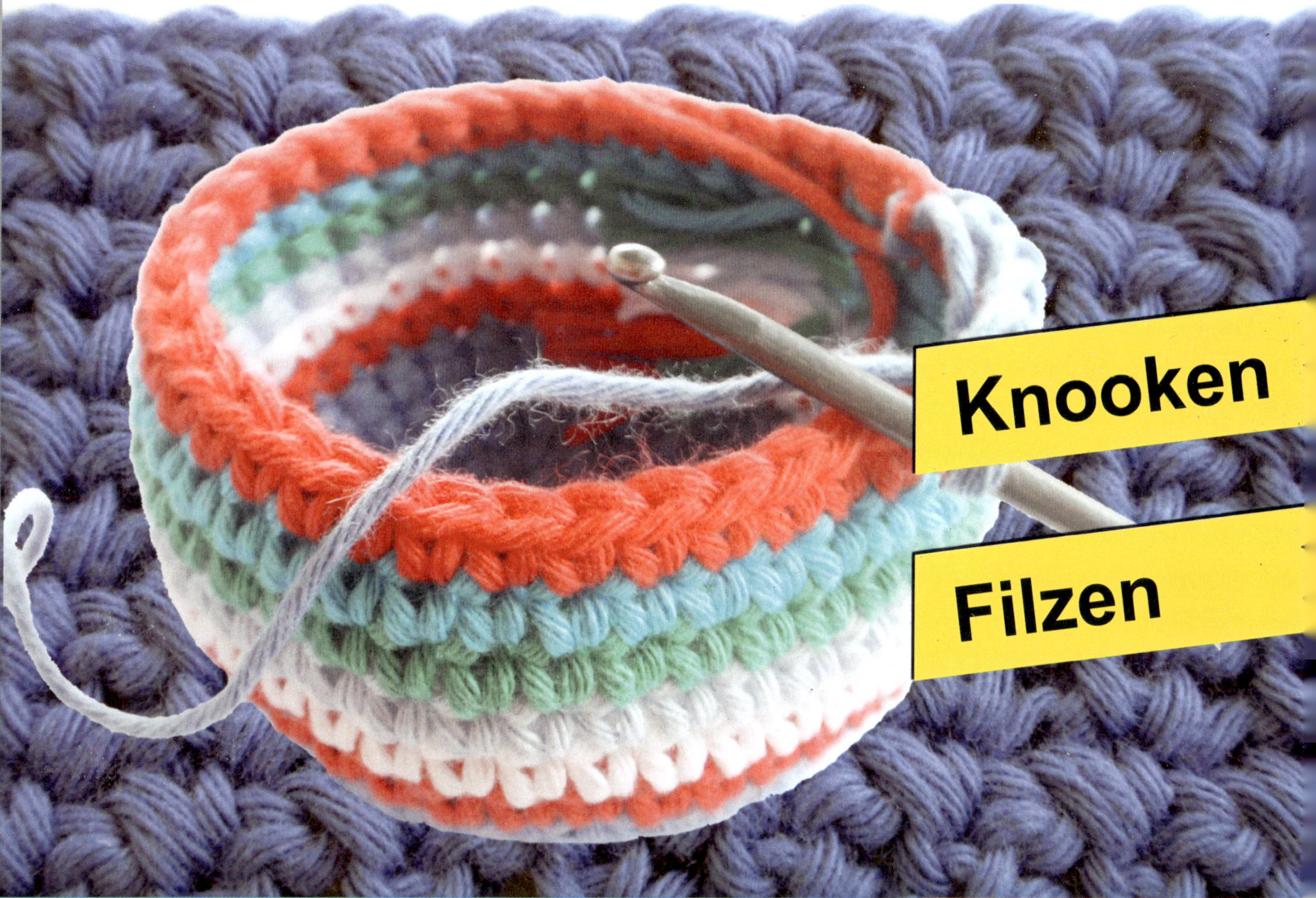

Knooken

Filzen

Grundlagen und neue Ideen für die Textilarbeit in der Schule

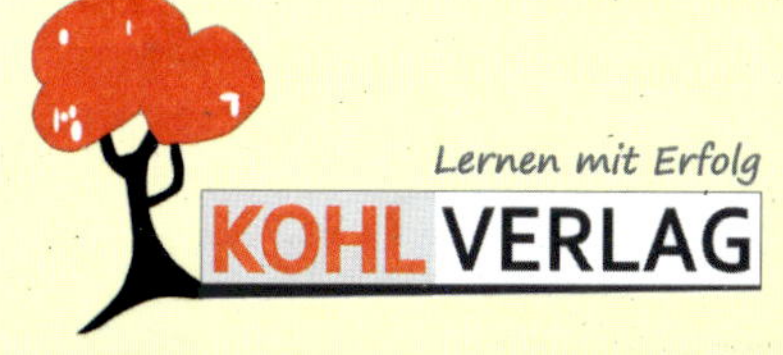

www.kohlverlag.de

Häkeln & Co

Grundlagen und neue Ideen für die Textilarbeit

4. Auflage 2024

Inhalt: Marlies Zibell
Redaktion: Kohl-Verlag
Grafi k & Satz: Kohl-Verlag
Druck: Druckerei Flock, Köln

Bildquellennachweis:

Titelseite © Marlies Zibell/ Kohl-Verlag
Seiten 17, 28, 28, 29, 30, 31, 32, 34, 35, 35, 36, 37, 38, 40: © picsfive - Fotolia.com
Seite 58: © picsfive - Fotolia.com
Restliche Bilder: © Marlies Zibell

Bestell-Nr. 11 753

ISBN: 978-3-95686-742-2

Inhalt

Häkeln & Co
Grundlagen und neue Ideen für die Textilarbeit – Bestell-Nr. 11 753

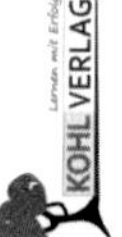

Inhalt

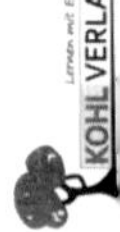

KOHL VERLAG Häkeln & Co Grundlagen und neue Ideen für die Textilarbeit – Bestell-Nr. 11 753

Vorwort

Liebe Kolleginnen und Kollegen,

Häkeln ist IN! Ja, man kann sogar von einem neuen Häkelfieber sprechen, wenn es ums Handarbeiten geht ... dabei ist das Häkeln eine relativ junge Kulturerscheinung für die Maschenbildung. Nicht ohne Grund ... denn es muss immer einfacher, schneller, effektiver werden, Handarbeiten herzustellen. Sie müssen überschaubarer sein in den Techniken, attraktiver im Verwendungszweck ... wo bleibt da unser Auftrag, den Schülern etwas zu vermitteln?

Es geht ... in kleinen Schritten zum Erfolg und mit kindgerechten Zielvorgaben! So sind Grundlagen für den Erwerb der Häkeltechnik mit Materialkenntnissen in diesem Buch früh angelegt. Schon in der GS können die Kids mit einer Nadel arbeiten, behindern und gefährden sich nicht gegenseitig und können doch individuelle und kreative Ergebnisse erzielen. Um mit der Häkelnadel unterwegs zu sein, geht es nicht nur für Boshies und Beanies auf den Köpfen rund ... das Thema Häkeln zieht weitere Kreise und verwirrt durch immer wieder andere Begriffe in der Vermarktung neuer Ideen.

Wie einfach ist es denn, Begriffe wie Tawashi, Amigurumi, Knooking oder Zpagetti umzusetzen? Was vielversprechend klingt, kann auch gut werden ... haken wir mit Häkelnadeln, Grundkursen und Werkbeispielen nach, was in den Schulen machbar ist! Auch Blicke in künstlerische Häkelkosmen lohnen sich, denn Kreativität ist gefragt.

Viel Erfolg und Freude bei der Arbeit mit diesem Heft wünschen Ihnen das Team des Kohl-Verlages und

Marlies Zibell

Mit Schülern bzw. Lehrern sind im ganzen Band selbstverständlich auch die Schülerinnen und Lehrerinnen gemeint.

Einleitung

Zu Beginn auf den Seiten 8 und 9 eine Einladung in das Lexikon der Begriffe.

Es kann nicht schaden, vorweg auf diesen zwei Seiten nachzuschauen, was es Altbekanntes und Neues gibt ... mit Platz für eigene Einträge.

Zur **Unterrichtspraxis** folgen **Werkstücke im Überblick** auf den **Farbseiten** 10-13. Mit diesen Symbolen wird die Auswahl und der Einstieg in ein Thema erleichtert:

⊙ bedeutet, es ist einfach, die Anleitung nachzuvollziehen.

! bedeutet, ein wenig knifflig und das Werkstück braucht Zeit.

✶ bedeutet, knifflig, aber wir schaffen das schon ?!!

Auf den Seiten 14-15 erscheinen mit Infos für Lehrer alle **Materialien im Überblick**.

Nach kurzer Darstellung der **Methoden, Ziele und Zeitfenster** auf der Seite 16 geht es dann weiter mit Grundkursen und Werkbeispielen ans Eingemachte.

Wir beginnen mit der Basis der **Häkeltechniken** auf den Seiten 17-20. In späteren Werkbeispielen kann immer wieder darauf zurückgegriffen werden.

Ab der Seite 21 entstehen **Werkbeispiele mit festen Maschen.**

Tawashi auf den Seiten 21-25 in allen Niveaustufen. Differenzierung beginnt früh!

Auch gehört dazu, etwas Altbekanntes japanisch neu zu definieren!

Kreisrund und bunt geht es weiter mit **Spiralen-Häkeln** (Überblick auf Seite 26). Das geht ganz einfach, erklärt und beschrieben auf den Seiten 27-32 für heimische Produkte wie **Untersetzer, Topflappen, Mäppchen, Täschchen und Deko-Ostereier**.

Kreisrundes herzustellen wird dann etwas schwieriger, wenn gezählt werden muss!!!

Doch **Rundes und Buntes mit geschlossenen Reihen** schaffen wir auch, wenn das Ergebnis attraktiv ist. Auf den Seiten 33-41 entstehen perfekte **Muttertags-Geschenke** und **Kickbälle**, die jedes Kämpfchen überstehen ....

Mit **Werkbeispielen aus halben Stäbchen** machen wir einen Ausflug in die kalte Jahreszeit. **Stirnbänder und Mützen** entstehen schnell, preiswert und mit vielen kreativen Ideen auf den Seiten 42-55. Auch Label, Bommel und Blume sind in diesem Kapitel dabei!

Das Häkeln in Quadraten hat einen neuen Namen ... **Granny Squares**!

Wir machen sie mit **Werkbeispielen aus ganzen Stäbchen** aus einem einzigen Planquadrat. Es kann der Beginn einer langen Freundschaft werden, wenn Lehrer und Schüler die Vielfalt entdecken auf den Seiten 56-59.

Doch lässt sich noch viel mehr aus ganzen Stäbchen machen, bunte Bänder kombiniert mit anderen Maschen ... Seiten 60-61.

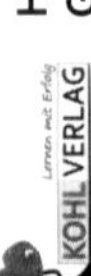

Einleitung

Für Ungeduldige in Sachen Häkeltechnik sind dicke Nadeln und Stoffstreifen das Ideale.

Auf den Seiten 62-68 wird deshalb Zpagetti für die Schule überprüft und angewendet, nicht ohne das Upcyceln zu vergessen. **Mit Zpagetti kommt man schnell ins Ziel** ... für Osterkörbchen, Behälter in Spiralenrunden und Überzüge für Kräutertöpfe!

Im Kapitel **Häkelfilzen** auf den Seiten 69-77 wird das spannende Thema Filzen in der Waschmaschine in Grundkursen und Werkbeispielen dargestellt.

In allen Niveaustufen können Herzanhänger, Bälle zum Spielen, Blumis, Klangkugeln und Amigurumis in Werkstätten entstehen.

Knooken – Häkeln wie gestrickt geht nur mit einer besonderen Häkelnadel.

Sie wurde erfunden, um eine Strickoptik einfacher herzustellen als mit zwei Stricknadeln oder einem Nadelspiel. Auf den Seiten 78- 91 erforschen wir Möglichkeiten für den schulischen Einsatz in allen Niveaustufen. In kreativen Werkbeispielen wie knallbunten Handytäschchen, Püppchen und Weihnachtswichteln ist der Zeitaufwand überschaubar, die Beanie für Strickeinsteiger dauert etwas länger ... verbunden mit Hausaufgaben.

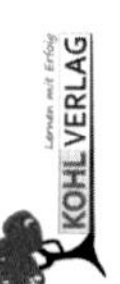

Lexikon der Begriffe

Abkürzungen für Häkelmaschen

- LM = Luftmasche (für Luftmaschenketten- und Ringe)
- KM = Kettmasche (einfaches Verschließen von Reihen)
- fM = feste Masche (für dichte Maschenbilder und Abschlüsse)
- hSt = halbe Stäbchen (für lockere Maschenbilder, die wärmen müssen)
- St = Stäbchen (für lockere Maschenbilder, die nicht wärmen müssen)

Amigurumi

Japanischer Begriff für Strick- oder Häkelkunst, mit der kleine Tierfiguren hergestellt werden, die dem Kindchenschema entsprechen. Sie finden Verwendung als Spiel- oder Sammelobjekt, in Kleinstausführung auch als Anhänger/Glücksbringer.

Applikation

Bezeichnung für Techniken, mit der fertige textile Objekte durch Aufnähen, Bügeln oder Bekleben verziert werden können.

Beanie

Beanie ist die engl. Bezeichnung für Mütze. In vielen Häkelbüchern wird der Begriff speziell für längere Versionen angewendet. Ursprünglich leitet sich der Begriff von der Zipfelmütze / Plümmelmütze ab.

Bommel

Bommel (oder französisch Pompons) sind zu Kugeln geformte Fadenbündel und werden als Abschluss und Schmuck für Mützen verwendet. Für die Herstellung werden 2 Pappringe zum Wickeln benutzt (mit verschiedenen Techniken).

Boshi

Boshi heißt Mütze auf japanisch. 2009 entstand während eines deutsch-japanischen Skilehreraustausches die Vermarktungsidee für myboshi. Damit begann der Siegeszug für selbst gehäkelte Mützen und wurde als Hobby salonfähig für das männliche Geschlecht.

Filz

Reine Schurwolle vom Schaf hat unter Einwirkung von Wasser, Temperatur, Druck und Reiben die Eigenschaft zu verfilzen. Vorgeformte gehäkelte Objekte können in der Waschmaschine verfilzt werden.

Granny-Squares

sind Omas beliebte Häkelquadrate aus den 70er und 80er Jahren. Postmodern erfreuen sie sich großer Beliebtheit vor allem für Wohnaccessoires.

Häkeln

Als Methode der Textilverarbeitung für die Flächenbildung mit Maschen ist das Häkeln (Nadel mit Haken) erst seit 1800 bekannt. Im Gegensatz zu Stricknadeln, auf denen Maschen aufgereiht werden (aber auch gerne immer wieder abrutschen) ... können mit der Häkeltechnik Maschen punktuell festgehalten werden. Daraus ergeben sich typische Maschenbilder aus festen Maschen, halben, ganzen und doppelten Stäbchen in Hin- und Zurückreihen ... wie auch Flächenbildungen aus der Mitte (Kreis, Quadrat) und durch Zu- und Abnahmen dreidimensionale Produkte.

Häkeln & Co
Grundlagen und neue Ideen für die Textilarbeit – Bestell-Nr. 11 753

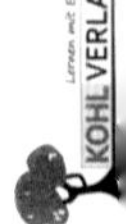

Lexikon der Begriffe

Häkeln

Der Vorteil der Häkeltechnik gegenüber dem Stricken liegt für die Unterrichtspraxis eindeutig in der Wiederverwendbarkeit im Arbeitsprozess. Nur eine Masche liegt blank, kann gesichert werden und in der nächsten Unterrichtsstunde zum Werkstück vollendet werden. Ein weiteres Pro für die Häkeltechnik ist, dass nur mit einer Nadel gearbeitet wird. Somit entfallen gegenseitige Gefährdungen durch „Rumfuchteln“ mit zwei Stricknadeln oder Nadelspielen. Die Aufmerksamkeit der Kids wird auf das Werkstück konzentriert und auf kreative Entfaltungsmöglichkeiten.

Knooking

Mit der etwas anderen Häkelnadel entstehen Strickoptiken (neudeutsch = Sträkeln).Für kleinere Werkstücke optimal geeignet!

Label

Label ist die engl. Bezeichnung für Zettel oder Etikett mit dem Zweck der Wiedererkennung. Für Mützen bekannt in maschinell gestickten Versionen für Eigenmarken.

Maschen

Maschen sind in der textilen Verarbeitung Schlingen aus Garn usw., jedoch hat der Begriff weitaus größere Bedeutung in Redewendungen und Wortkombinationen.

Patchwork

Aus einzelnen Teilen wird ein Ganzes durch Vernähen oder Verhäkeln hergestellt. Siehe auch Granny-Squares und TIPPS für Gemeinschaftsarbeiten!

Stricken

Beim Stricken werden in der Regel zwei lange Nadeln verwendet, für das Rundstricken ein Nadelspiel. Nach der Anschlagsreihe wird Masche für Masche abgestrickt und die gesamte Breite des Werkstücks verbleibt auf der Nadel. Durch Ab- und Zunahmen kann die Form verändert werden.

Tawashi

Häkeltrend aus Japan (bunte Putzhilfen für Küche und Bad). Ursprünglich aus allen möglichen natürlichen Materialien für Reinigung und Körperpflege entstanden, erlebt der Begriff kreative An- und Aufwertungen für den Rest der Welt.

Troddel

Troddel (oder Quaste) sind gebündelte Fäden zur Zierde.

Upcyceln

Upcyceln bedeutet die Wiederverwertung und Aufwertung von Abfallprodukten durch kreative Anwendungen und unterscheidet sich dadurch vom Recyceln.

Zpagetti

Zpagetti ist ein Markenname für Stoffgarn/Textilgarn/Jerseygarn und wird in Den Haag/ Holland produziert. Die Grundidee war, gewirkte Stoffe zu „upcyceln“, indem man sie in Streifen schneidet und verhäkelt oder verstrickt. Mit dicken Nadeln und einfachen Techniken kommt man schnell ins Ziel für XXL-Modelle, hauptsächlich für Wohn-Accessoires.

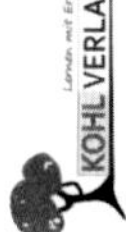

1 Unterrichtspraxis

Werkstücke im Überblick ⊙

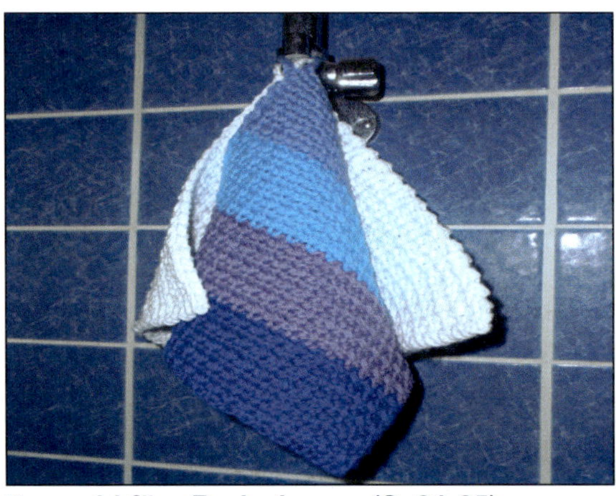
Tawashi fürs Badezimmer (S. 21-25)

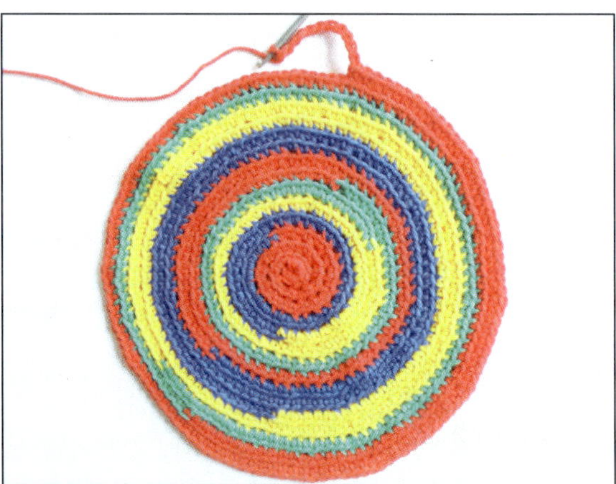
Untersetzer/Topflappen (S. 26-38)

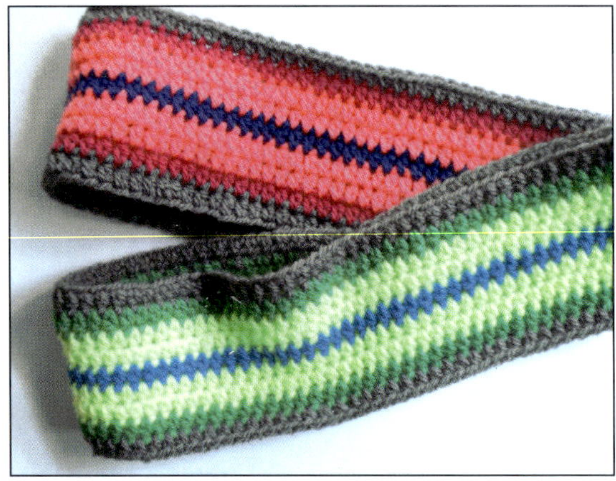
Stirnbänder in bunten Reihen (S. 42-45)

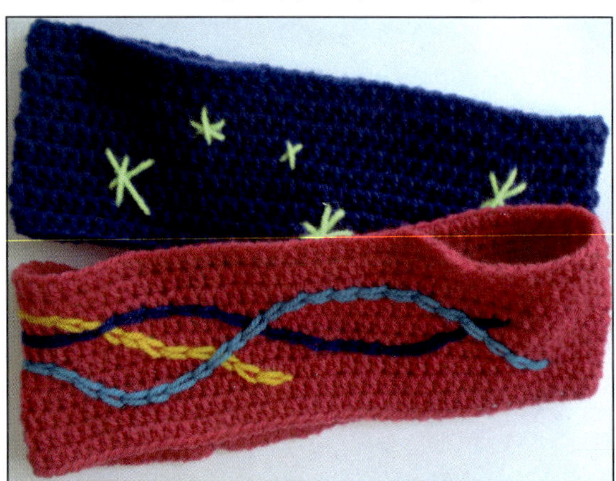
Stirnbänder bestickt und behäkelt (S. 46-47)

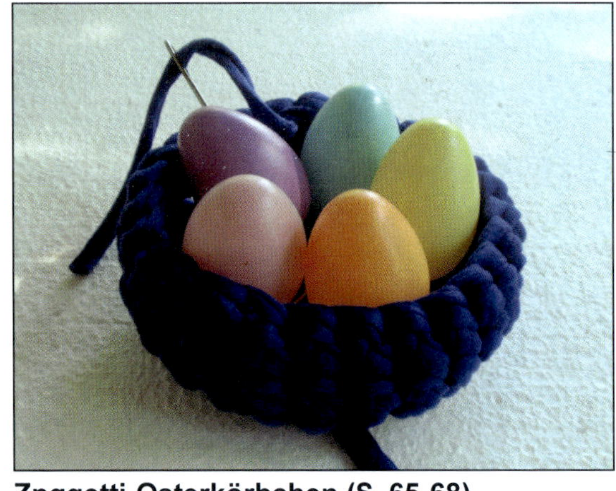
Zpagetti-Osterkörbchen (S. 65-68)

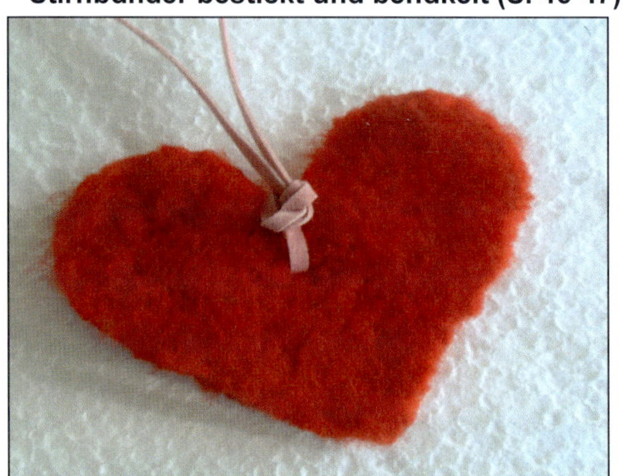
Häkelfilzen/Herzanhänger (S. 70)

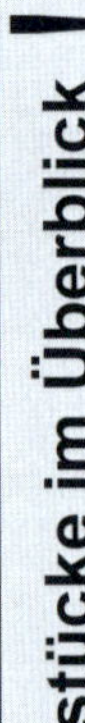

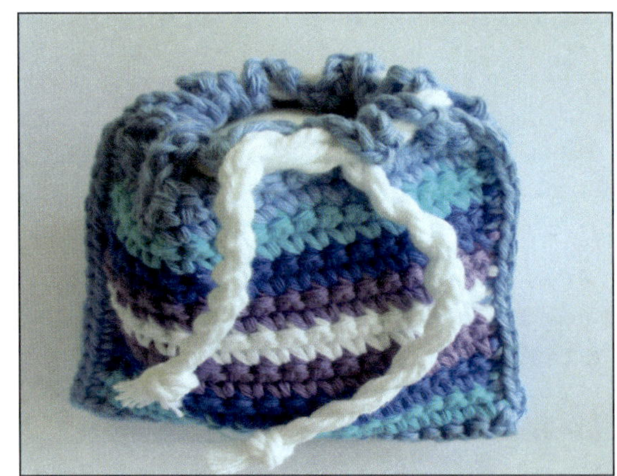
Tawashi-Seifensäckchen (S. 24)

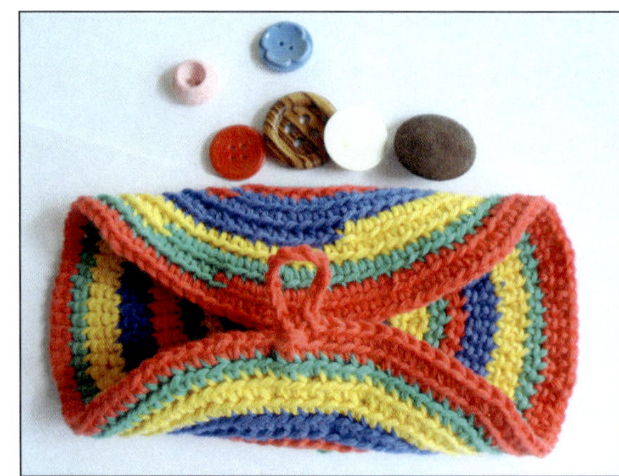
Mäppchen (S. 27-29)

Häkeln & Co
Grundlagen und neue Ideen für die Textilarbeit – Bestell-Nr. 11 753

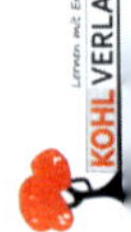

Werkstücke im Überblick !

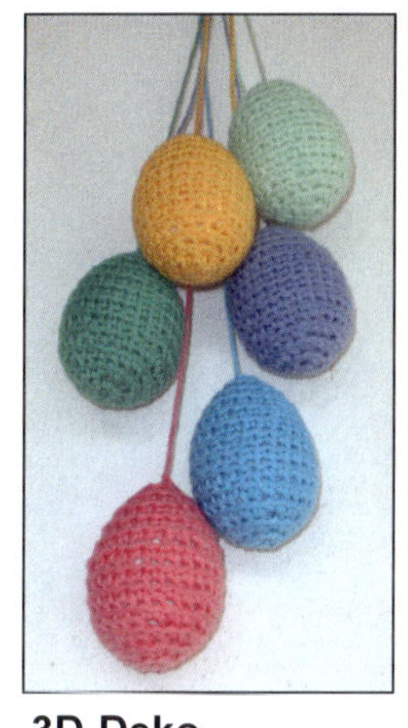
3D-Deko-Osterei (S. 32)

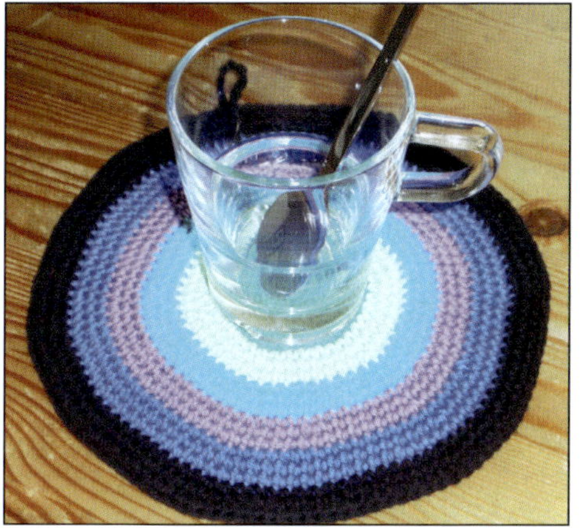
Untersetzer (S. 33)

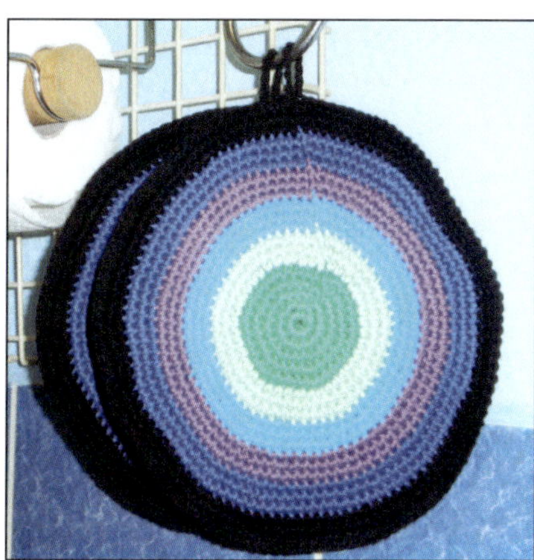
Topflappen (S. 34-38)

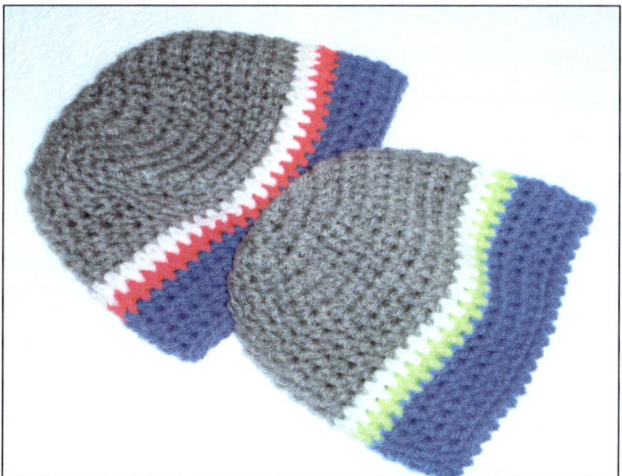
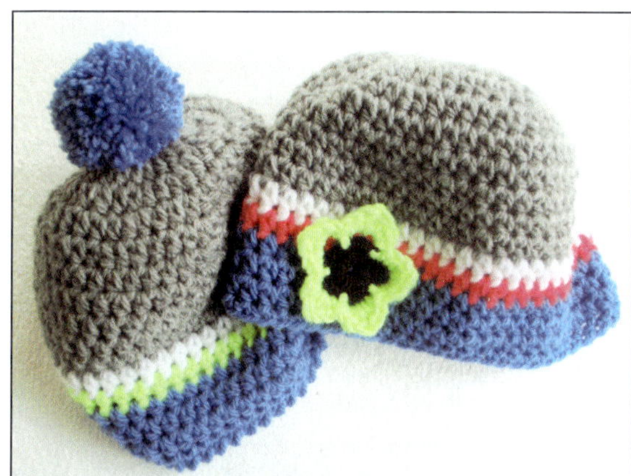
Maschen für Mützen mit Bommel und Blume (S. 48-55)

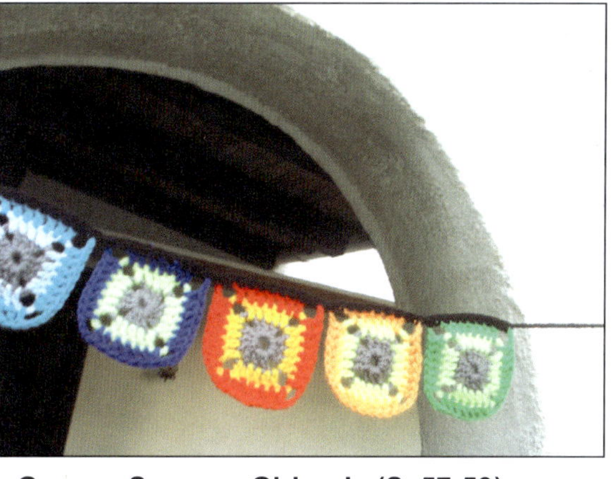
Granny-Squares Girlande (S. 57-59)

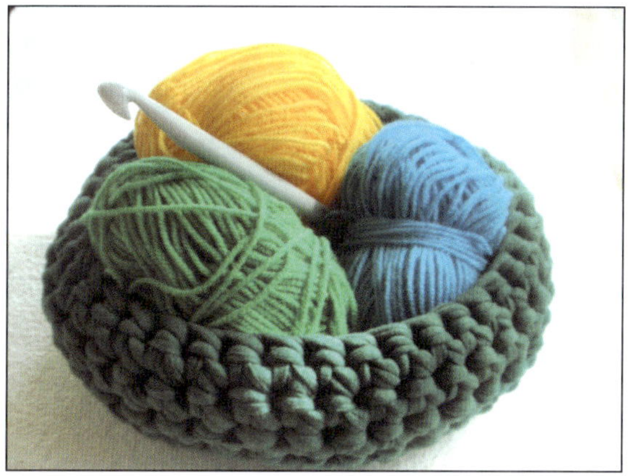
Zpagetti-Wollkorb (S. 65-66)

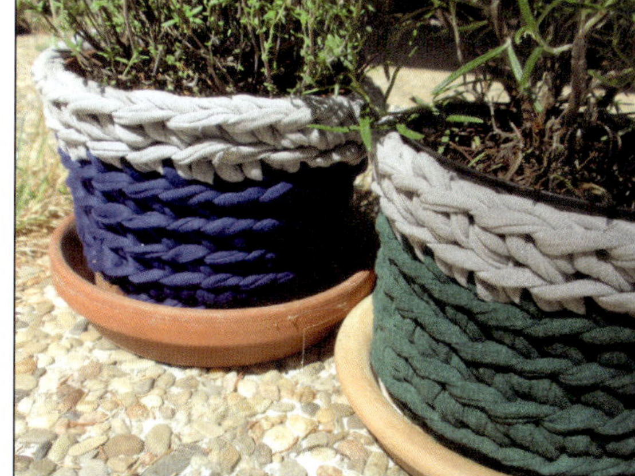
Zpagetti-Überzug für Kräutertöpfe (S. 67-68)

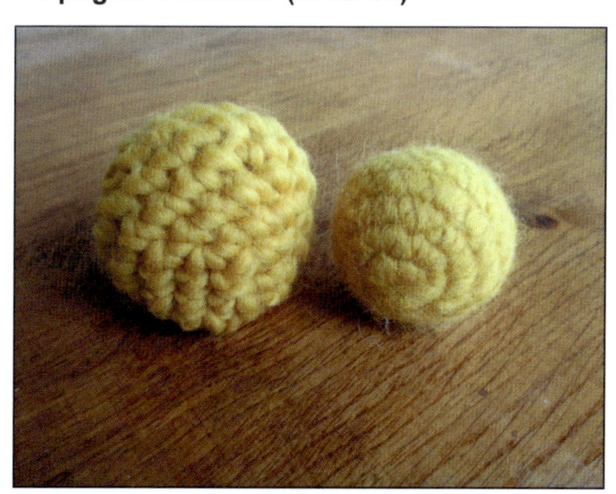
Häkelfilzen / Bälle zum Spielen (S. 71)

Häkeln & Co
Grundlagen und neue Ideen für die Textilarbeit – Bestell-Nr. 11 753

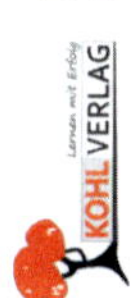

Werkstücke im Überblick !

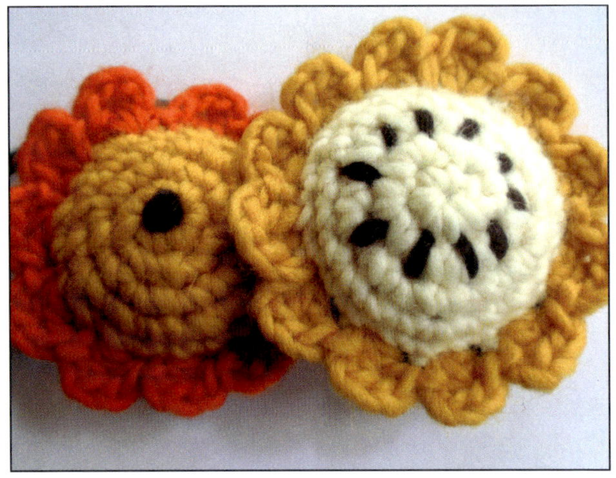

Häkelfilzen / Blumis (S. 72)

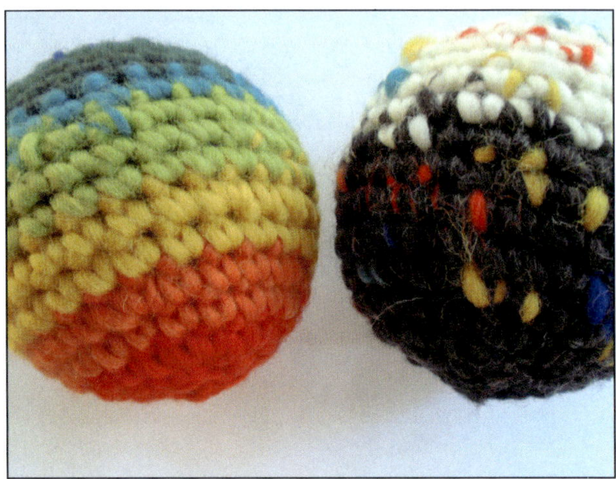

Häkelfilzen / Klangkugeln (S. 73)

Werkstücke im Überblick ★

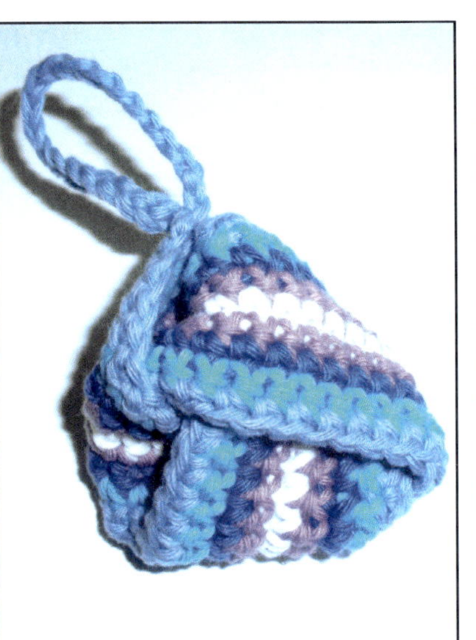

Tawashi-
Badeschwamm (S. 25)

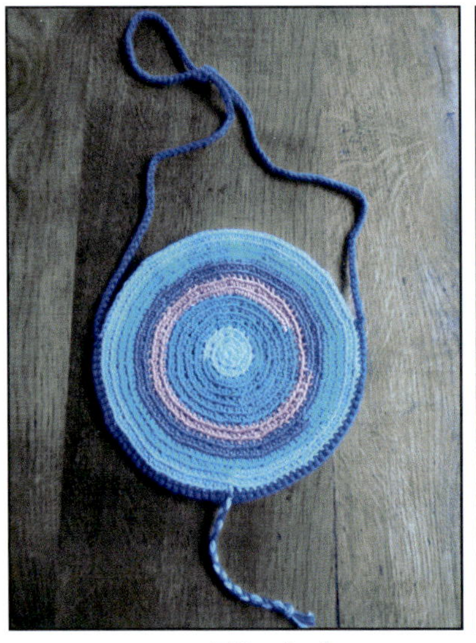

Täschchen aus zwei Teilen (S. 30-31)

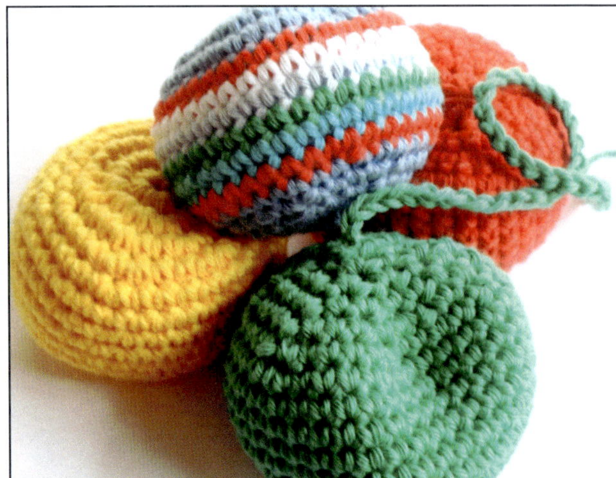

Knautschball (S. 39-41)

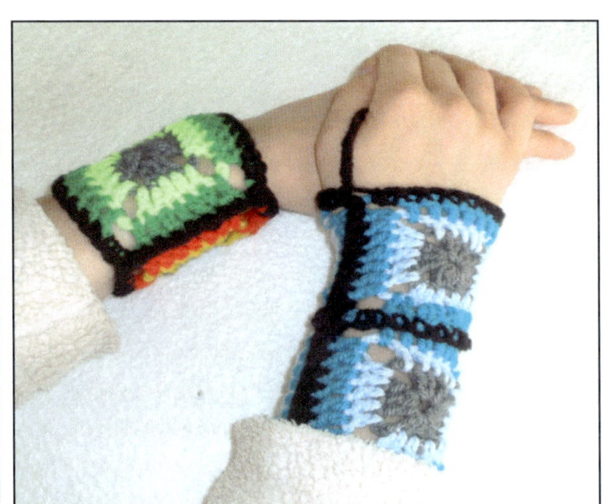

Patchwork-Grannies postmodern
(S. 57-59)

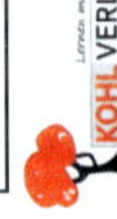

KOHL VERLAG Häkeln & Co
Grundlagen und neue Ideen für die Textilarbeit – Bestell-Nr. 11 753

Werkstücke im Überblick

Patchwork-Kissenhülle
(S. 57-59)

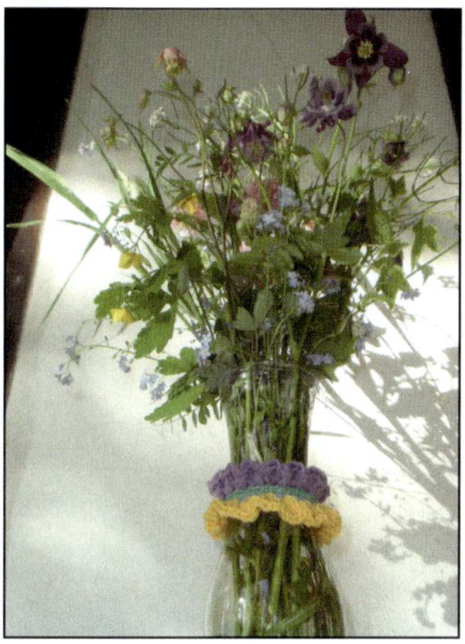

Bunte Bänder
(S. 60-61)

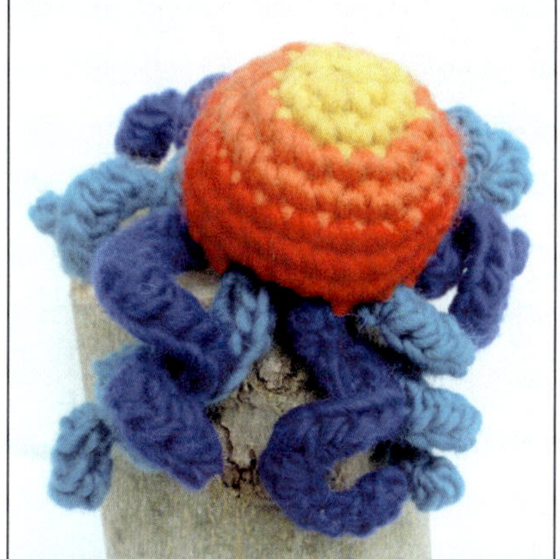

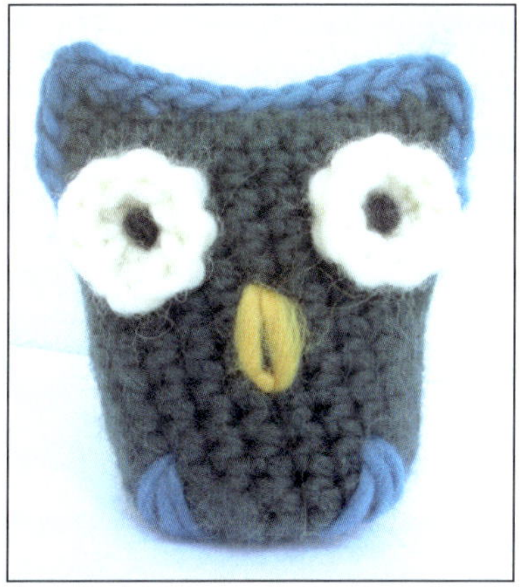

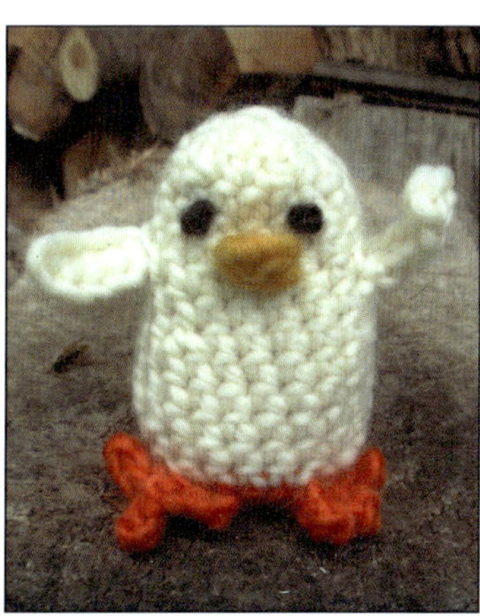

Amigurumi-Krake Paul, Eule und Ente (S. 74-77) vor dem Filzen!

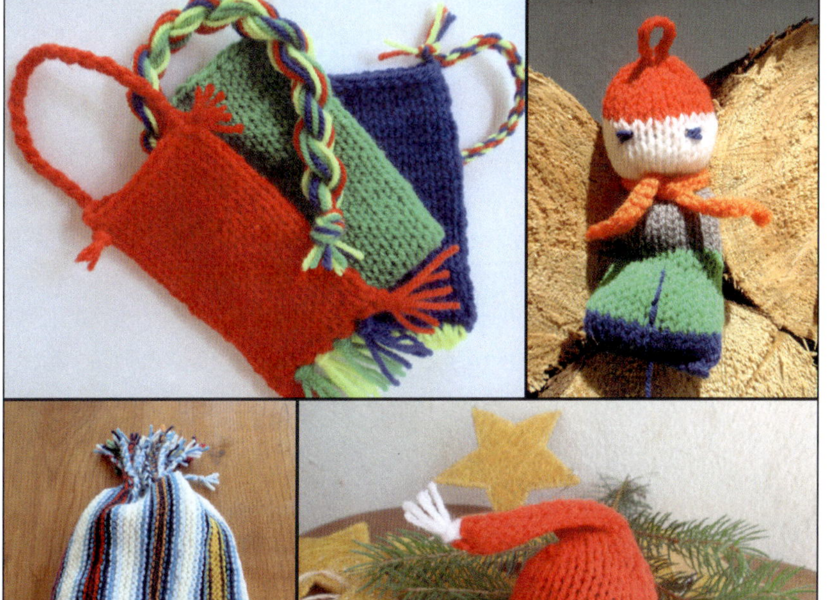

Knooken / Handy-Täschchen, Püppchen, Weihnachtswichtel, Beanie (S. 78-91)

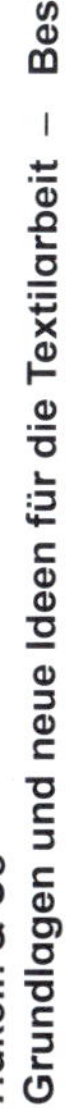

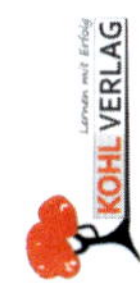

Materialien im Überblick

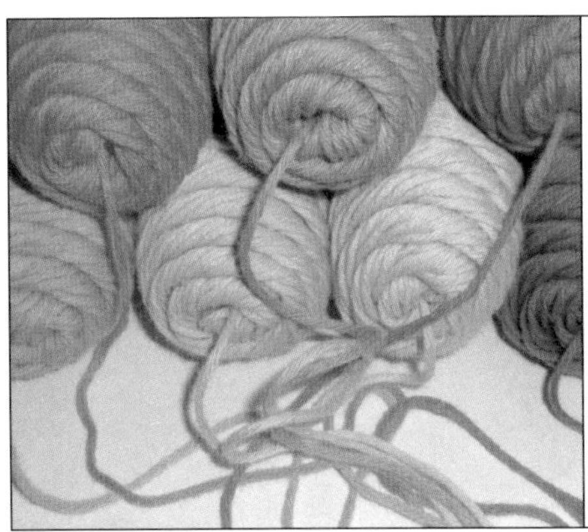

Baumwollgarn / Topflappengarn
für Nadelstärken 4-4,5.

Waschbar bis 60° C, ideal für Anfänger und alle Werkstücke, die im Gebrauch schmutzig werden und oft gewaschen werden müssen.

Lauflänge ca. 87 m/50 g, ideal für kleine bis mittelgroße Werkstücke und den Austausch von Farben im Unterricht. Siehe auch Werkbeispiele mit festen Maschen (S. 21-41), bunte Bänder (S. 60-61).

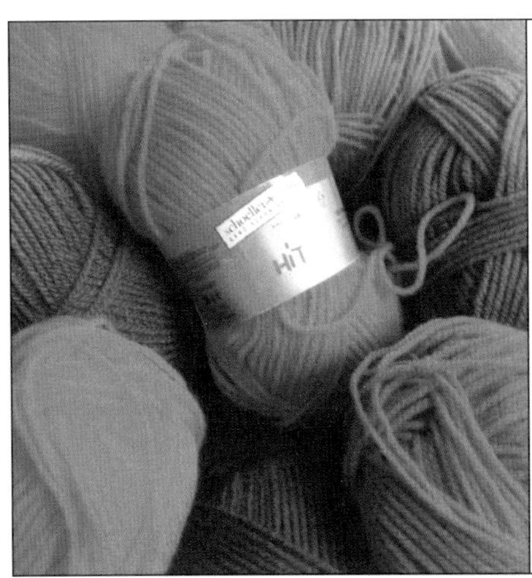

100 % Polyacryl
für Nadelstärken 3-4
(doppelt genommen für 6-7)

Waschbar bis 30° C; ideal für Anfänger und alle Werkstücke, die im Gebrauch wärmen sollen. Preisgünstig im Einkauf, Lauflänge ca. 135 m/50 g, ideal für kleine bis mittelgroße Werkstücke und den Austausch von Farben im Unterricht.

Siehe auch Werkbeispiele mit halben und ganzen Stäbchen (S. 42-56, 57-61) sowie Knooken auf (S. 78-91).

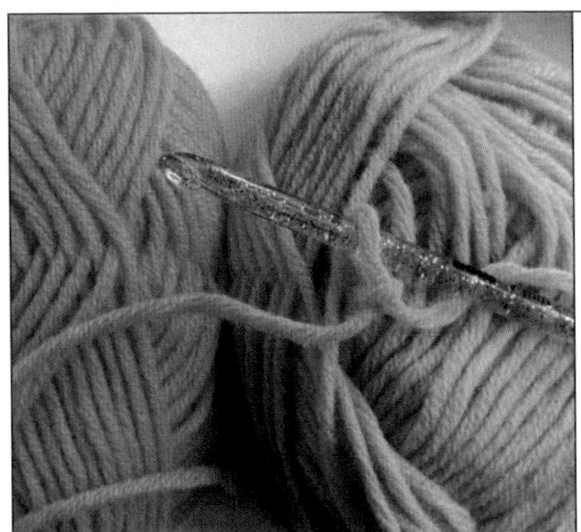

Schnellstrickwolle für Mützen
70 % Polyacryl / 30 % Schurwolle
für Nadelstärken 7-8

Die Mischung verbindet den angenehmen Wärmeeffekt der Schurwolle mit der praktischen Waschbarkeit bei 30° C.

Lauflänge ca. 60 m/50 g

Ideal für Mützen und voll im Trend! Siehe auch Werkbeispiele mit hSt (S. 48-54).

Häkeln & Co
Grundlagen und neue Ideen für die Textilarbeit – Bestell-Nr. 11 753

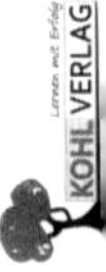
KOHL VERLAG

Materialien im Überblick

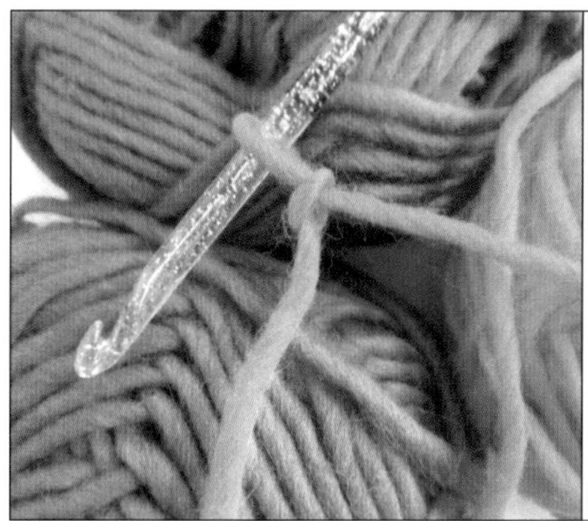

100 % Schurwolle
für Nadelstärken 7-8,

ideal zum Häkelfilzen bei 40° C in der Waschmaschine
Waschmaschine, schrumpft um ca. 30-40 %

Lauflänge ca. 50 m/50 g

Aus Kostengründen nur geeignet für kleinere Werkstücke (S. 69-77).

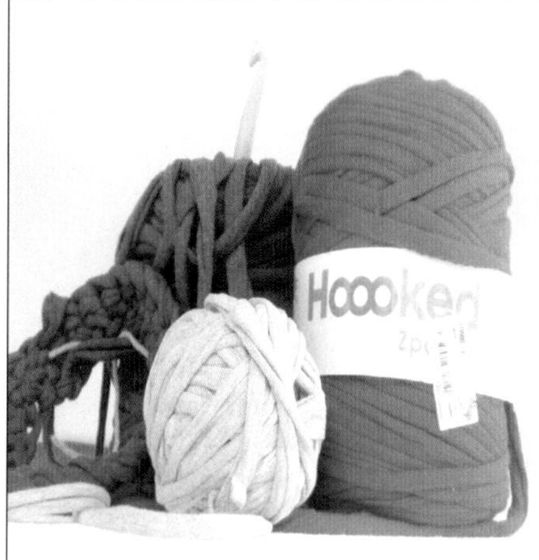

Stoffgarn aus recyceltem Baumwoll-Jersey (Hoooked **Zpagetti** = Markenname).

Streifen sind geschnitten auf ca. 4 cm,
rollen sich zum Garn, sobald man daran zieht.

Nadel 12 mm / ca. 850 g /
Lauflänge ca. 120 m

Aus alten T-Shirts können Stoffgarne auch in geringen Lauflängen und Gewichten upcycelt werden.

Aus Kostengründen nur geeignet für kleinere Werkstücke (S. 63-68).

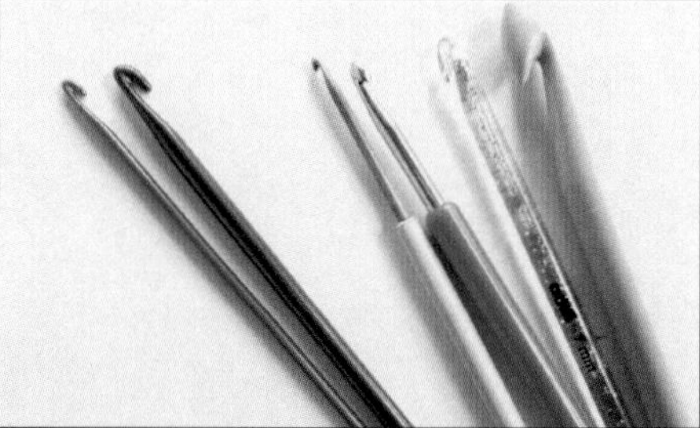

Häkelnadeln
in verschiedenen Stärken von 4-12

aus Metall und Kunststoff (die kleineren Stärken haben zur besseren Handhabung einen Griff).

Die Sonderformen fürs Knooking (= Strickoptik) sind am Ende mit einer Öse ausgestattet.

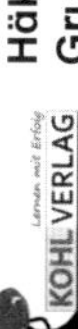

Methoden, Ziele und Zeitfenster

Die Wahl der Methoden wird immer wieder durch neue Medien bereichert ... oder irritiert. Sucht man „Häkeln“ mit Hilfe einer Internet-Suchmaschine, so folgen unendlich viele kleine Filmchen, die man im Unterricht präsentieren könnte. Jedoch laufen sie so schnell ab, dass sie für die Unterrichtsstunde nicht brauchbar sind ... Schüler haben ein anderes Lerntempo!
Deshalb gilt nach wie vor die **altbewährte Methode des Vormachens mit dicken Demonadeln und das Nachvollziehen mit Übungsmaterial**.

Es geht beim Häkeln um **Handarbeit**, deshalb müssen Lehrer in Einzelfällen oder bei Inklusion „handgreiflich“ werden, das heißt, durch Berührung **den Gebrauch der Hand und der Finger steuern**.

TIPP: Da die individuelle Feinmotorik durch **Übungen mit der Häkelnadel** und verschiedenen Materialien erst entwickelt wird, ist mitunter der Wechsel auf eine andere Nadelstärke hilfreich.

Zur Unterstützung des Lernprozesses stehen den Kids Arbeitsblätter zum Kopieren aus diesem Buch zur Verfügung. Aus Bildern und Texten zu Arbeitsschritten können sie das eigene Tempo bestimmen und Schritt-für-Schritt Übungen und Werkstücke vollenden.

Merksätze mit Wiederholungen festigen den Lernerfolg und lassen ihn kontrollieren für eine **Benotung**.

Die **Arbeitsanleitungen** sind im Erzählstil gehalten, der auch für das Unterrichten ohne Arbeitsblätter übernommen werden kann.

Ziele dieses Buches sind, **Häkelkompetenzen** und **Materialkenntnisse** zu erwerben für **Werkstücke** mit unterschiedlichen Schwierigkeitsgraden.

Gleichzeitig wird die **Kreativität** der Schüler gefördert durch **Farbauswahl und anregende Bildbeispiele**.

Als Orientierungshilfen für **Einstiege und Differenzierungen** dienen die Symbole:

⊙ = **einfaches Werkbeispiel zum Thema**
(wenige Unterrichtsstunden, Basis + Restematerial)

! = **mittelschweres Werkbeispiel zum Thema**
(mehrere Unterrichtsstunden und/oder integrierte Differenzierung mit Hausaufgaben, Basis + Restematerial)

✶ = **schwieriges Werkbeispiel zum Thema + kreative Vielfalt**
(viele Unterrichtsstunden mit integrierten Differenzierungen, Hausaufgaben, Basis + Restematerial)

Auf konkrete Hinweise für Zeitfenster und mögliche Klasseneinstiege werden wir verzichten, weil diese beiden Themenkreise zu komplex sind und besser vor Ort entschieden werden sollten.

Häkeln & Co
Grundlagen und neue Ideen für die Textilarbeit – Bestell-Nr. 11 753

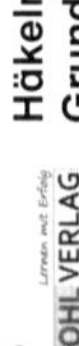

Wir beginnen mit Schlaufenknoten, Händen und einer Häkelnadel

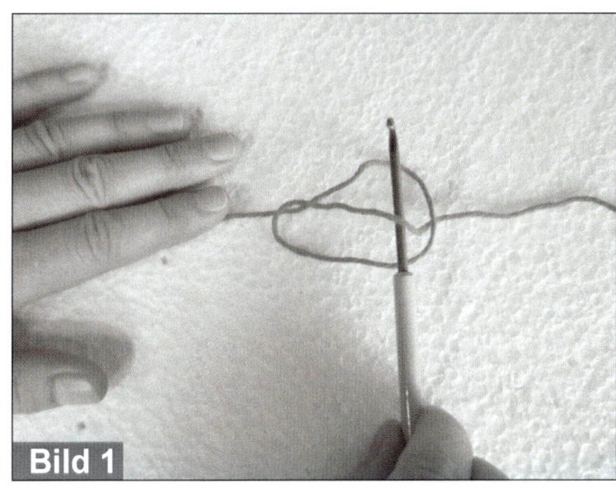
Bild 1

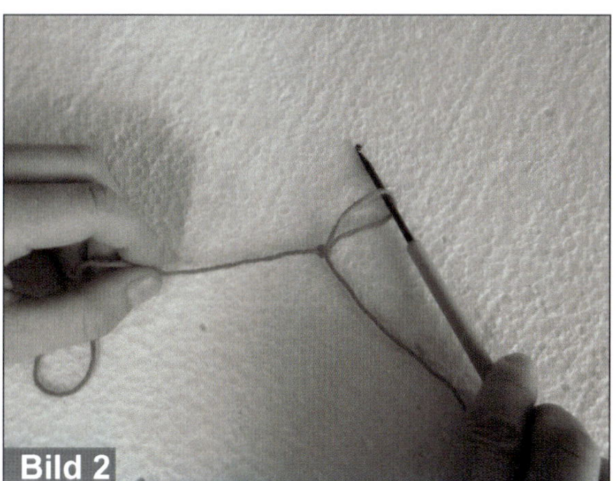
Bild 2

<u>zu Bild 1</u>: Aus dem Knäuel (links) und dem Fadenende (rechts) wird eine Schlaufe gelegt und der Faden aus der Mitte mit der Häkelnadel herausgeholt.

<u>zu Bild 2</u>: Ein fester **Schlaufenknoten** entsteht durch Ziehen am kurzen Ende.

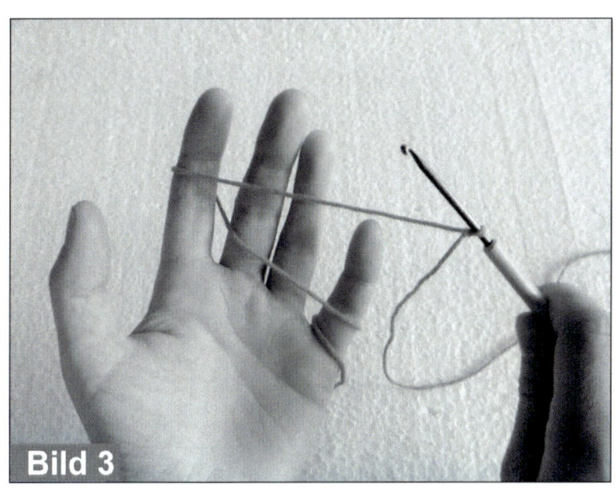
Bild 3

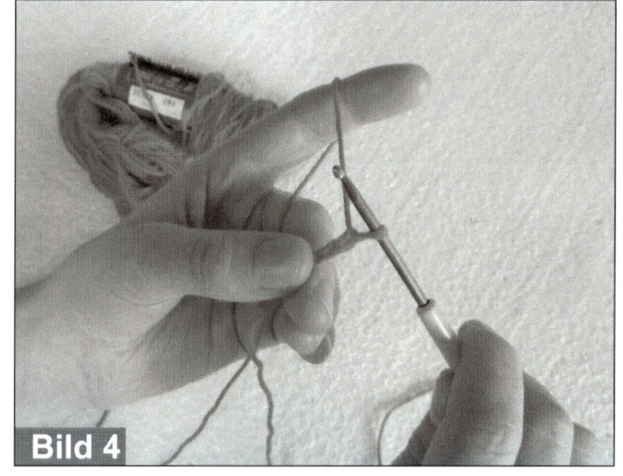
Bild 4

<u>zu Bild 3</u>: Wickle nun den Endlos-Faden aus dem Knäuel um deine linke Hand, wie du es im Bild erkennen kannst. Es gibt auch andere Möglichkeiten, die du ausprobieren kannst, aber wichtig ist, dass der Endlos-Faden über deinen Zeigefinger läuft.
Erkennst du die **rechte Hand** mit der Häkelnadel und dem Schlaufenknoten?

<u>zu Bild 4</u>: **Die rechte Hand wird zukünftig immer die Häkelnadel halten und Maschen bilden**.
Hier sind bereits einige Luftmaschen entstanden und werden mit Daumen und Mittelfinger der linken Hand festgehalten.

MERKEN:
Ich kann beide Hände und alle Finger für Häkeltechniken ausprobieren und gebrauchen.
Als Linkshänder mache ich alles spiegelverkehrt.

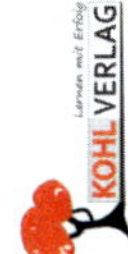

Was du immer brauchen wirst ... Luft- und Kettmaschen

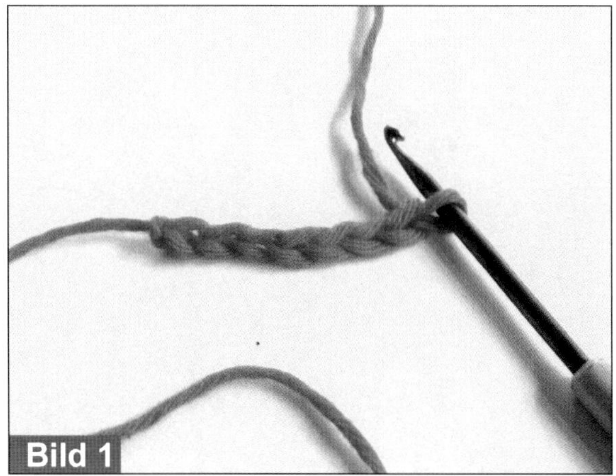
Bild 1

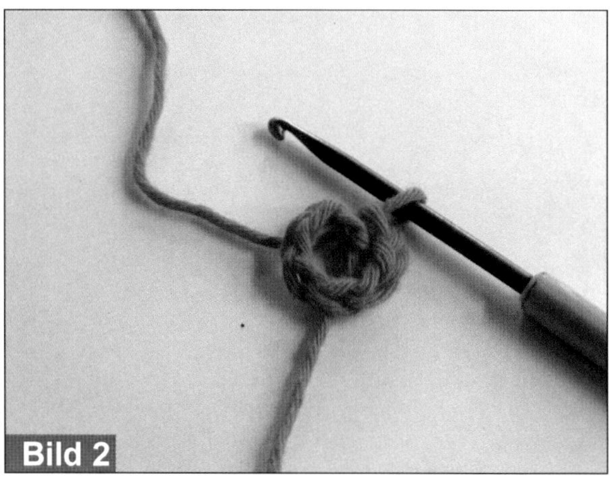
Bild 2

zu Bild 1: Mit einer **Luftmaschenkette** beginnst du jede Häkelarbeit. Je nachdem, wie groß dein Werkstück in Hin- und Rückreihen werden soll, nimmst du eine Anzahl an Luftmaschen (Abkürzung LM) auf.

zu Bild 2: Für das Rundhäkeln machst du mit einer **Kettmasche** (Abkürzung KM) einen **Luftmaschenring**. Lege deine Kette zum Ring, steche in die allererste LM ein und hole den Faden durch beide Schlaufen, die auf der Nadel liegen.

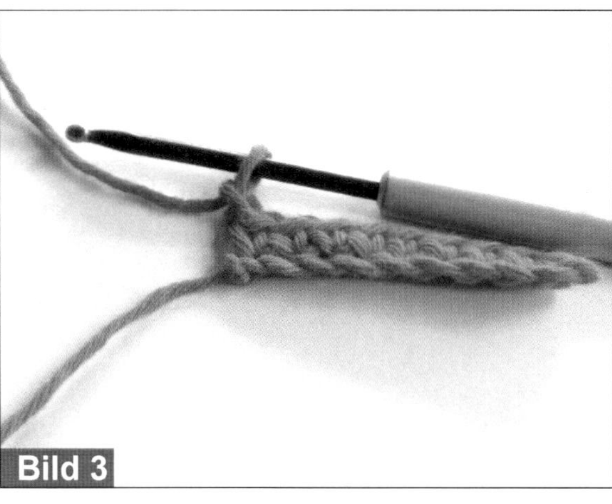
Bild 3

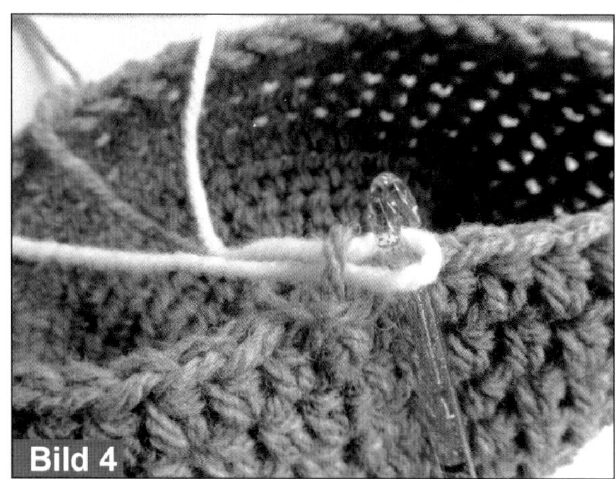
Bild 4

zu Bild 3: Immer wenn du eine neue Reihe beginnst, machst du **Luftmaschen zum Wenden.** Für Werkstücke mit festen Maschen genügt eine Wendemasche, falls du mit halben oder ganzen Stäbchen arbeitest, machst du mehr.

zu Bild 4: Mit einer **Kettmasche** wechselst du die Farben, wie du es im Bild siehst.

Häkeln & Co
Grundlagen und neue Ideen für die Textilarbeit – Bestell-Nr. 11 753

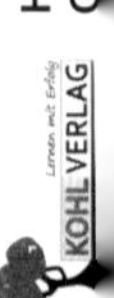

Die feste Masche und was sie alles kann

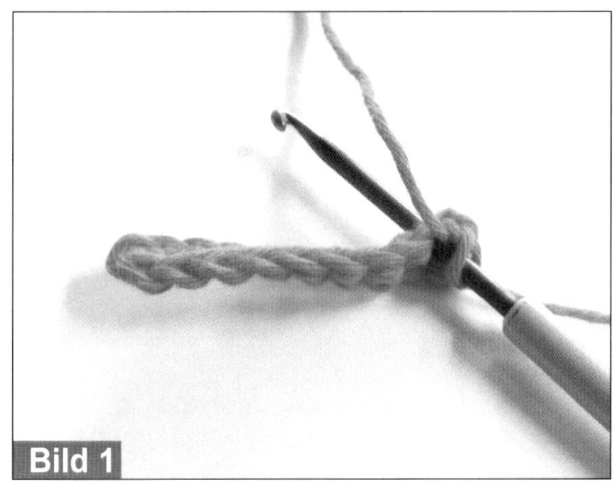
Bild 1

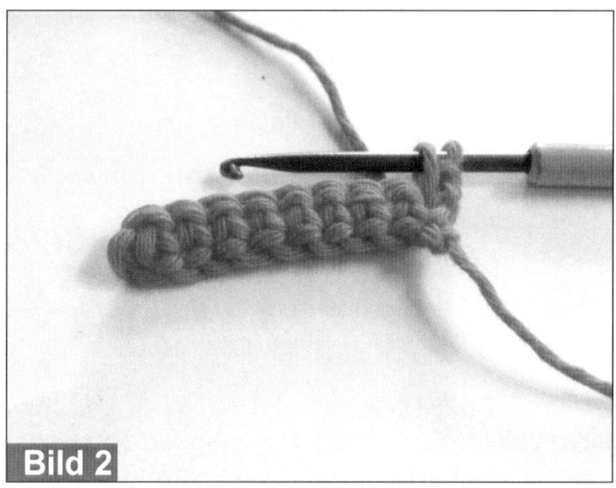
Bild 2

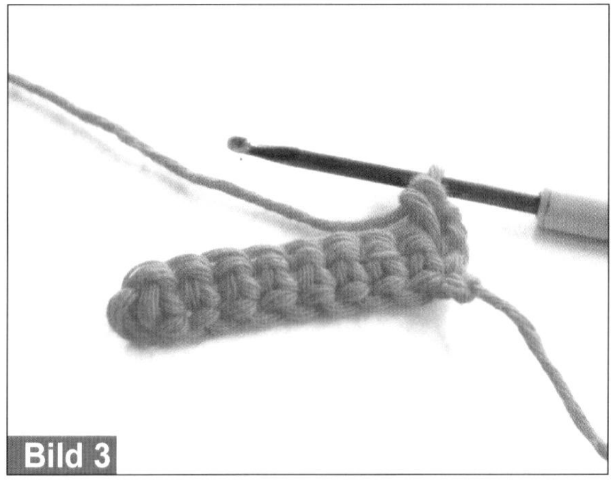
Bild 3

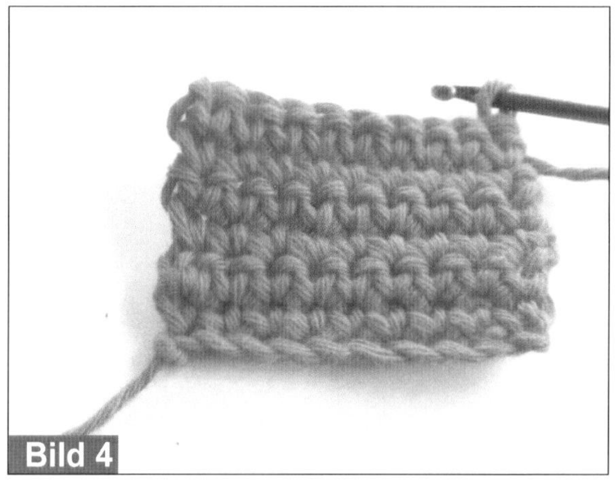
Bild 4

Mit festen Maschen (Abkürzung fM) machst du dichte **Maschenbilder**. Und so geht es:

Bilder 1-3: Hier ist bereits eine Reihe aus fM`s entstanden. Nach einer Wende-LM stichst du in die erste fM der Vorreihe ein und nimmst 2 Schlaufen auf. Dann holst du den Faden und hast jetzt 2 Schlaufen auf der Nadel. Hole den Faden durch die beiden Schlaufen.

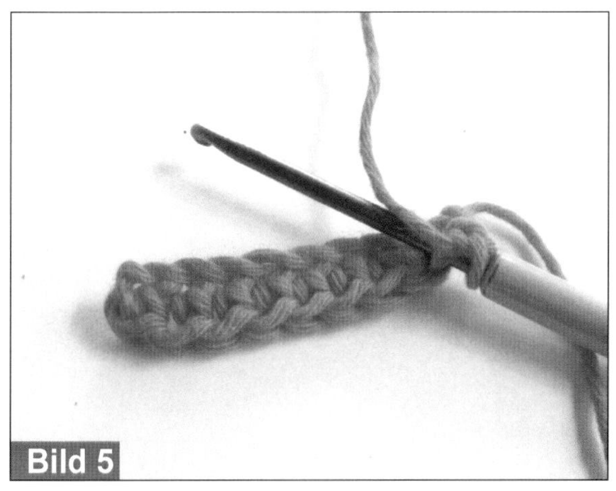
Bild 5

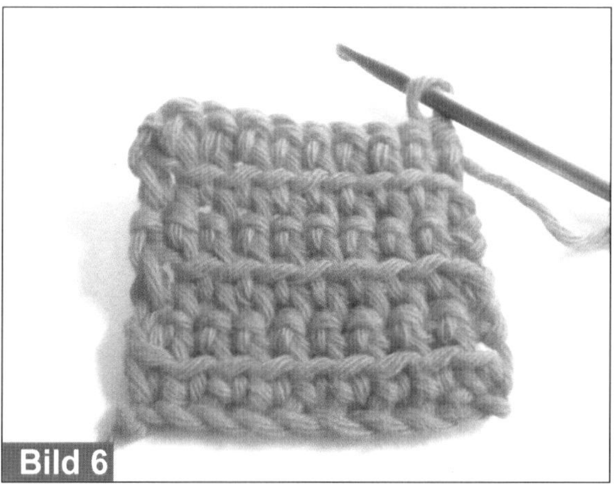
Bild 6

zu Bild 5-6: Hier wurde nur in die vordere Schlaufe der fM der Vorreihe eingestochen und es ergibt sich ein ganz anderes **Maschenbild mit Rippen**.

Häkeln & Co
Grundlagen und neue Ideen für die Textilarbeit – Bestell-Nr. 11 753

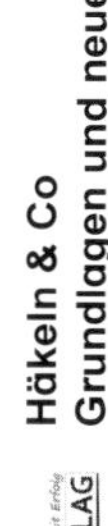

Halbe und ganze Stäbchen und was sie alles können

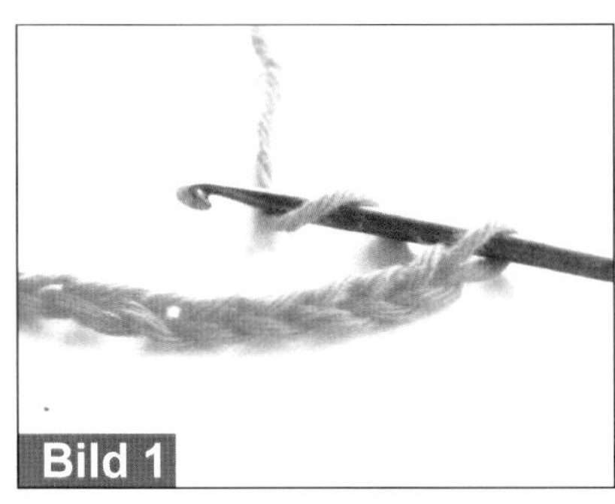
Bild 1

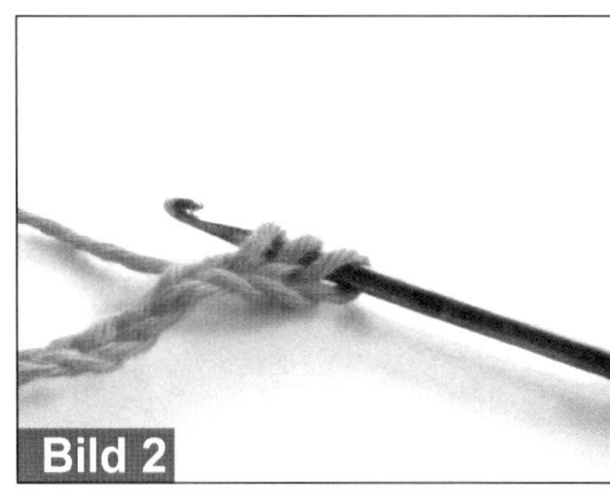
Bild 2

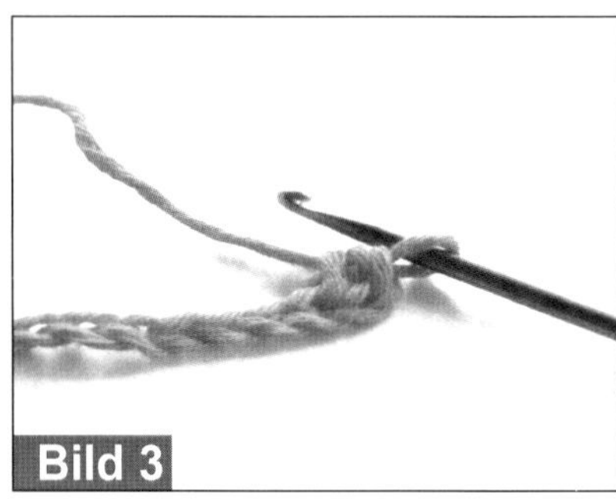
Bild 3

Halbe Stäbchen (Abkürzung hSt) machst du, wie in den Bildern 1-3 beschrieben. Das heißt, du schlingst erst einmal den langen Faden um die Nadel, stichst dann in die Luftmaschenkette ein und holst den Faden durch. Jetzt liegen 3 Maschen auf der Nadel. **Hole den Faden durch alle drei durch!**

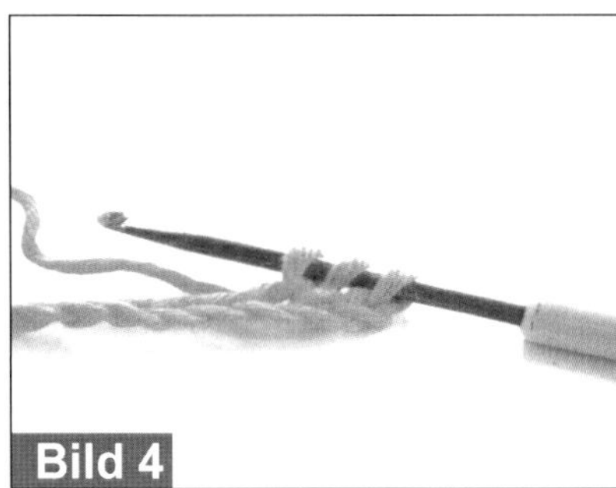
Bild 4

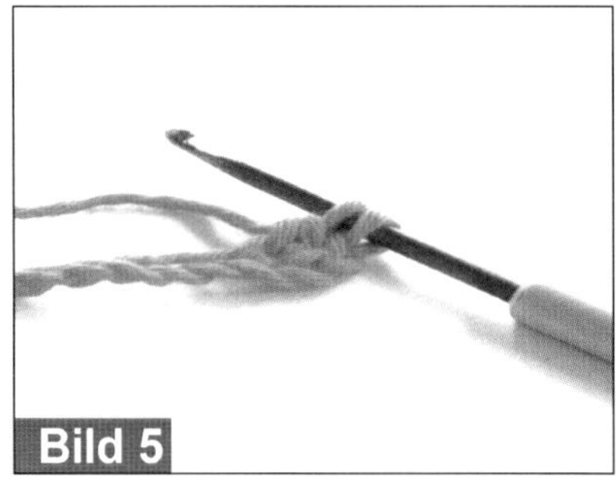
Bild 5

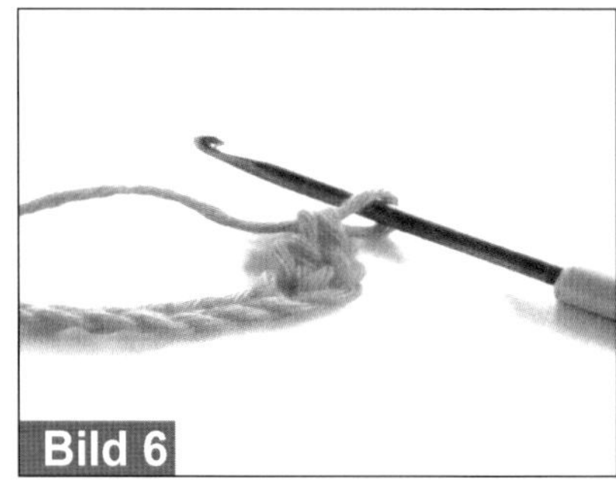
Bild 6

Ganze Stäbchen (Abkürzung St) beginnen wie halbe Stäbchen. Wenn du 3 Maschen auf der Nadel hast, **hole den Faden erst durch 2 und dann noch einmal durch 2 Maschen**!

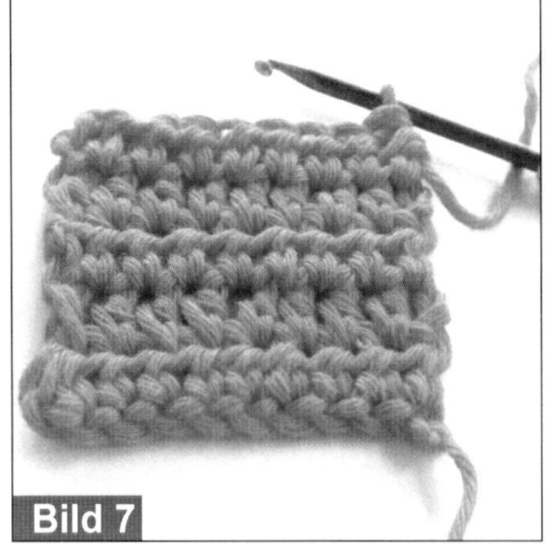
Bild 7

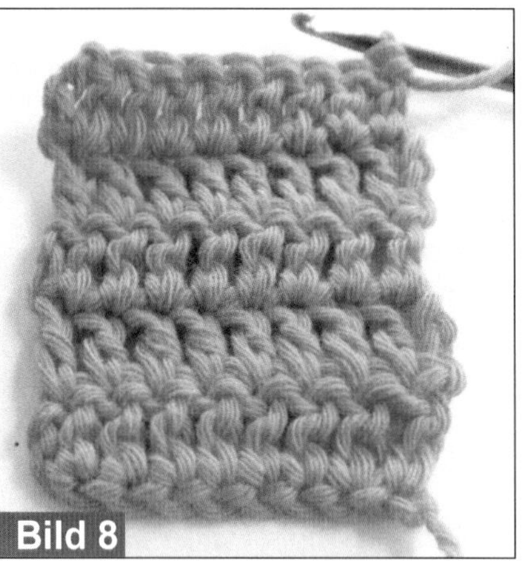
Bild 8

Hier sind Maschenproben mit 5 Reihen aus halben und ganzen Stäbchen entstanden.

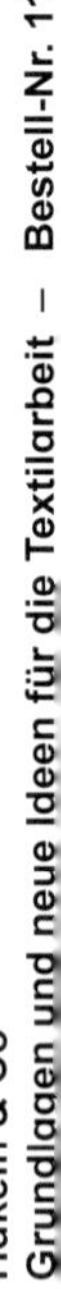

3 Werkbeispiele mit festen Maschen

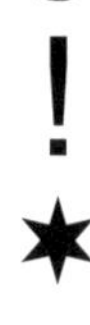

Tawashi - Wellness fürs Bad / Überblick

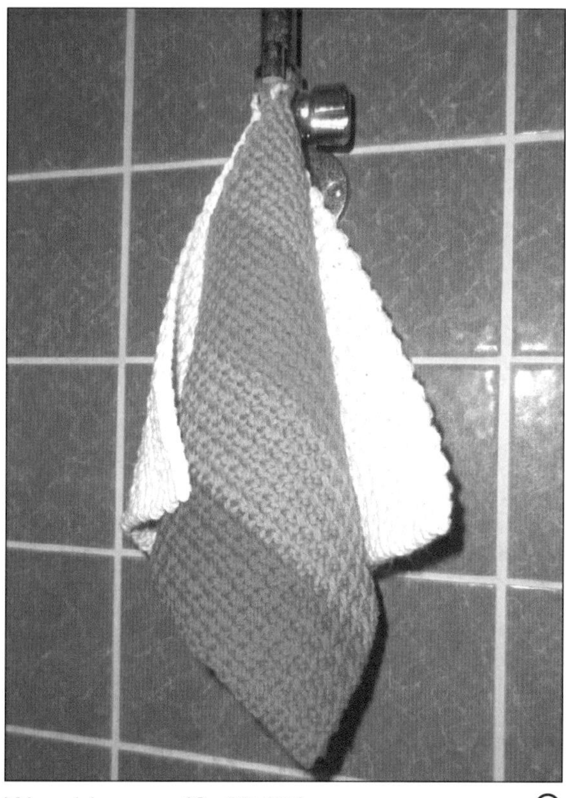

Waschlappen (S. 22-23) 

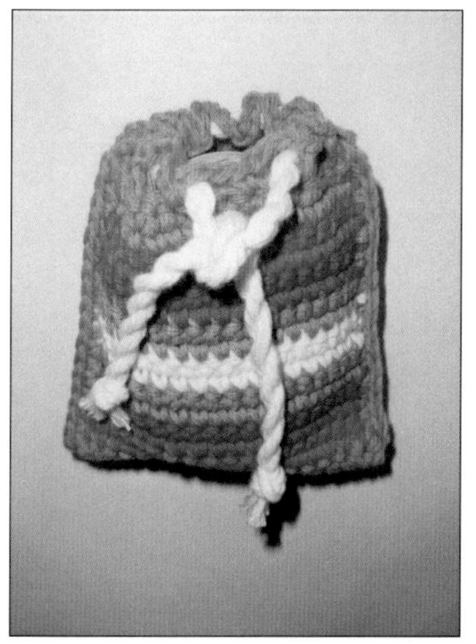

Seifensäckchen (S. 24) !

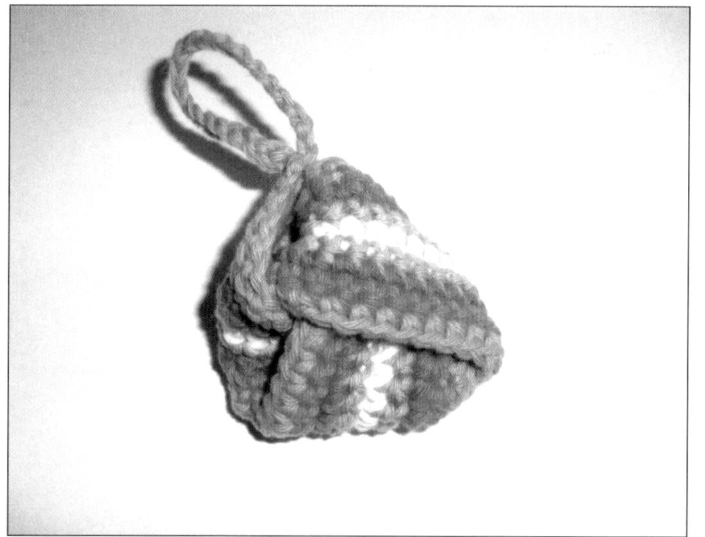

Badeschwamm (S. 25) ✶

Differenzierungsmodelle für:

- **Flächenbildungen mit festen Maschen**
- Farbwechsel und Formbildungen
- Anwendungen von Baumwollgarnen (Info s. S. 14)

Farbbeispiele siehe S. 10-13

Häkeln & Co
Grundlagen und neue Ideen für die Textilarbeit – Bestell-Nr. 11 753

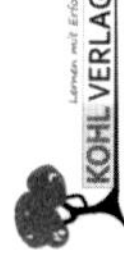

3 Werkbeispiele mit festen Maschen

Waschlappen in Arbeitsschritten

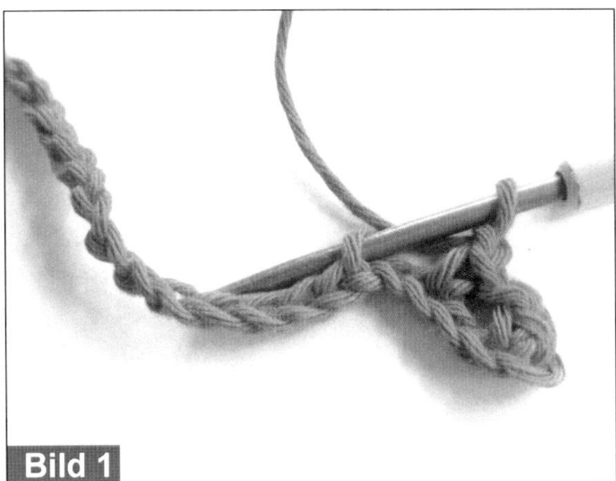

Bild 1

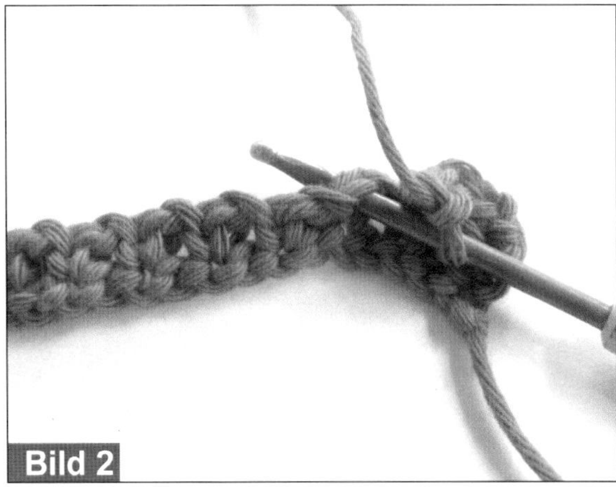

Bild 2

zu Bild 1: Für diesen Waschlappen der Größe 18 cm x 18 cm machst du eine Kette aus 39 Luftmaschen (geht auch mit einer anderen ungeraden Zahl). Dann folgt eine Wende-LM und die erste fM in der Luftmaschenkette. Hier siehst du auch, wie es regelmäßig in der ersten Reihe weitergeht: **1 LM, dann eine fM und dabei eine LM der Vorreihe überspringen** ...
das geht jetzt so weiter, bis du am Ende der Luftmaschenkette bist.

zu Bild 2: Am Ende der 1. Reihe machst du eine **Wende-LM,1 fM, 1 LM und stichst in die feste Masche der Vorreihe ein**. Das geht jetzt so weiter ...

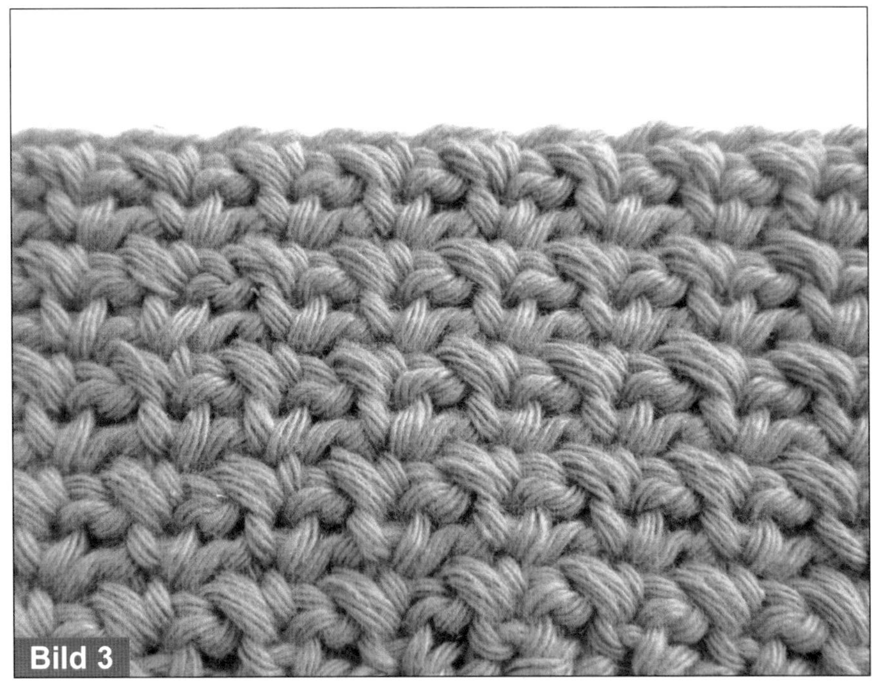

Bild 3

... bis du dieses regelmäßige Maschenbild erzielst.

Ja, es ist wichtig, dass du **Ausdauer und Geduld** hast und auch auf die Ränder achtest! Gehe jetzt auf die nächste Seite, falls du die Farben wechseln willst.

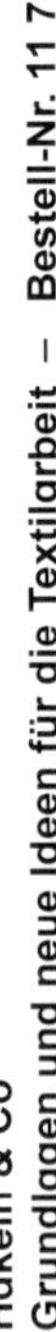

Waschlappen in Arbeitsschritten

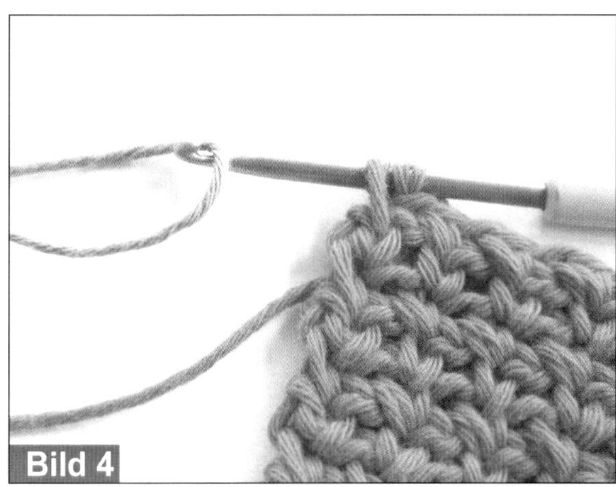
Bild 4

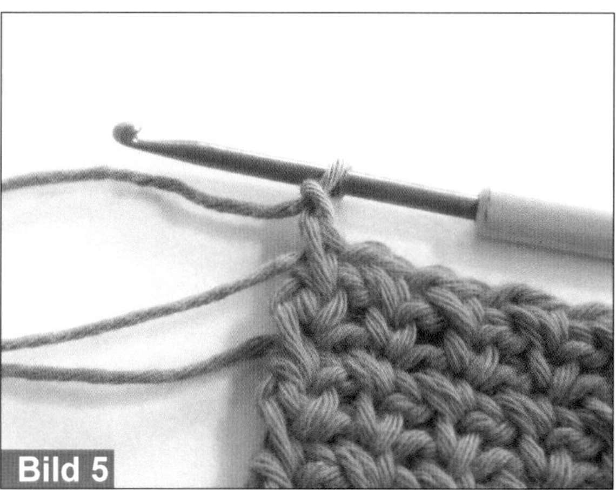
Bild 5

zu Bild 4+5: Du hast keine Fäden mehr oder möchtest die Farbe wechseln? Am Ende einer Reihe (noch bevor du die feste Masche schließt) holst du dir die neue Farbe und machst noch eine Wende-LM drauf.

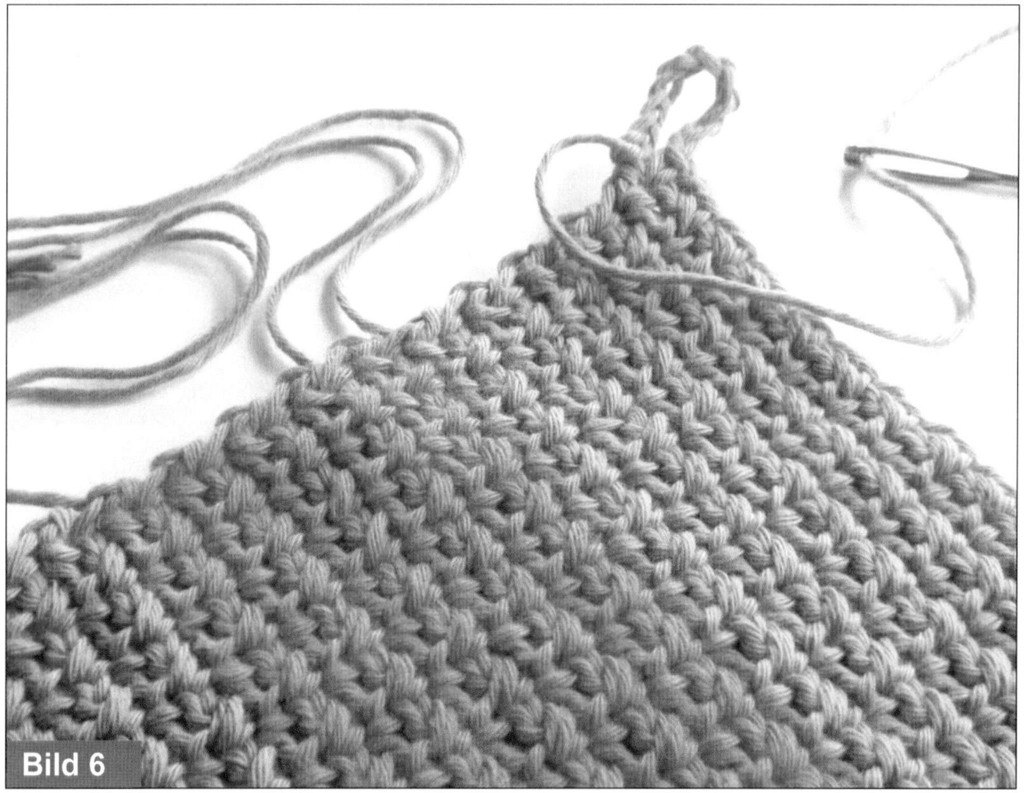
Bild 6

Am Ende deines Werkstücks, wie groß es auch immer geraten ist und mit welchen Farben es gestaltet wurde, muss ein Aufhänger für das Badezimmer hin!
Aus 20 Luftmaschen ganz einfach gemacht, jetzt muss nur noch der Endfaden gut vernäht werden, damit der Aufhänger viele Waschvorgänge überlebt.

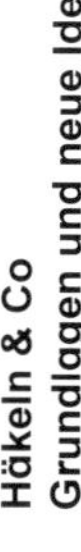

3 Werkbeispiele mit festen Maschen

! Seifensäckchen in Arbeitsschritten

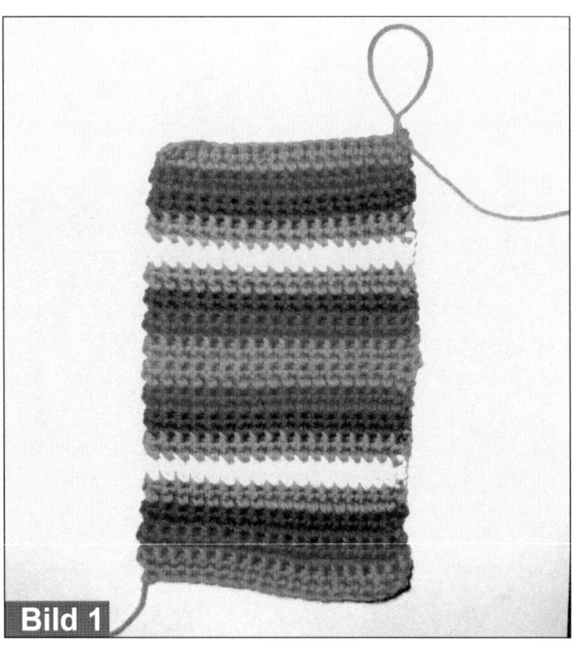
Bild 1

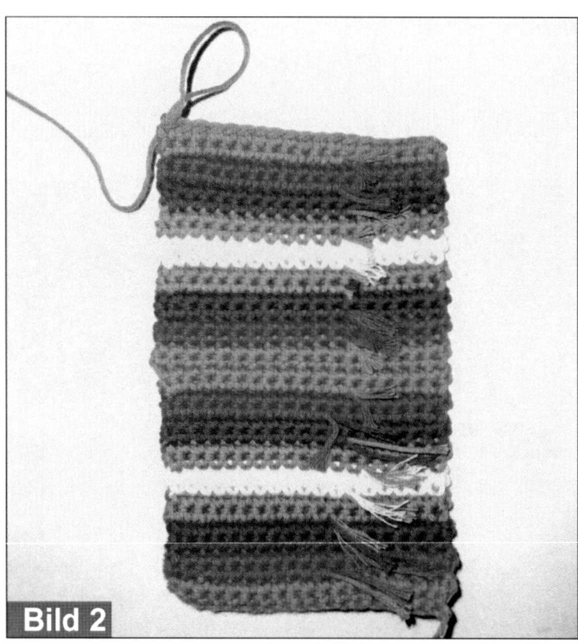
Bild 2

zu Bild 1: Hier siehst du das Säckchen von der rechten, äußeren Seite.

zu Bild 2: Hier zeige ich dir die linke Seite, die später innen nicht mehr sichtbar ist. Um Maß an einem Seifenstück zu nehmen, habe ich 18 Luftmaschen aufgenommen (das passt auf alle „normalen" Seifenstücke, die man kaufen kann). Dann habe ich mir Farben zurechtgelegt und in jeweils 2 Reihen verhäkelt. Dabei habe ich die Endfäden aus farbigen Wechseln mit verhäkelt, um mir das spätere Vernähen zu ersparen (siehe Supertipp S. 38)

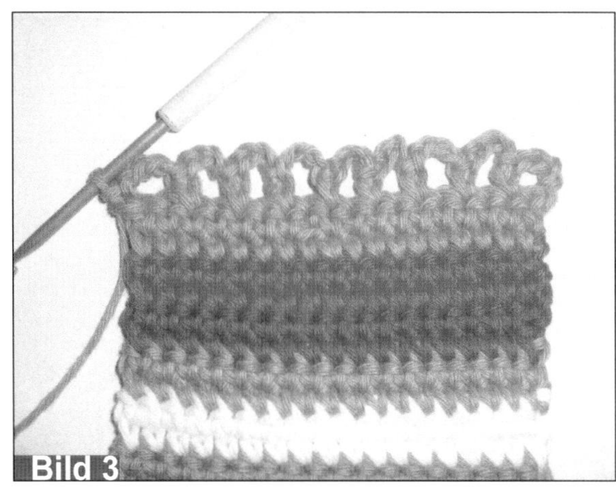
Bild 3

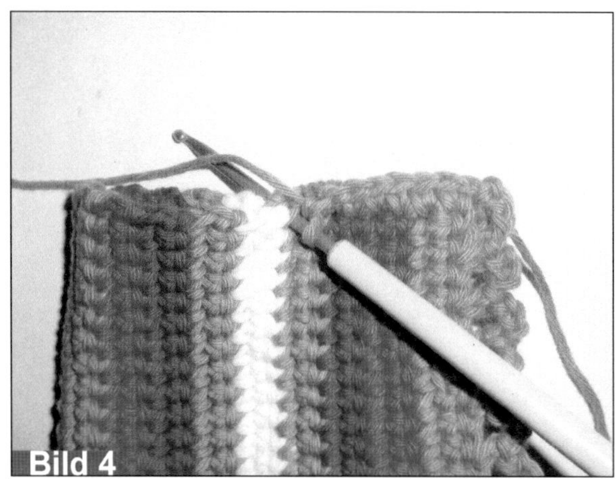
Bild 4

zu Bild 3: Hier siehst du, wie Schlaufen für den Durchzug von Kordeln entstehen. Ich habe jeweils 4 Luftmaschen gemacht, eine Masche der Vorreihe übersprungen und dann noch eine fM.

zu Bild 4: Hier ist die Fläche des Säckchens bereits umgeklappt und jetzt geht es an die seitliche Verbindung mit festen Maschen. Finde selber heraus, in welcher Reihenfolge du das alles machst! Fehlt noch die Kordel für den Durchzug ... gehäkelt oder gedreht (gedrehte Kordel siehe S. 83).

Häkeln & Co
Grundlagen und neue Ideen für die Textilarbeit – Bestell-Nr. 11 753

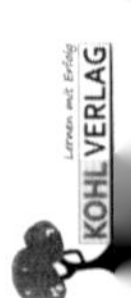

3 Werkbeispiele mit festen Maschen

✶ Badeschwamm in Arbeitsschritten

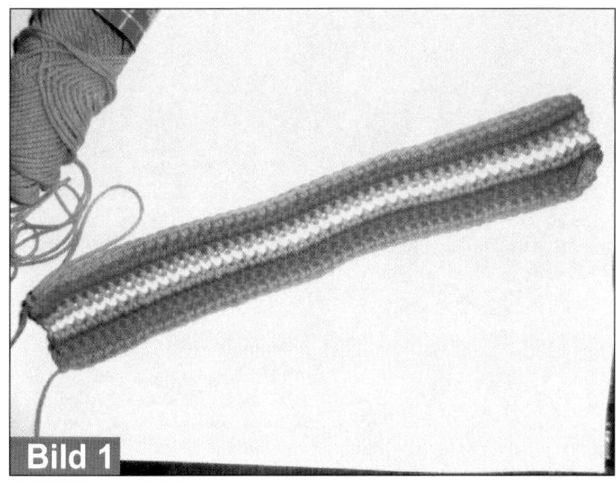
Bild 1

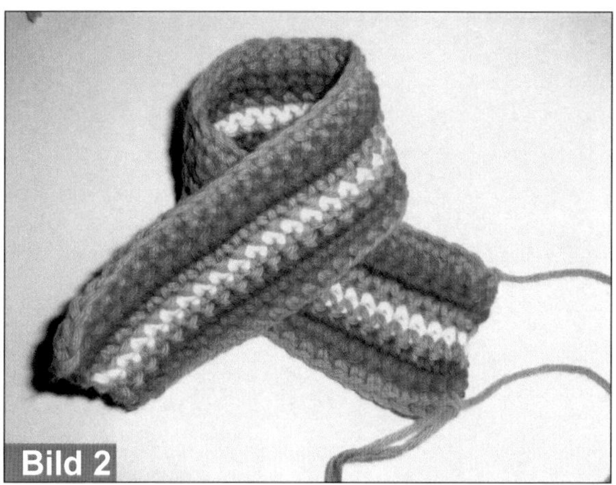
Bild 2

zu Bild 1: In Bild 1 siehst du, wie ein langer Streifen aus 50 Luftmaschen (+1 LM zum Wenden) und 9 Reihen in ausgewählten frischen Farben entstanden ist.

zu Bild 2: In Bild 2 wird der Streifen übereinander gelegt, um einen Knoten zu legen.

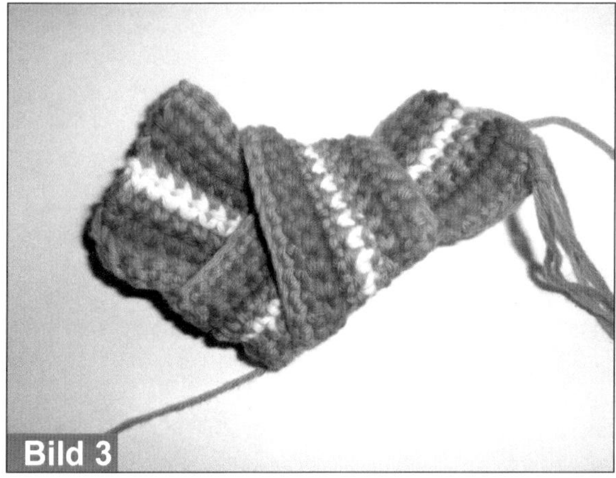
Bild 3

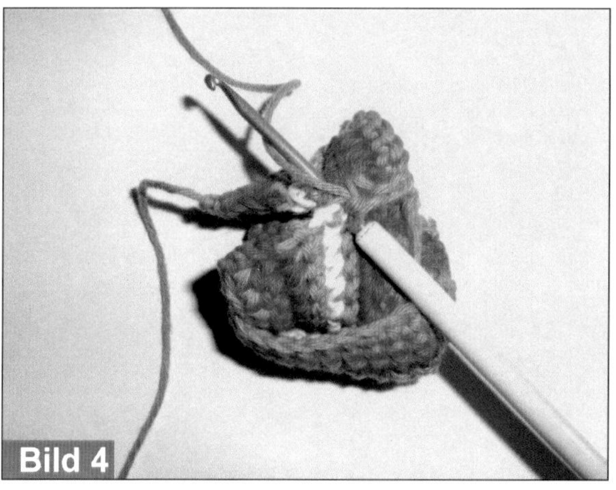
Bild 4

zu Bild 3: In Bild 3 ist der Knoten fast perfekt, aber noch nicht für unser Werkbeispiel ... zurren!

zu Bild 4: In Bild 4 siehst du, wie die beiden Enden des Streifens mit fM verbunden werden.

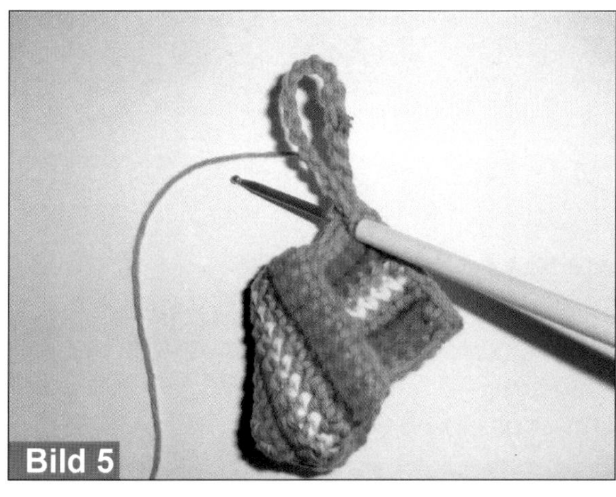
Bild 5

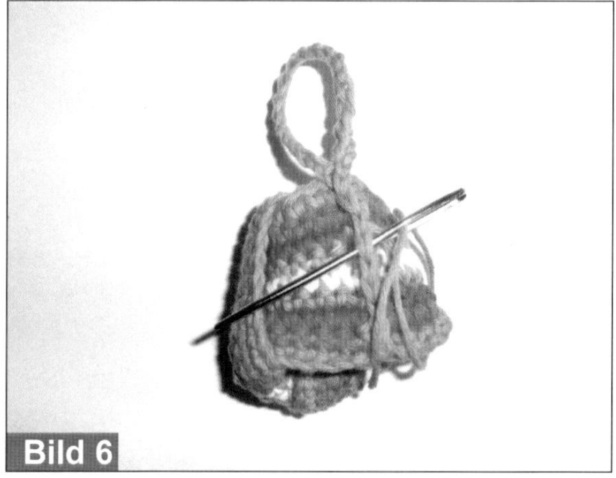
Bild 6

Am Schluss der Verbindung wird noch ein Aufhänger aus 20 Luftmaschen gehäkelt (Bild 5) und die Endfäden mit der Stopfnadel gut vernäht (Bild 6).

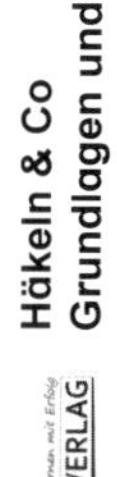

3 Werkbeispiele mit festen Maschen

Rundes und Buntes in Spiralen häkeln / Überblick

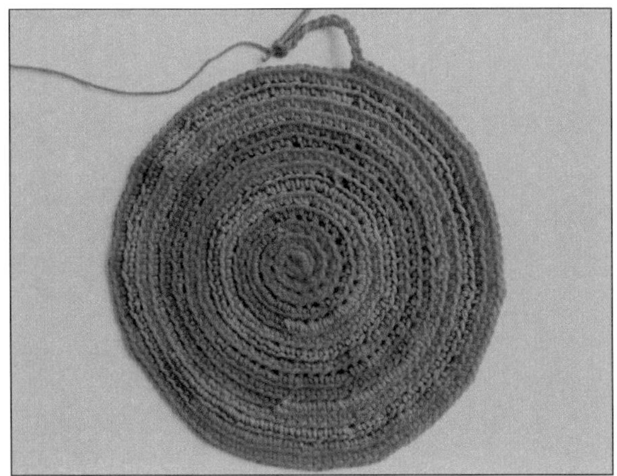

Untersetzer/Topflappen (S. 27-29) ⊙

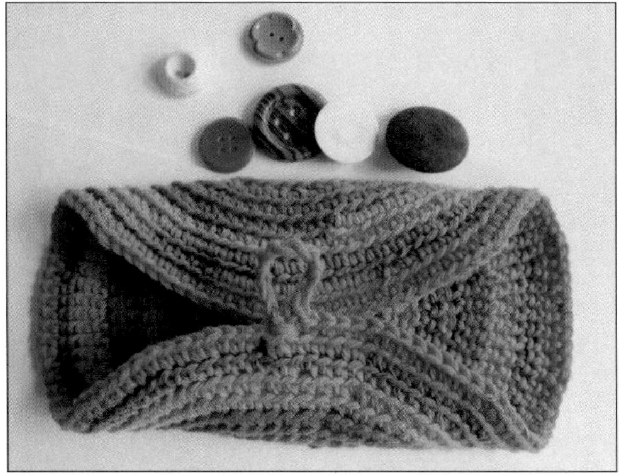

Mäppchen (S. 27-29) !

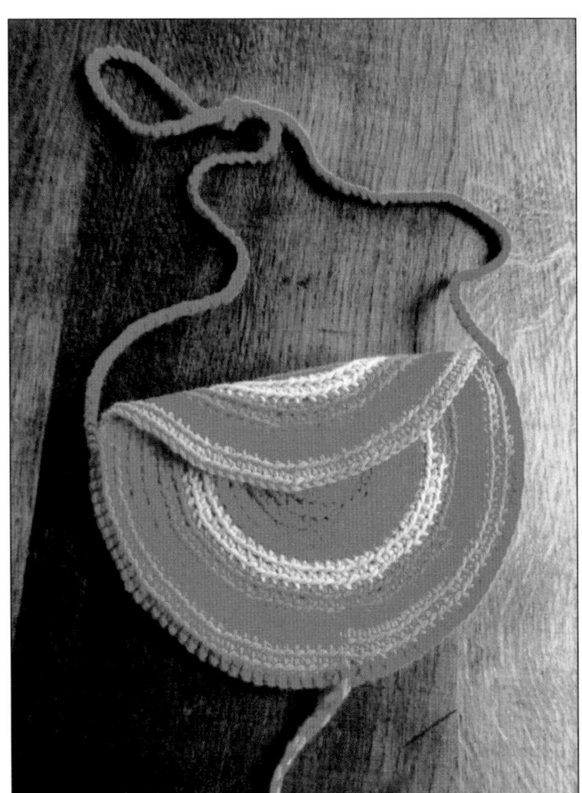

Täschchen aus 2 Teilen (S. 30/31) ✶

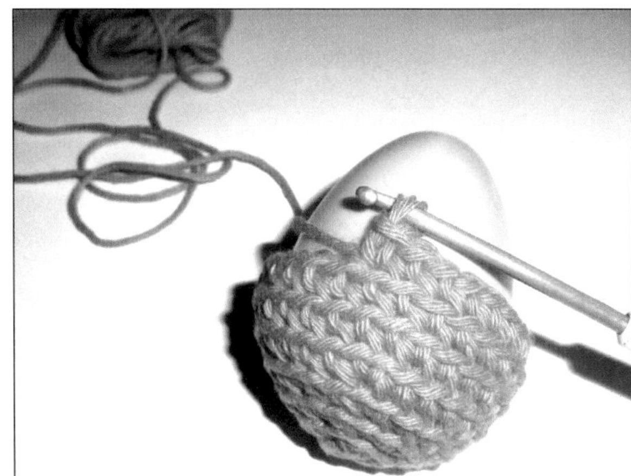

Deko-Osterei (S. 32) !

Differenzierungsmodelle für:

- **Rundhäkeln mit festen Maschen in Spiralen**
- Farbwechsel und Formbildungen
- Anwendungen von Baumwollgarnen (Infos s. S. 14)
- **Umhäkeln** am Beispiel Osterei

Farbbeispiele siehe S. 10-13

Grundkurs Rundhäkeln in Spiralen

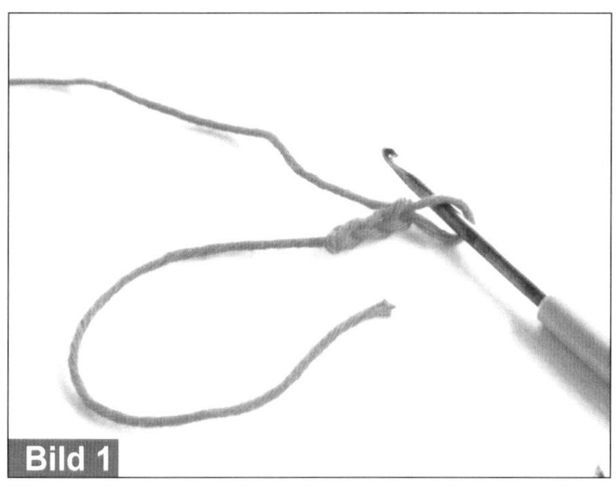
Bild 1

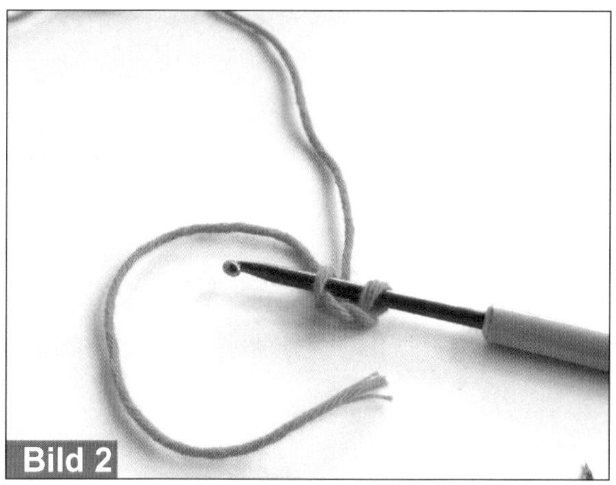
Bild 2

Bis drei kannst du zählen? Eins, zwei, drei Luftmaschen und zurück in die erste stechen...

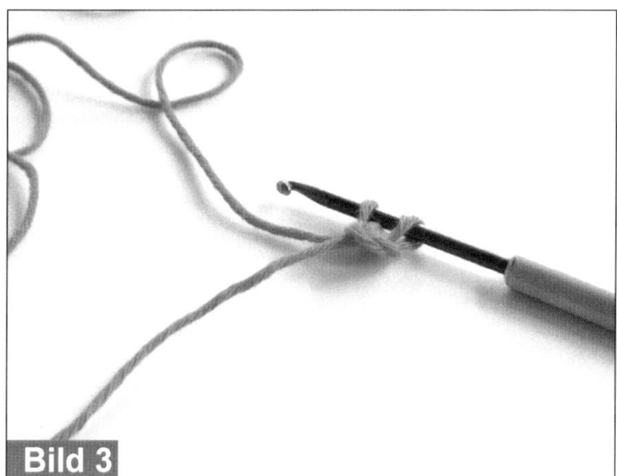
Bild 3

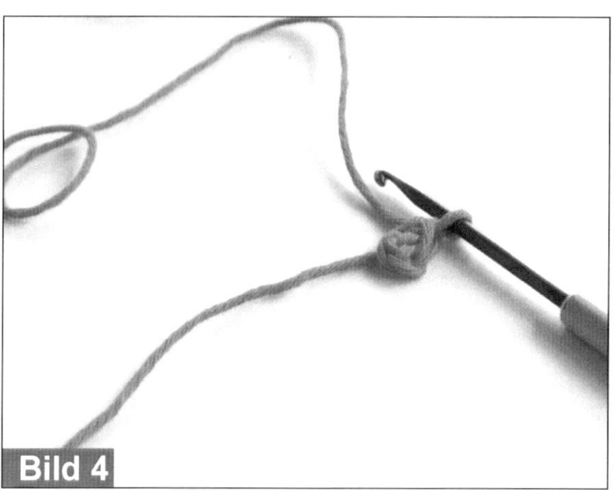
Bild 4

... Faden holen und noch einmal holen ... jetzt hast du die erste feste Masche gemacht !

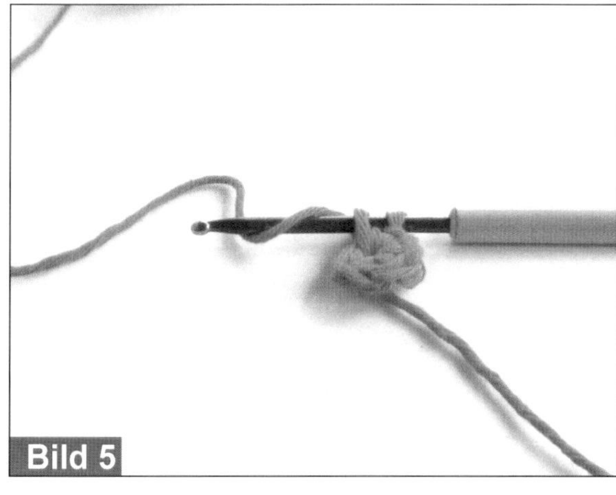
Bild 5

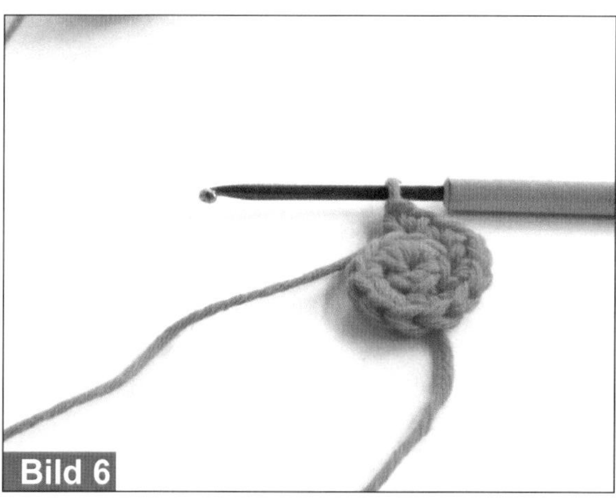
Bild 6

Die nächsten festen Maschen stichst du in die Mitte ein und über den Anfang hinaus.

Achtung: Jetzt nimm Maschen zu, indem du eine Weile 2 feste Maschen in jede Masche der Vorreihe machst ... das kann spannend werden ... gehe zur nächsten Seite!

3 Werkbeispiele mit festen Maschen

Grundkurs Rundhäkeln in Spiralen

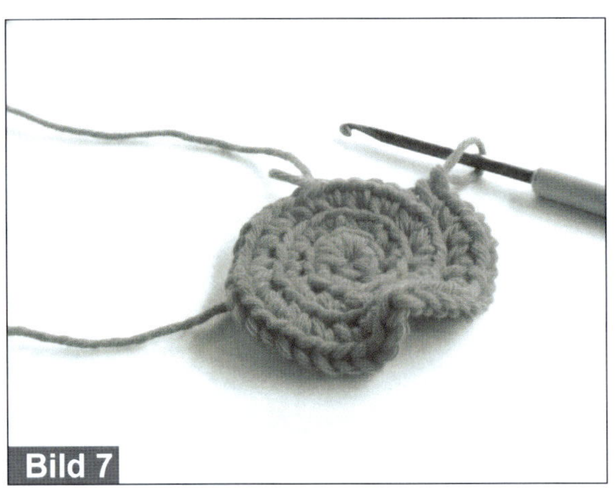

Bild 7

In Bild 7 **wellt** sich die Fläche

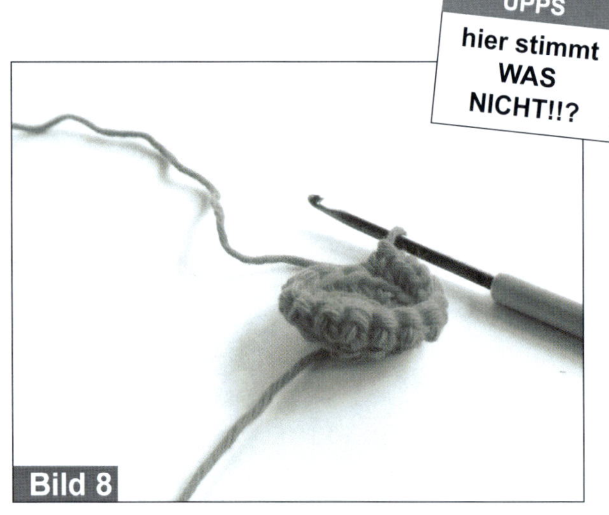

Bild 8

In Bild 8 **wölbt** sich die Fläche

MERKEN:

Ich muss die Maschen wieder aufziehen, bis ich ein flaches Ergebnis habe. Danach **nehme ich weniger Maschen** zu.

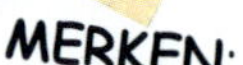

MERKEN:

Ich muss die Maschen wieder aufziehen, bis ich ein flaches Ergebnis habe. Danach **nehme ich mehr Maschen** zu.

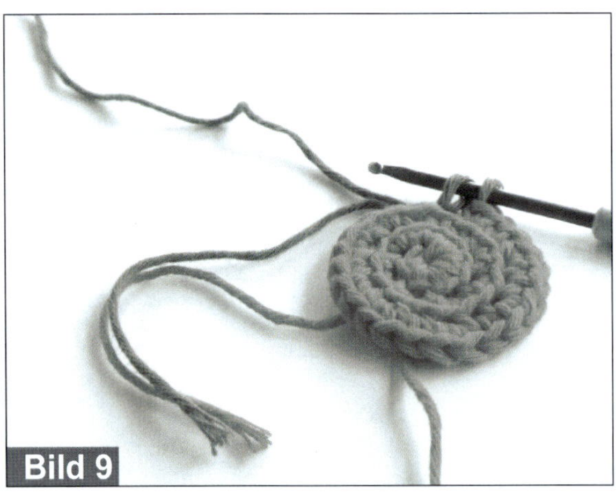

Bild 9

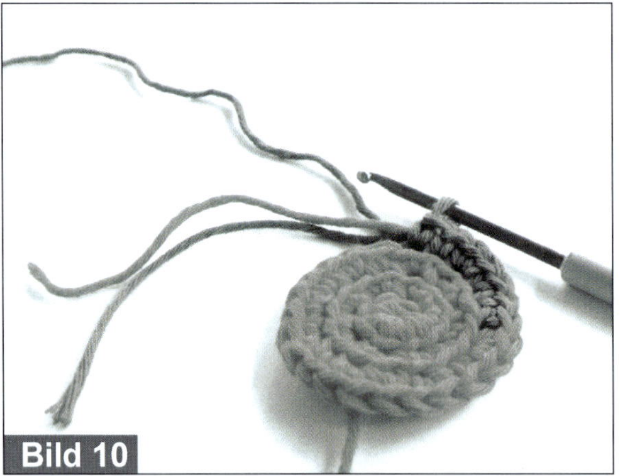

Bild 10

LUST ... auf eine NEUE FARBE ??!

In Bild 9 beginnst du mit einer neuen Farbe. Schneide den alten Faden ca. 10 cm ab, stich in die nächste Masche ein und hole dir die nächste Farbe.

In Bild 10 sind bereits 6 feste Maschen entstanden (Zunahmen nicht vergessen!) **Hast du gemerkt, dass die Endfäden beider Fäden mitgeführt wurden?** Das erspart dir das Vernähen!

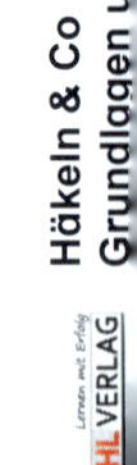

3 Werkbeispiele mit festen Maschen

Grundkurs Rundhäkeln in Spiralen

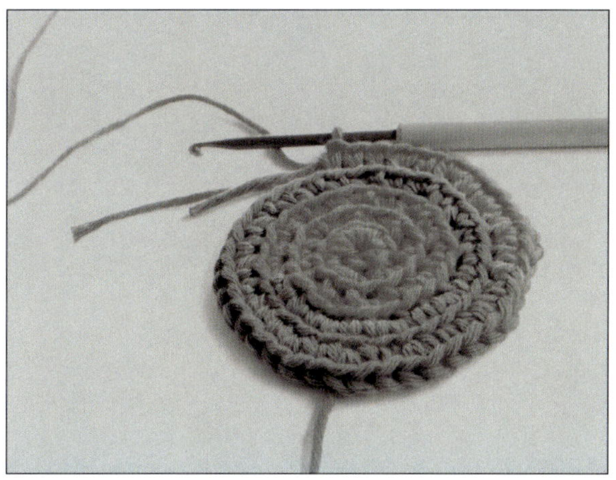

Nach dem Grundkurs kannst du lustig weiter machen mit allen Farben, die du hast ...

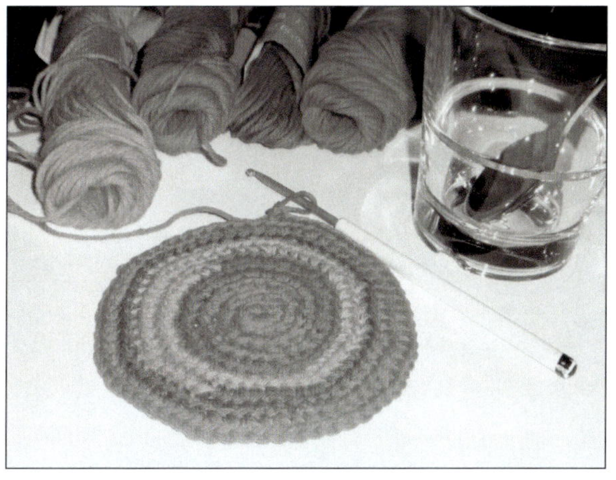

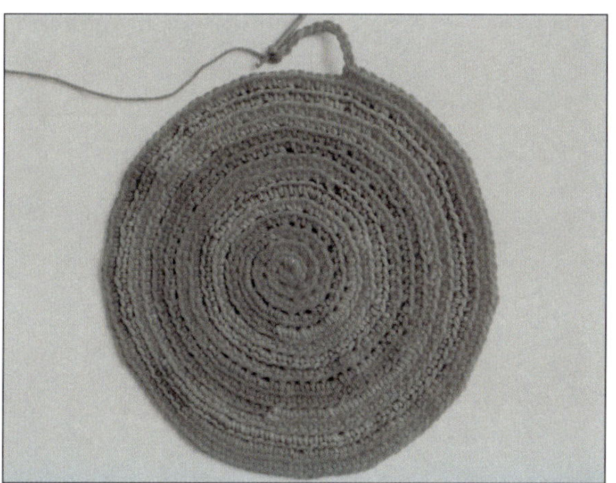

... einen Untersetzer für heiße Getränke häkeln oder den Topflappen als Küchenhelfer ...

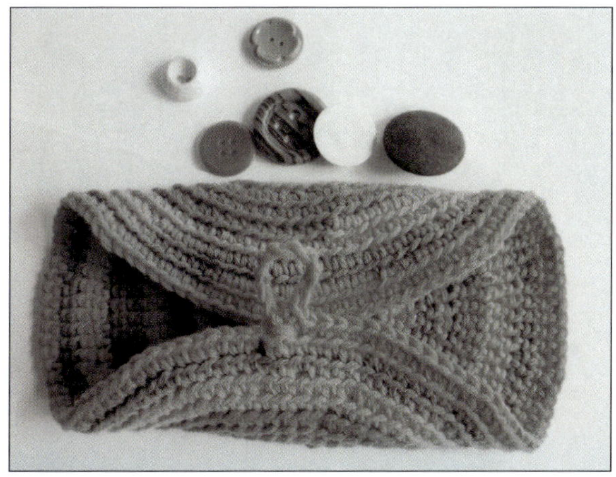

... oder gefällt dir die Idee, ein Mäppchen herzustellen mit Knöpfen als Verschluss?

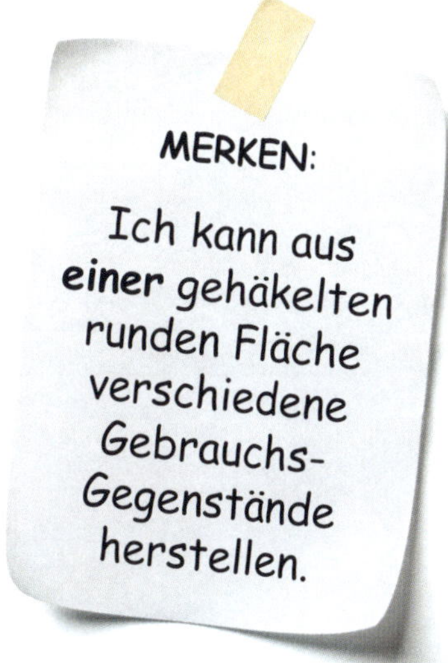

Häkeln & Co
Grundlagen und neue Ideen für die Textilarbeit – Bestell-Nr. 11 753

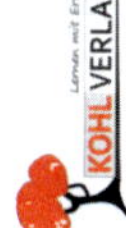

✶ Täschchen aus zwei Teilen

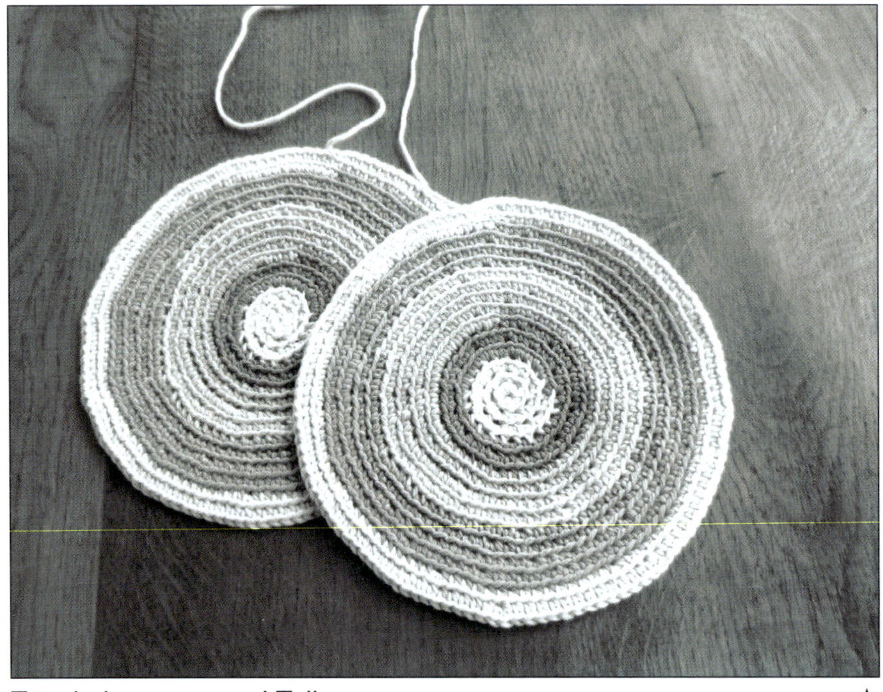

Täschchen aus zwei Teilen ✶

Hast du vielleicht zwei gleich große Teile in der **Spiralen-Häkel-Technik** geschafft?

MEINE habe ich farblich ähnlich gestaltet, aber DEINE dürfen ganz anders sein. Hauptsache, die Größe stimmt, wenn du sie übereinander legst

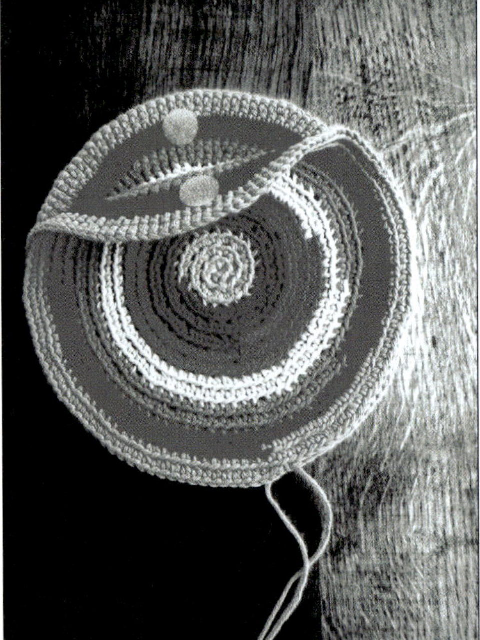

Zum Verbinden legst du deine Teile **links auf links** (das erkennst du am Maschenbild).

Für einen einfachen selbstklebenden Klettverschluss fixierst du die Punkte, so wie du es im Bild siehst (die Endfäden liegen jetzt unten!).

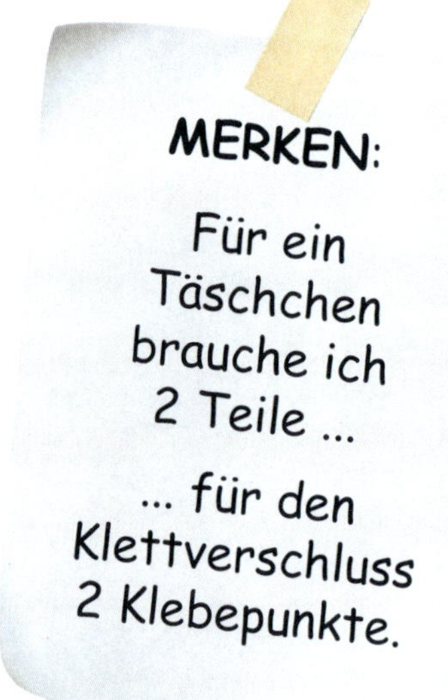

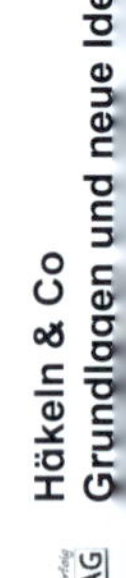

Täschchen aus zwei Teilen

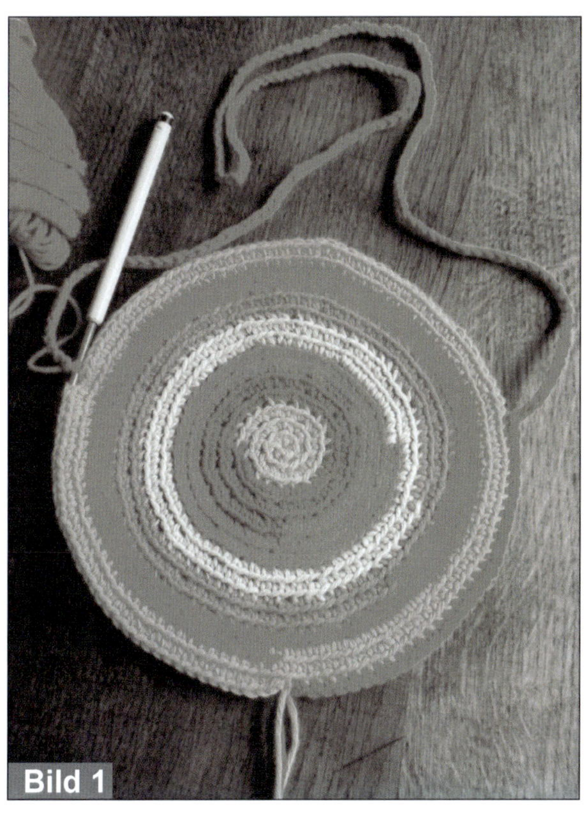
Bild 1

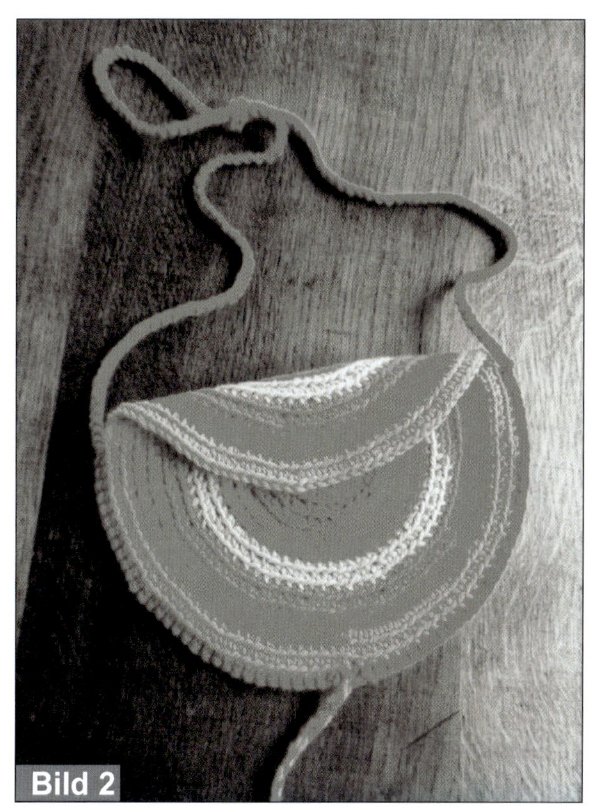
Bild 2

zu Bild 1: Deine Teile werden jetzt mit einer passenden Farbe und festen Maschen verbunden (das heißt, du häkelst die untere und obere Fläche zusammen).

Am besten beginnst du unten, wo die Endfäden liegen und arbeitest dich bis zu dem Punkt vor, wo das Täschchen später geöffnet werden soll. Dann machst du einfach weiter mit einer Kette aus Luftmaschen für den Henkel (mindestens 150 LM, kürzen kannst du den Henkel immer noch durch Verknoten!).

Danach legst du deine Teile flach auf den Tisch und kontrollierst, wie sie aufeinander passen. Passt? Noch kannst du korrigieren, bevor du genau gegenüber mit dem Verbinden weiter machst ... kann sein, dass du jetzt Maschen überspringen musst.

zu Bild 2: Hier siehst du eine kreative Variante des runden Täschchens. Ich habe einfach die Vorderseite eingeklappt und die Rückseite um. Außerdem habe ich aus den unteren Endfäden einen Zopf gemacht und könnte mir Perlen im Zopf gut vorstellen, aber das musst du entscheiden.

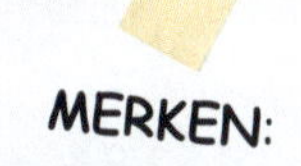

MERKEN:

Ich verbinde 2 Teile mit festen Maschen.
Ich häkele den Henkel aus Luftmaschen gleich dran.
Ich kann die endgültige Form/Gestaltung verändern.

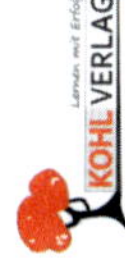

3 Werkbeispiele mit festen Maschen

! Deko-Ostereier

Alles, was du brauchst, um dekorative Ostereier zu umhäkeln, sind Plastikeier, Baumwollreste, die passende Häkelnadel und die Seite 27 aus diesem Buch. Beginne mit den Arbeitsschritten aus Bildern 1-6 und ich zeige dir, wie es weiter geht ...

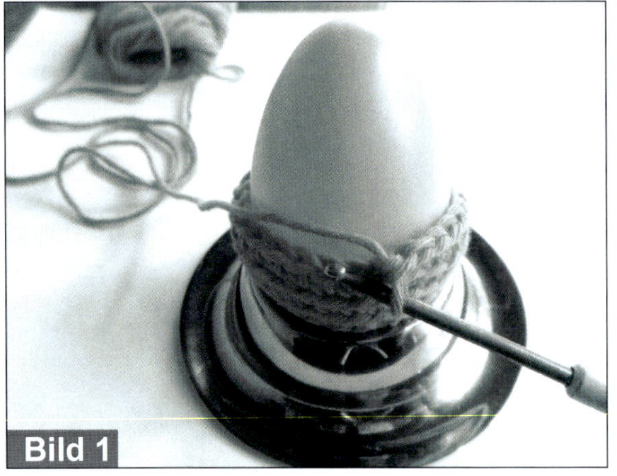
Bild 1

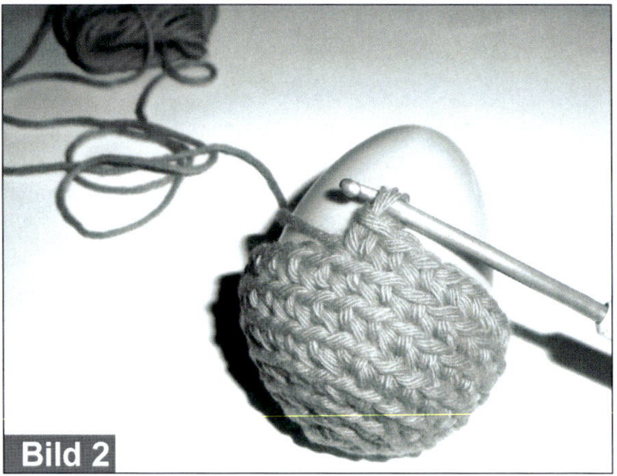
Bild 2

Verfolge mit Maschen-Zunahmen die Form des Eis, dabei kannst du auch einen Eierbecher zur Hilfe nehmen. An der dicksten Stelle verjüngt sich die Eiform ...

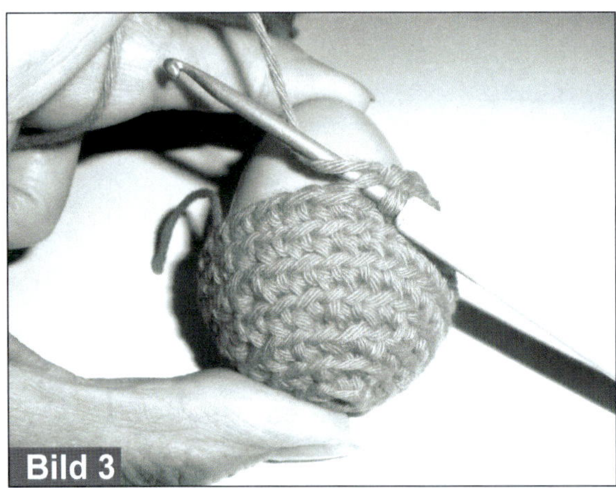
Bild 3

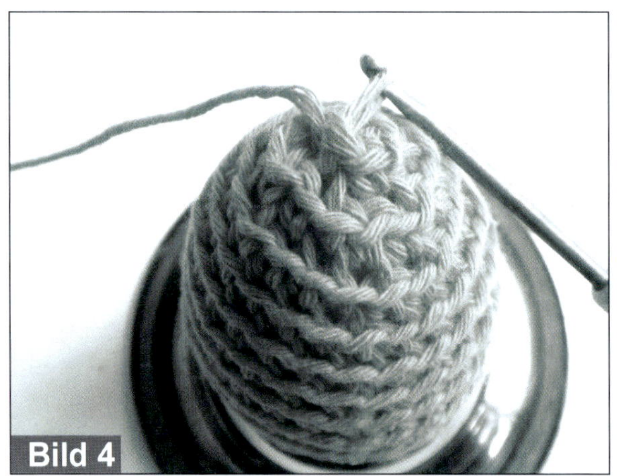
Bild 4

... und du musst das Plastikei in der Hülle stecken lassen.

Benutze deinen Daumen und den Mittelfinger, um es festzuhalten und beginne damit, Maschen zu überspringen. Oben angekommen, schneide den Faden nicht zu kurz ab (du wirst ihn noch zum Aufhängen brauchen) und ziehe ihn durch die Schlaufe.

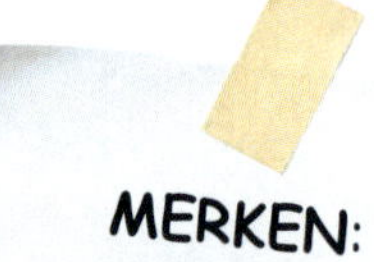

MERKEN:

Um eine feste Form zu umhäkeln, muss ich Zu- und Abnahmen anpassen und halte die Form während der Arbeit mit Daumen und Mittelfinger fest.

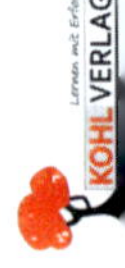

Rundes und Buntes mit geschlossenen Reihen / Überblick

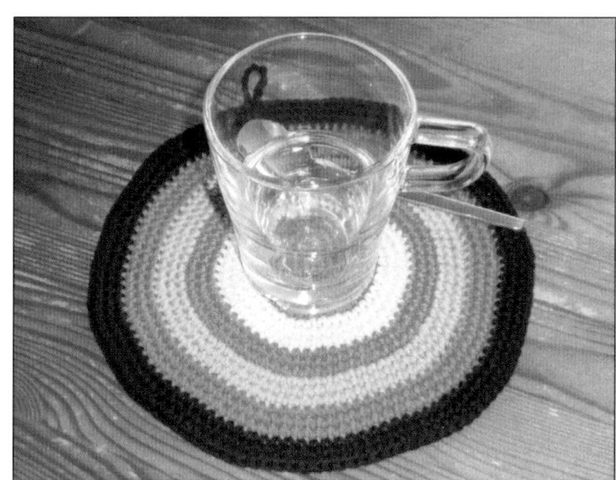

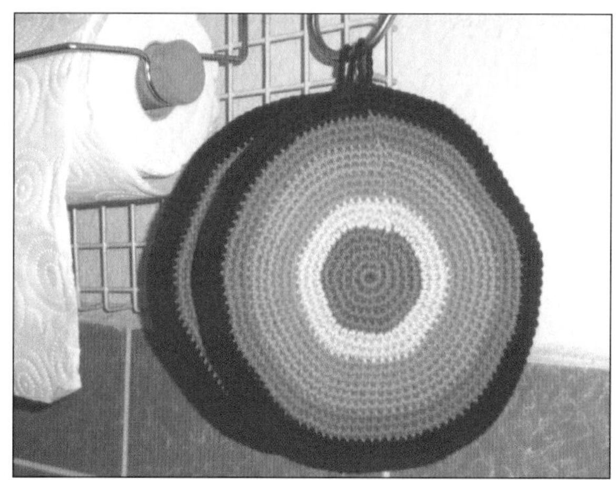

Dekorative Untersetzer und praktische Küchenhelfer (S. 34-38)

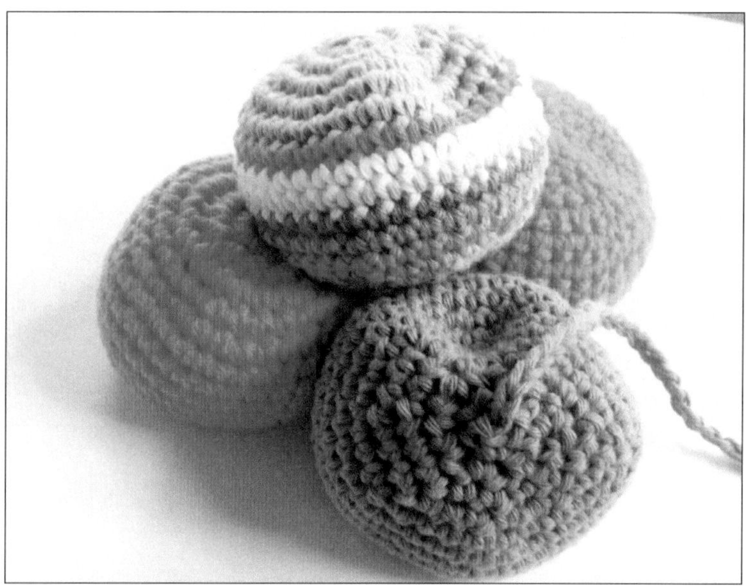

Knautsch- und Spielbälle (S. 39-41)

Ob es jetzt das kunterbunte runde Geschenk zum Muttertag sein soll, oder der Knautsch- und Spielball für den eigenen Gebrauch ... Perfektion und Konzentration sind angesagt beim Maschenzählen.

Jedes Kind sollte deshalb für Fortschritt (abhaken) und Selbstkontrolle (korrigieren) ein eigenes Exemplar der Arbeitsschritte in den Händen halten.

Farbbeispiele siehe S. 10-13.

Häkeln & Co
Grundlagen und neue Ideen für die Textilarbeit – Bestell-Nr. 11 753
KOHL VERLAG

3 Werkbeispiele mit festen Maschen

Grundkurs Rundhäkeln mit geschlossenen Reihen

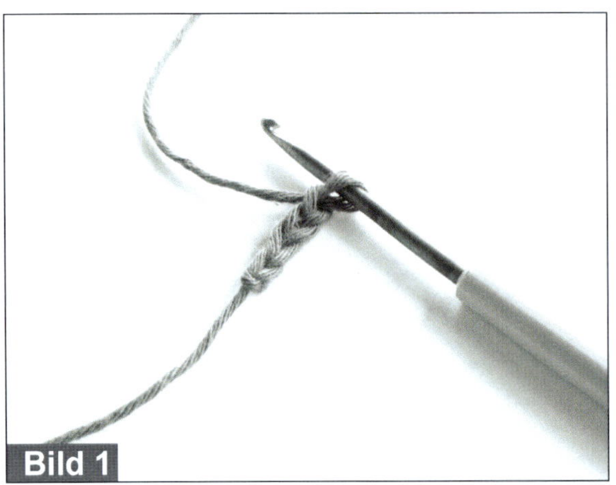

Bild 1

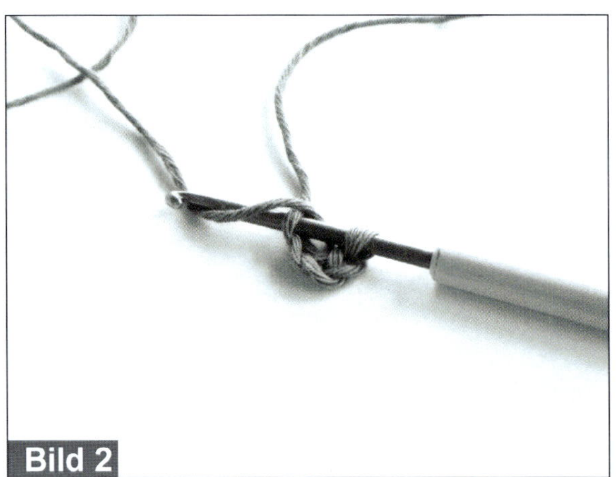

Bild 2

zu Bild 1: Für den Luftmaschenring häkeln wir 4 **LM** (= Kürzel für Luftmaschen).

zu Bild 2: Dann bilden wir aus der Luftmaschenkette einen Ring, stechen die Häkelnadel in die erste LM ein, holen den langen Faden vom Knäuel ...

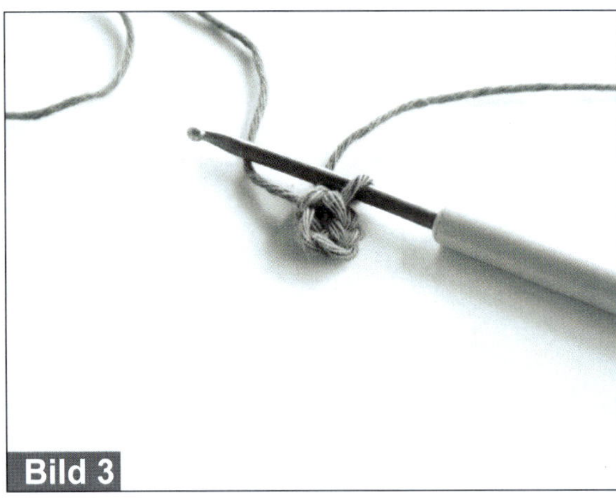

Bild 3

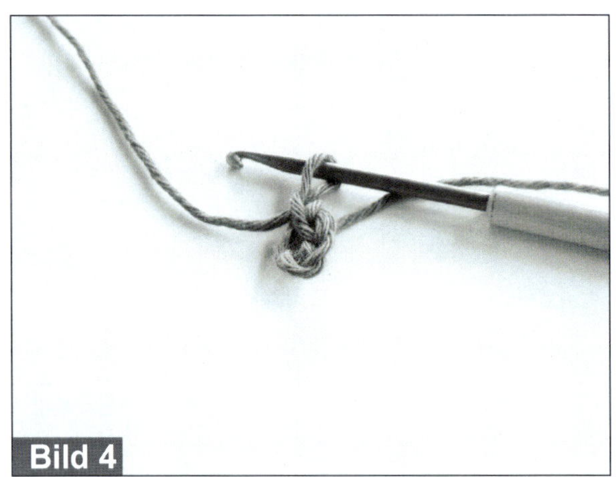

Bild 4

zu Bild 3: ... um ihn durch beide Maschen durchzuziehen, die auf der Häkelnadel liegen. Du hast jetzt eine **KM** (= Kürzel für Kettmasche) gemacht ...

zu Bild 4: Vor dem Beginn der 1. Reihe mit festen Maschen machst du eine LM.

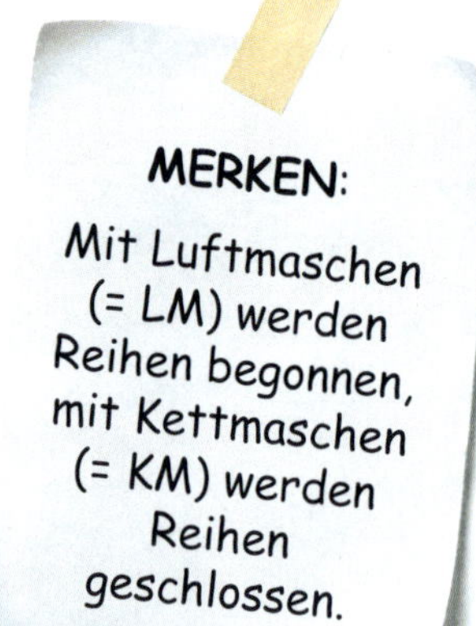

Häkeln & Co
Grundlagen und neue Ideen für die Textilarbeit – Bestell-Nr. 11 753

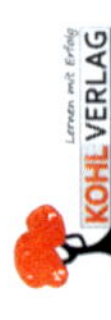

Grundkurs Rundhäkeln mit geschlossenen Reihen

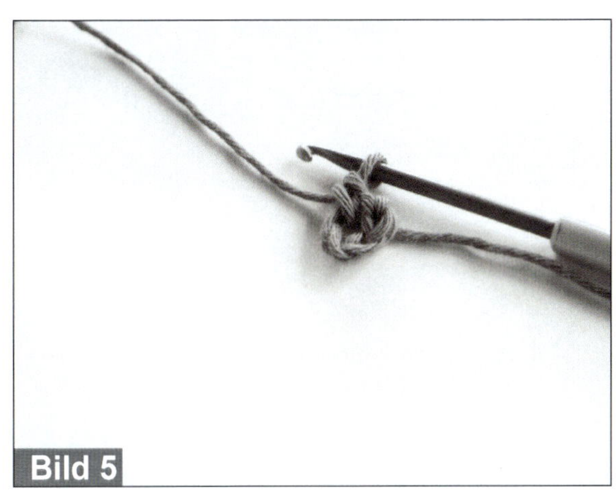

Bild 5

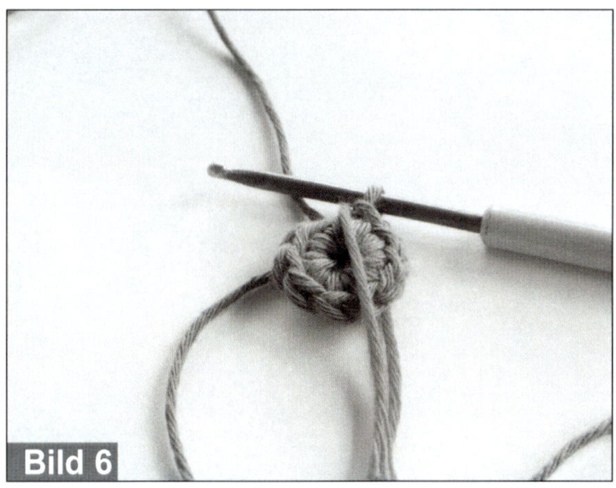

Bild 6

zu Bild 5: Du häkelst jetzt die erste fM (= feste Masche) in den Luftmaschenring ...

zu Bild 6: ... und weitere 9 fM, dann legst du einen kurzen, roten Faden ein.

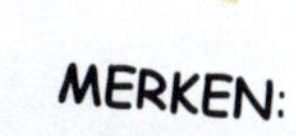

MERKEN:
Das Ende einer Reihe mit einem kurzen roten Faden markieren!

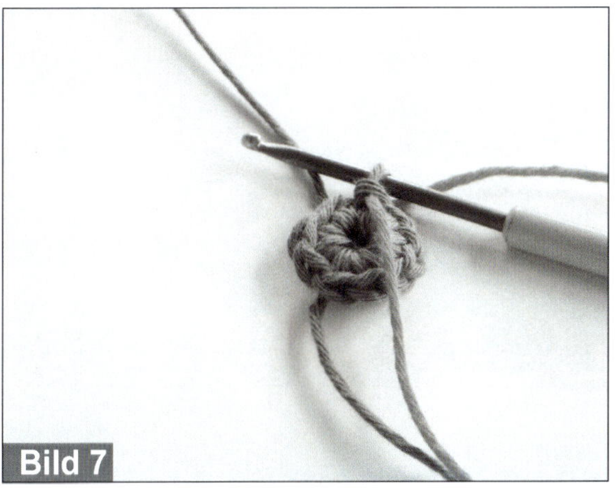

Bild 7

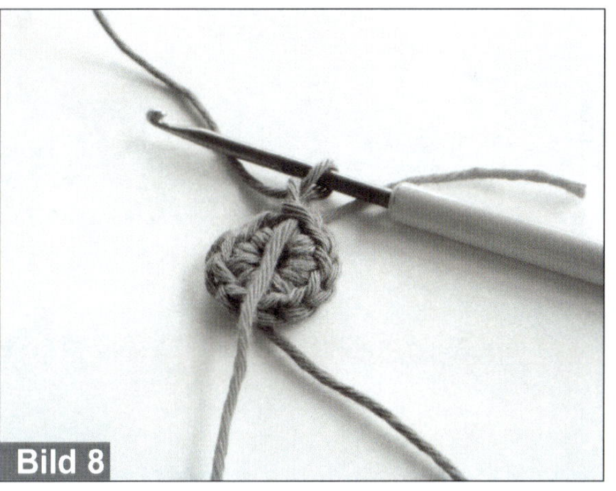

Bild 8

Das kennst du schon aus Bildern 3-4 ... um eine Reihe zu schließen, machst du eine KM und dann eine LM für den Beginn der zweiten Reihe.

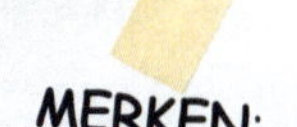

MERKEN:
Das Kürzel für die feste Masche heißt fM. Wenn ich mit festen Maschen weiter häkele, mache ich zu Beginn einer neuen Reihe 1 LM.

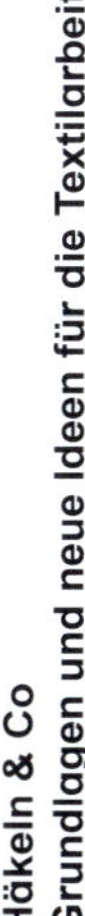

Häkeln & Co
Grundlagen und neue Ideen für die Textilarbeit – Bestell-Nr. 11 753

3 Werkbeispiele mit festen Maschen

Grundkurs Rundhäkeln mit geschlossenen Reihen

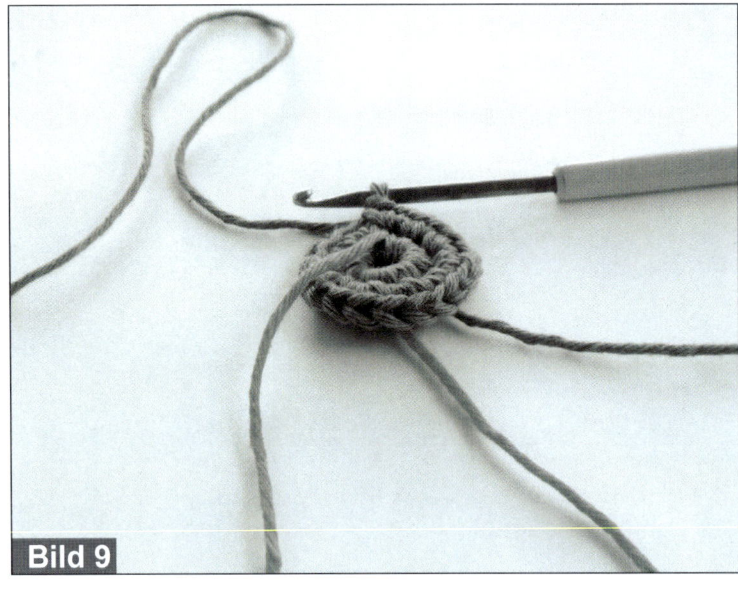

Bild 9

Verdoppele jetzt die Anzahl der fM, das heißt, du stichst 2x in jede Masche der Vorreihe ein. Am Ende der **2. Reihe** zählst du mal nach ... es müssten **20 fM** sein. Dann schließe die Reihe wie gewohnt mit einer KM und setze noch eine LM drauf ...

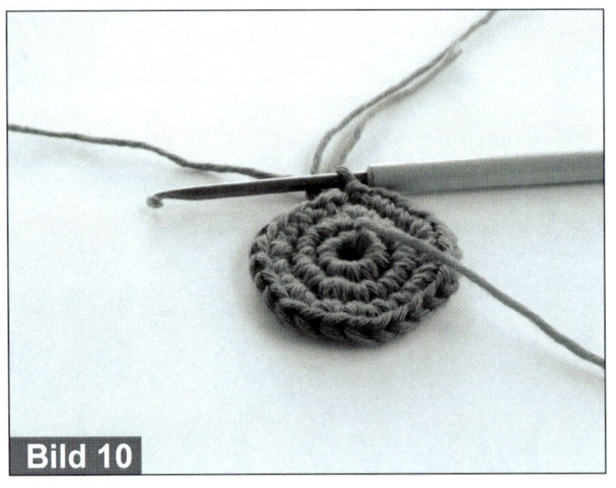

Bild 10

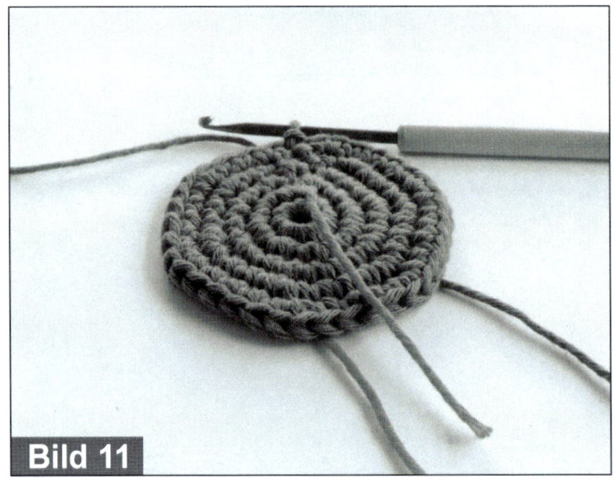

Bild 11

Jetzt gehst du weiter systematisch vor, das heißt ... du machst regelmäßige Zunahmen.

zu Bild 10: In der 3. Reihe/Runde stichst du **2x in jede 2. Masche der Vorreihe ein** ...

zu Bild 11: In der 4. Reihe/Runde stichst du **2x in jede 3. Masche der Vorreihe ein** ...

In der 5. Reihe/Runde stichst du **2x in jede 4. Masche der Vorreihe ein** ...

und das geht jetzt so weiter, wenn du **eine glatte Fläche** häkeln willst.

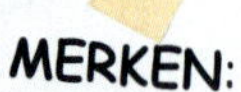

MERKEN:

Zunehmen bedeutet, mehr Maschen als vorher zu erzielen. Für eine Fläche mit geschlossenen Reihen muss ich regelmäßig Maschen zunehmen.

Grundkurs Rundhäkeln mit geschlossenen Reihen

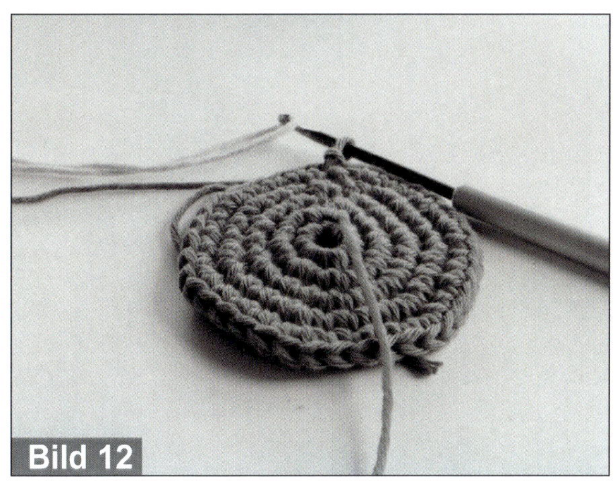
Bild 12

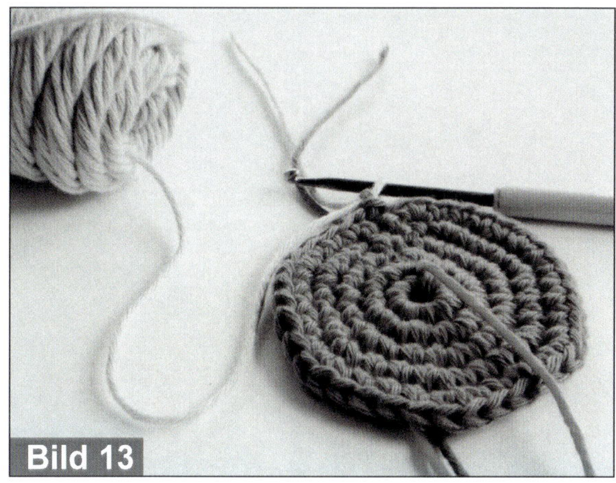
Bild 13

zu Bild 12: Lust auf eine neue Farbe? Die holen wir uns aus einem neuen Knäuel ...

zu Bild 13: ... und ziehen den Faden durch die Masche durch. Dann geht es weiter mit 1 LM und Zunahmen in die nächsten Runden, bis das Ergebnis fertig ist.

! Küchenhelfer / Topflappen

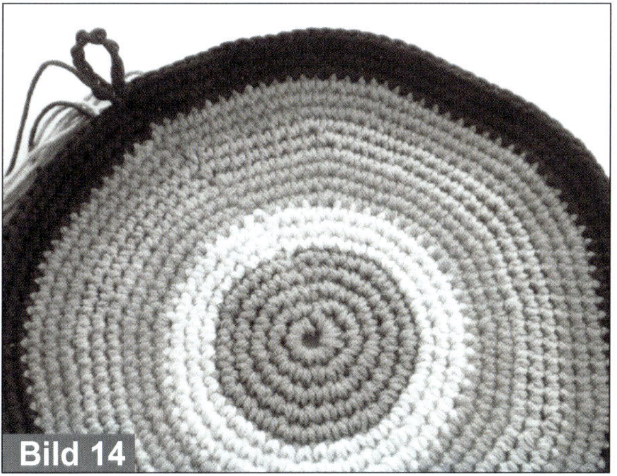
Bild 14

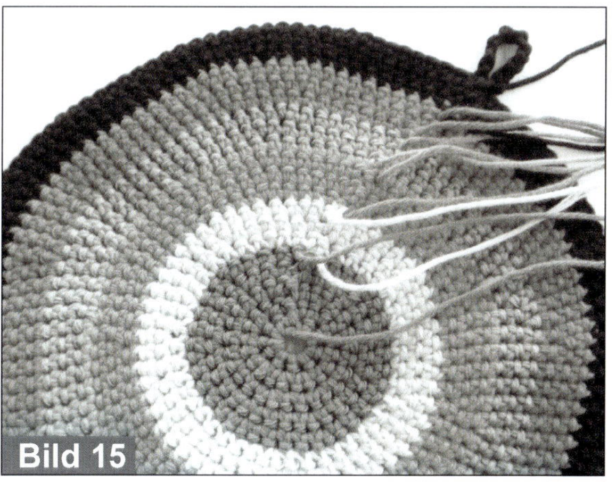
Bild 15

zu Bild 14: Aus vielen coolen Farben ist ein Küchenhelfer entstanden, der bei manchen heißen Aktionen am Herd helfen kann. Hier bekommt das Ergebnis noch einen praktischen Aufhänger aus 10 LM in der letzten Reihe.

zu Bild 15: Hier siehst du die Rückseite, auch ganz nett, aber da hängen noch die Fadenenden raus ...

MERKEN:
Für jeden Farbwechsel brauche ich ein neues Knäuel und kann nicht mit Restfäden arbeiten, damit ich die Runde schließen kann. Die Enden beider Farben schneide ich auf 10 bis 15 cm ab.

Häkeln & Co
Grundlagen und neue Ideen für die Textilarbeit – Bestell-Nr. 11 753

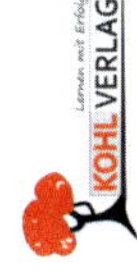

Küchenhelfer / Topflappen

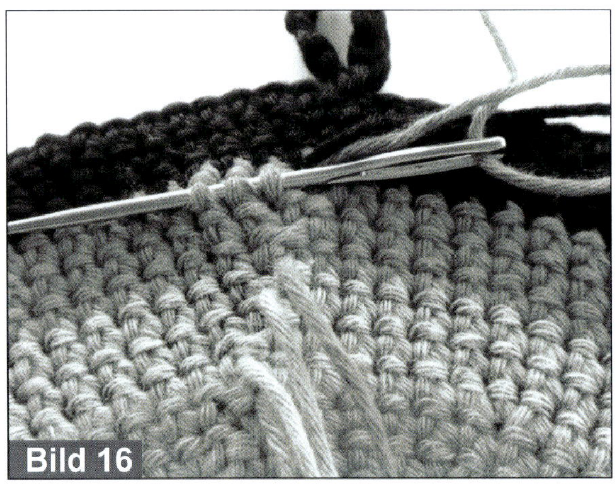
Bild 16

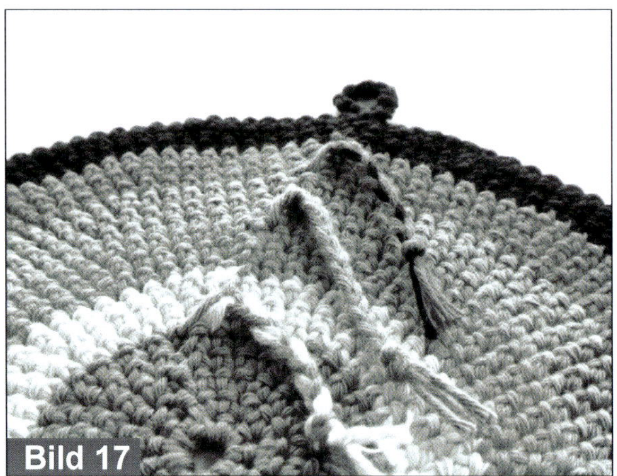
Bild 17

zu Bild 16: Mit einer dicken Stopfnadel werden Fadenenden in der Reihe vernäht oder ...

zu Bild 17: ... auch verflochten, wenn es in deine Gestaltung passt.

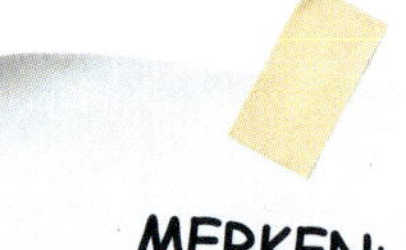

MERKEN:

Fadenenden müssen gut vernäht oder verflochten werden, damit dein Gegenstand für den Gebrauch geeignet ist.

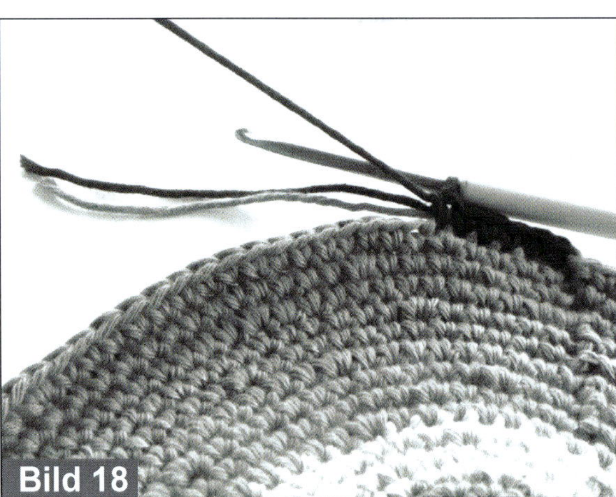
Bild 18

SUPERTIPP:

Du kannst dir das Vernähen der vielen Farbenenden ersparen, indem du sie beim Farbwechsel ca. 5 cm mitlaufen lässt und verhäkelst (Bild 18). Auf der Rückseite werden sie dann später kurz abgeschnitten (Bild 19). Zum Vernähen bleiben nur noch der Anfangs- und Endfaden deiner Arbeit übrig.

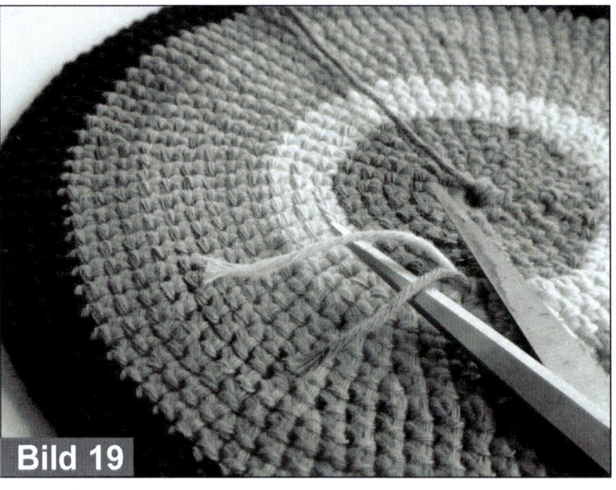
Bild 19

Häkeln & Co
Grundlagen und neue Ideen für die Textilarbeit – Bestell-Nr. 11 753

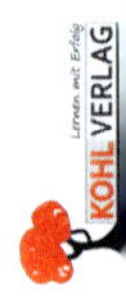

3 Werkbeispiele mit festen Maschen

✶ Kugel häkeln Schritt für Schritt

Als nächstes produzieren wir mit festen Maschen einen **Knautschball**, gefüllt mit Linsen. Den kannst du knautschen nach Herzenslust, wann immer dir danach ist.
Oder damit spielen, alleine oder mit Freunden. Du kannst den Knautschball zum Jonglieren und Kicken benutzen, aber Vorsicht ... er ist unberechenbar, weil er nicht prall gefüllt ist wie eine normaler Ball mit Luft.

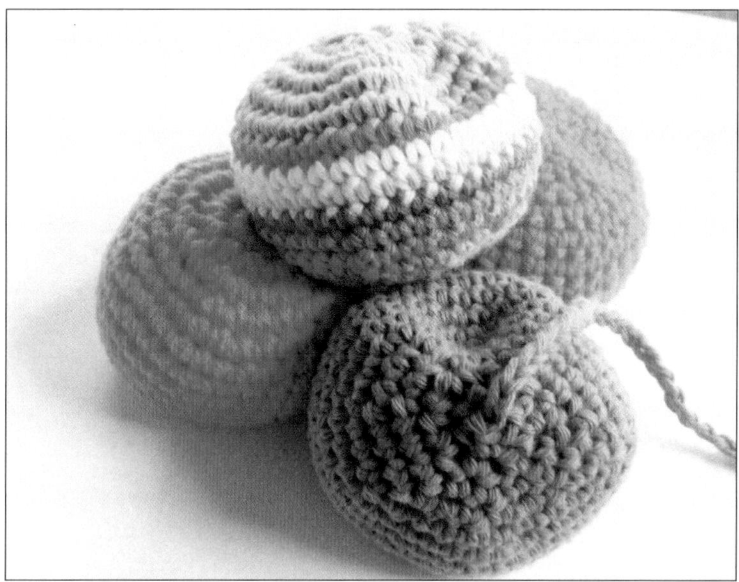

Farbbeispiel siehe S. 12

Reis, Erbsen, Granulate oder weiche Zauberwatte gingen auch zum Füllen, aber schaue erst einmal nach, **wie das Kugel-Häkeln geht**:

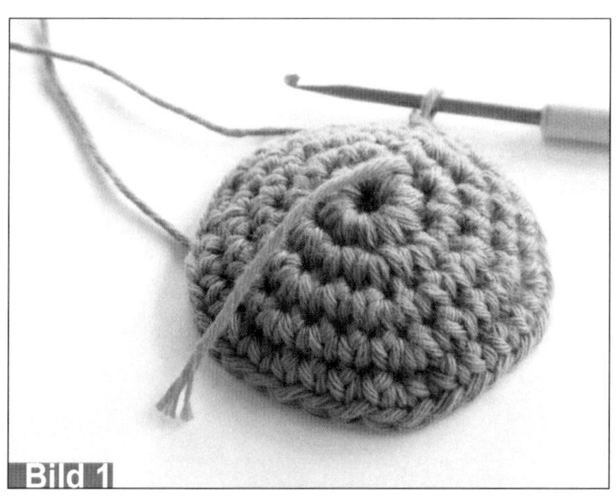

Bild 1

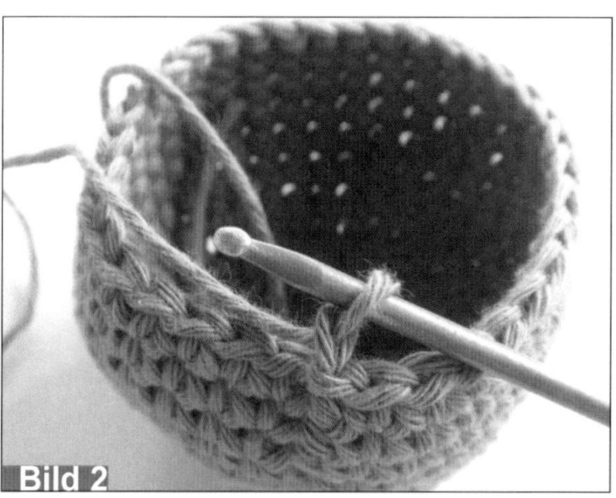

Bild 2

Wir beginnen das Häkeln mit den ersten Schritten, die du schon von Bildern 1-11 aus den Seiten 34-36 kennst. **Doch um eine Kugel zu bekommen**, änderst du die Anzahl der Zunahmen ab der 5. Reihe: du stichst nur 2x **in jede 5. Masche der Vorreihe ein**! Schon wölbt sich deine Fläche (Bild 1). Dann können 6 weitere Reihen ohne Zunahmen folgen (Bild 2) und du kannst auch farbige Muster planen (Siehe S. 41).

Häkeln & Co
Grundlagen und neue Ideen für die Textilarbeit – Bestell-Nr. 11 753

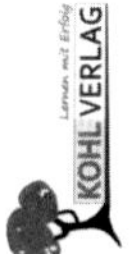

3 Werkbeispiele mit festen Maschen

✶ Kugel häkeln Schritt für Schritt

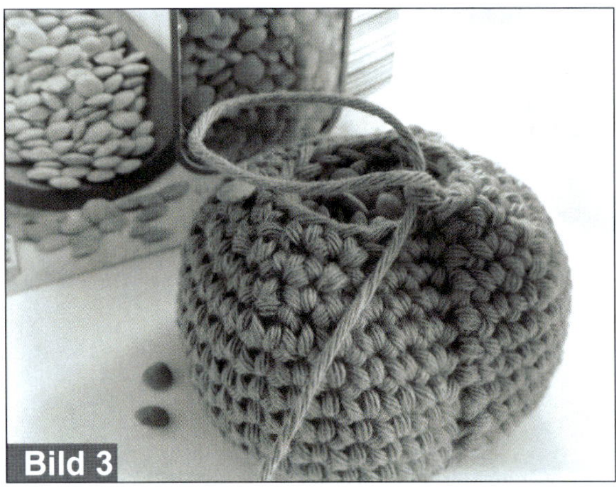
Bild 3

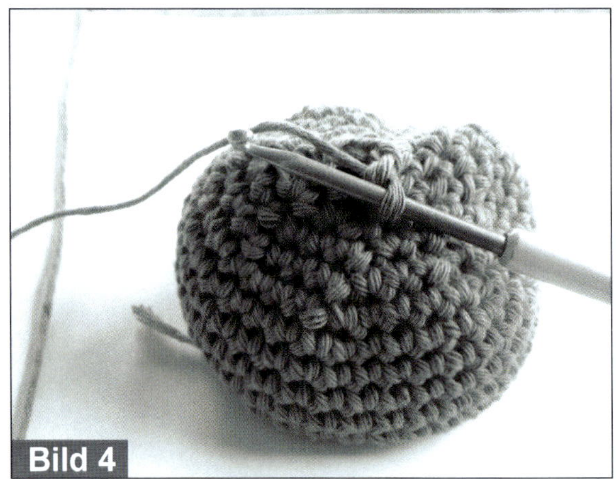
Bild 4

Um die Kugel abzuschließen, musst du Maschen abnehmen ... das geht ganz einfach:

Rückwärts denken !!!

Überspringe Maschen der Vorreihe ... also ab der 12. Reihe jede 5. Masche, in der 13. Reihe jede 3. Masche ... **STOPP**! Jetzt ist es höchste Zeit, den **Knautschball** zu füllen!

Wir haben das mit Linsen gemacht (Bild 3) und dafür einen Trichter benutzt, damit sie nicht durch die Gegend fliegen. Sobald die Kugel gut gefüllt ist, **häkelst du weiter und überspringst jede 2. Masche, bis das Loch geschlossen ist** (Bild 4). Du kannst jetzt den Faden abschneiden, das Fadenende durch die Schlinge ziehen und gut vernähen.

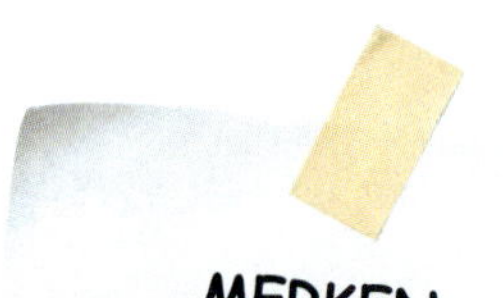

MERKEN:

Kurz bevor ich die Kugel schließe, muss ich sie füllen. Endfäden vernähe ich gut, damit der Knautschball im Gebrauch recht lange hält, was er verspricht ...

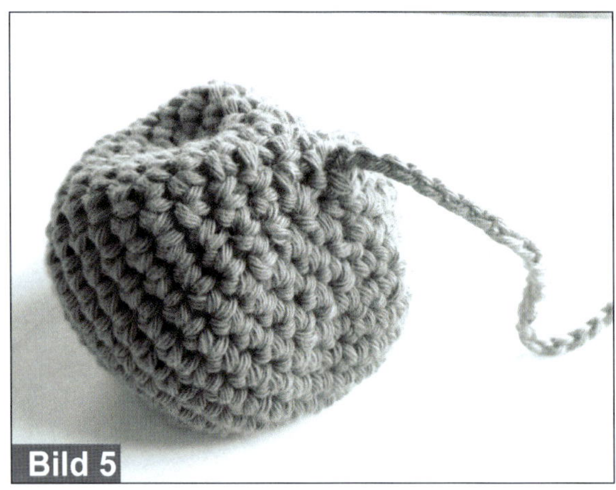
Bild 5

... oder ich häkele aus den Endfäden eine Luftmaschenkette. Damit hätte ich einen **Schleuderball**, der mit dreimal Drehen auf ein Ziel trifft.

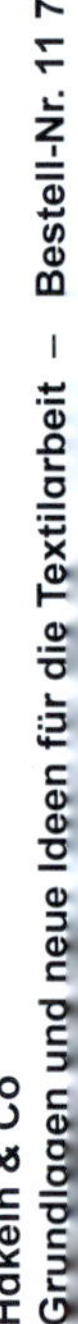

Kugeln bunt gestalten (Farbwechsel, Ringelmuster)

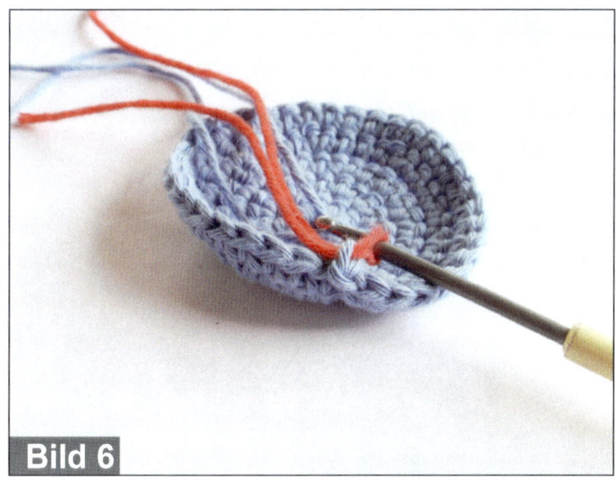
Bild 6

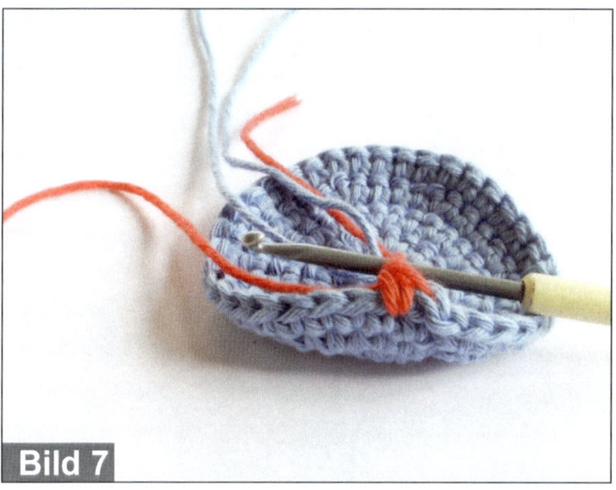
Bild 7

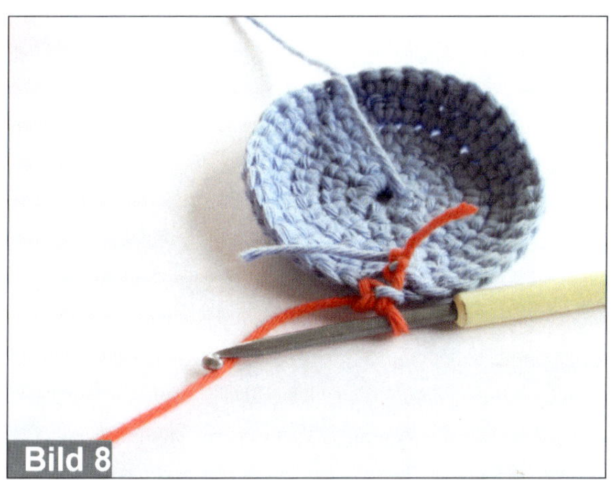
Bild 8

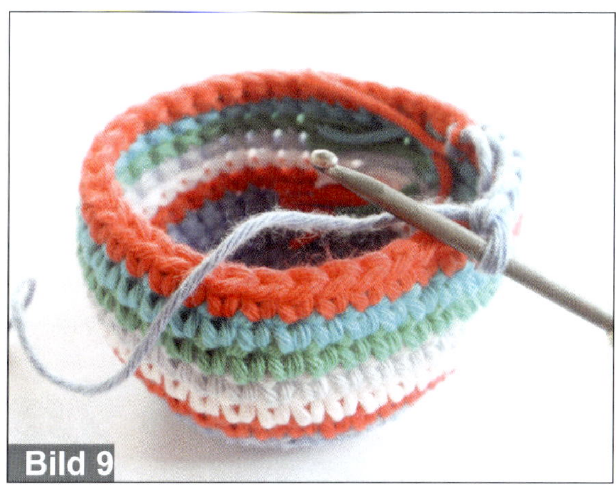
Bild 9

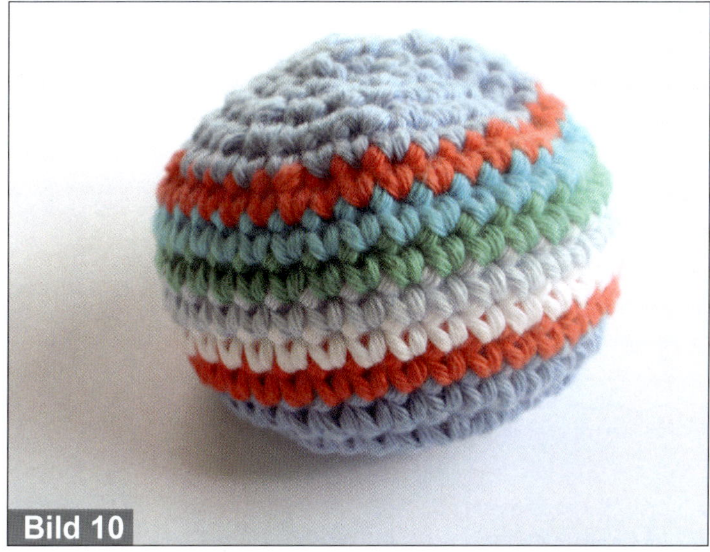
Bild 10

In den mittleren 6 Reihen ohne Zu- und Abnahmen kann die Kugel bemustert werden ... hier in farbigen Ringen aus Restmaterial. Fadenenden werden innen doppelt verknotet.

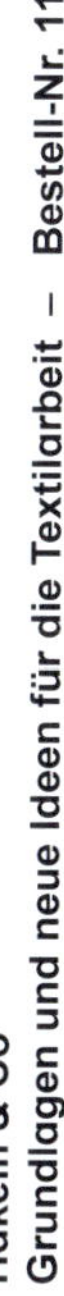
Häkeln & Co
Grundlagen und neue Ideen für die Textilarbeit – Bestell-Nr. 11 753

4 Werkbeispiele mit halben Stäbchen

⊙ Stirnbänder und Mützen / Überblick

! Halbe Stäbchen sind gefragt, wenn das Werkstück mehr Volumen braucht und wärmen soll. Mit dehnbaren gemischten Wollen bestens geeignet für Stirnbänder und Mützen:

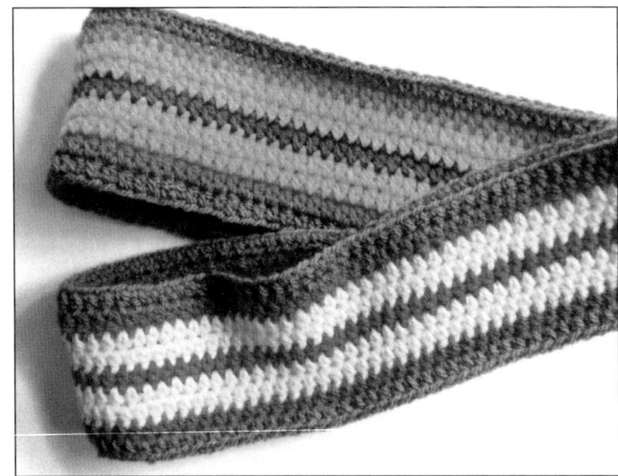
Stirnbänder in bunten Reihen (S. 43-44) ⊙

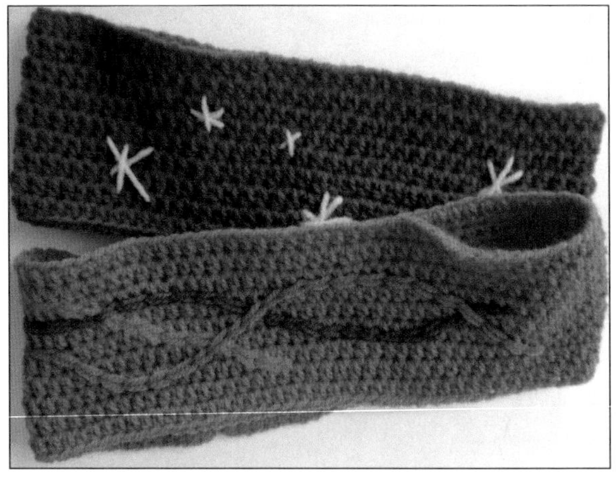
Stirnbänder bestickt/behäkelt (S. 45-46) ⊙

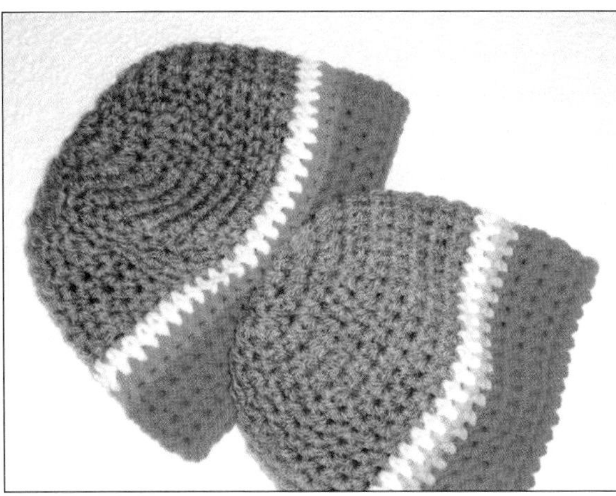
Mützen-Grundmodell (S.47-50) !

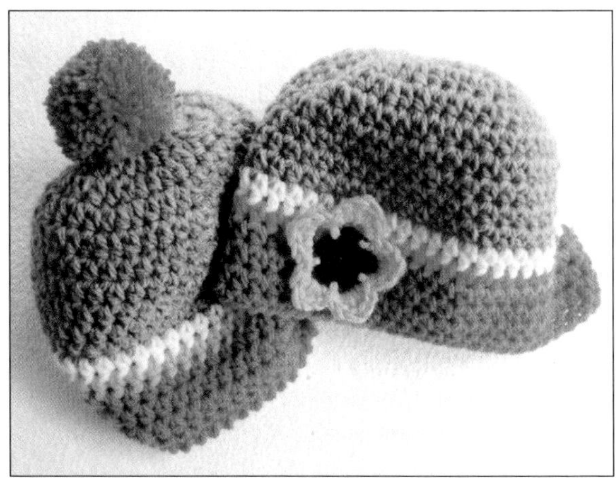
Bommel und Blume (S. 51-55) !

Materialinfos:

Stirnband: Polyacryl, Nadelstärken 3-4
Mützen: Acryl/Wolle, Nadelstärken 7 + 5

Farbbeispiele siehe S. 10-13

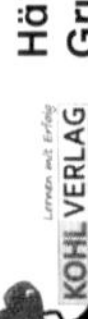

Stirnband in bunten Reihen

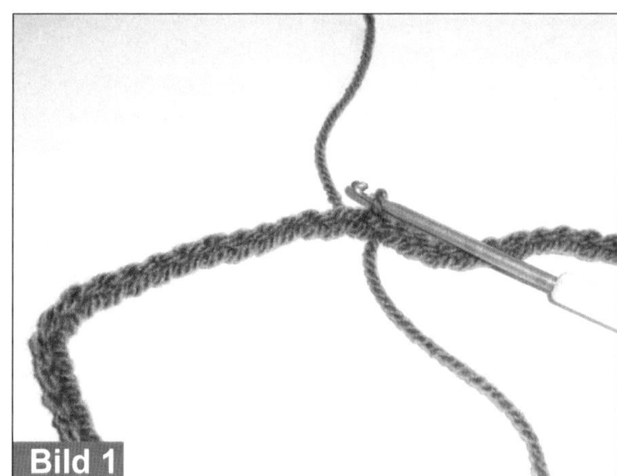
Bild 1

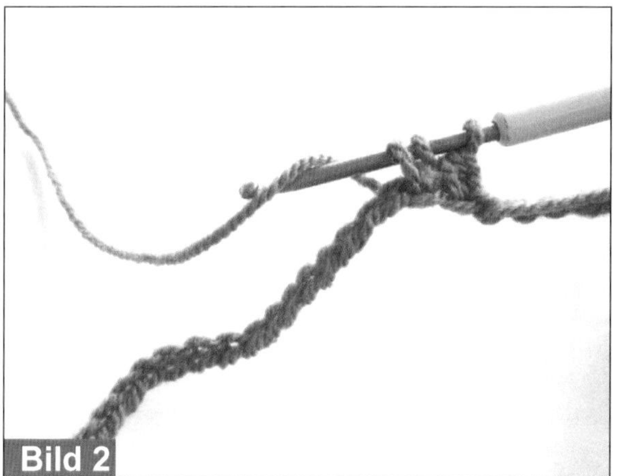
Bild 2

zu Bild 1: Fertige eine Luftmaschenkette und passe sie deinem Kopfumfang an. (**TIPP**: Wolle ist elastisch, du darfst also die Luftmaschenkette stramm ziehen. Umso besser wird später dein fertiges Stirnband sitzen und rutscht nicht andauernd ab).

Bevor du dann die Luftmaschenkette mit einer Kettmasche schließt ... achtest du darauf, dass sie nicht verdreht ist!

zu Bild 2: Mache 1 LM zu Beginn der 1. Reihe und in der Folge halbe Stäbchen in jede LM.

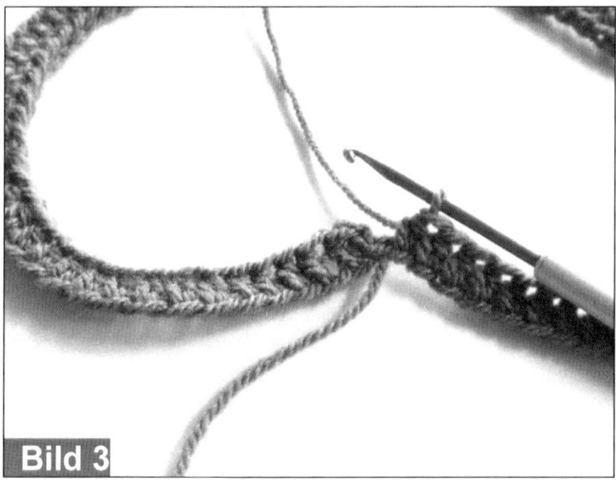
Bild 3

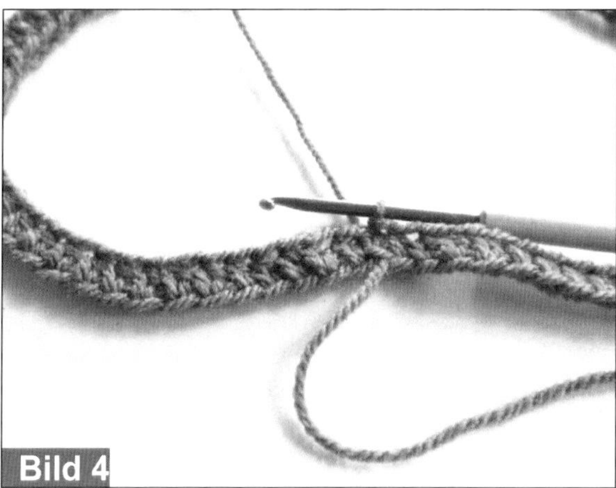
Bild 4

zu Bild 3+4: Das Ende der 1. Reihe schließt du mit einer Kettmasche. Kontrolliere vorher, ob sie sich nicht verdreht hat ... dann gehe zum Farben wechseln auf die nächste Seite ...

Häkeln & Co
Grundlagen und neue Ideen für die Textilarbeit – Bestell-Nr. 11 753

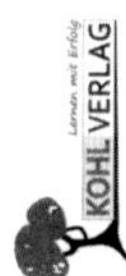

Werkbeispiele mit halben Stäbchen

Stirnband in bunten Reihen

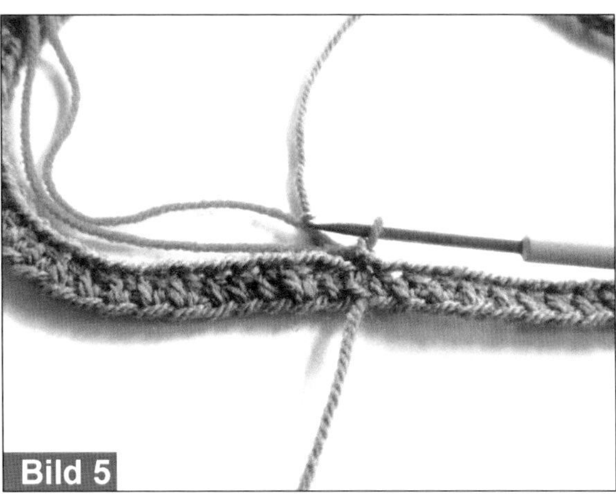
Bild 5

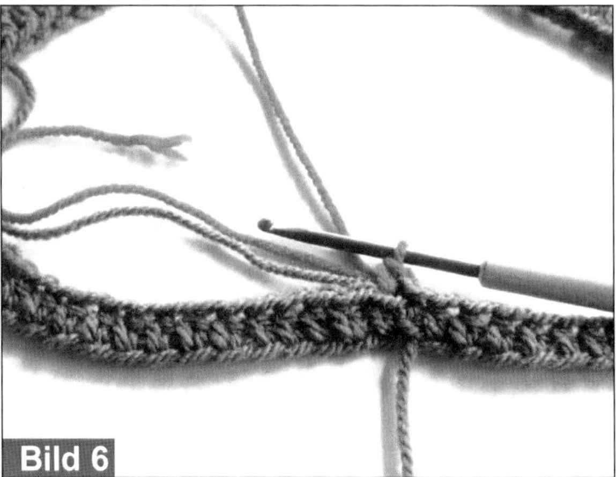
Bild 6

zu Bild 5: Schneide die alte Farbe auf ca. 10 cm ab und hol dir eine neue Farbe ... jetzt hast du eine Luftmasche gemacht ...

zu Bild 6: ... und direkt danach folgt eine feste Masche mit der neuen Farbe. Dann kann es lustig weiter gehen mit halben Stäbchen und jedes Mal, wenn du die Farbe wechseln möchtest, wiederholst du die Arbeitsschritte aus Bildern 5 + 6.

TIPP: Schau dir vorher noch die Bilder 7 + 8 an!

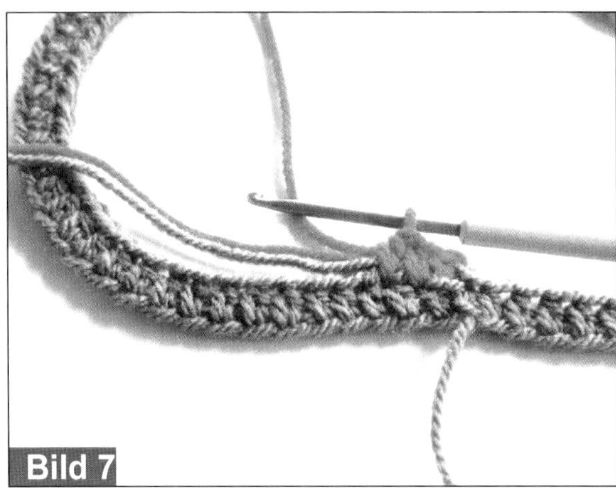
Bild 7

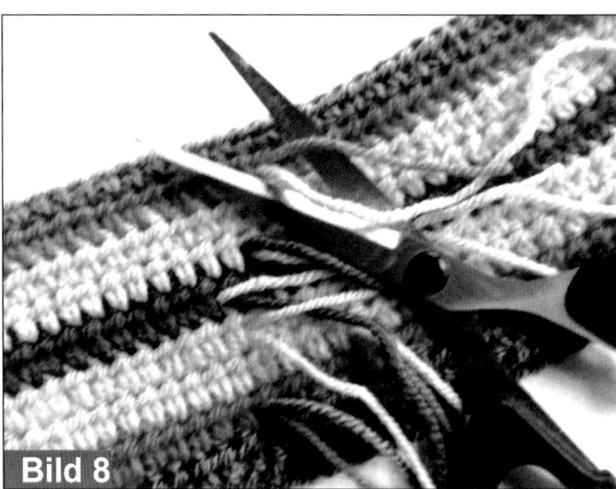
Bild 8

zu Bild 7: Hier siehst du den Beginn der 2. Reihe mit halben Stäbchen ... und noch mehr! Erkennst du, dass die Endfäden „mitlaufen“, das heißt, sie werden mit verhäkelt. Warum?

zu Bild 8: Das ist super praktisch und erspart dir das lästige Vernähen! Sobald dein Stirnband die gewünschte Breite hat, drehst du es auf links, ziehst noch einmal an allen Endfäden und schneidest sie kurz ab.

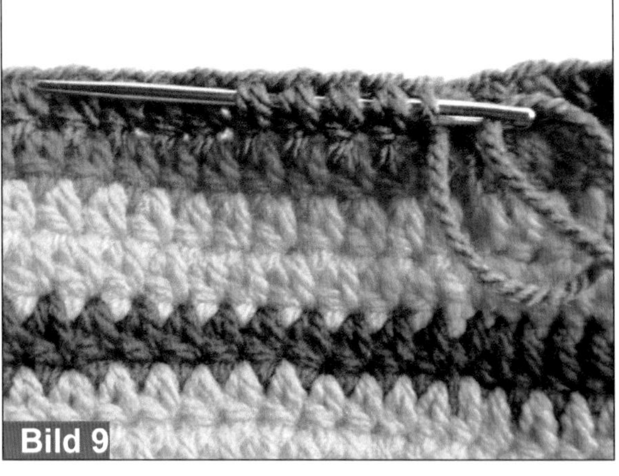
Bild 9

zu Bild 9: Mit einer Stopfnadel vernähst du noch Anfangs- und Endfaden deines Stirnbands.

Häkeln & Co
Grundlagen und neue Ideen für die Textilarbeit – Bestell-Nr. 11 753
KOHL VERLAG

Sternenhimmel-Stirnband – einfach besticken

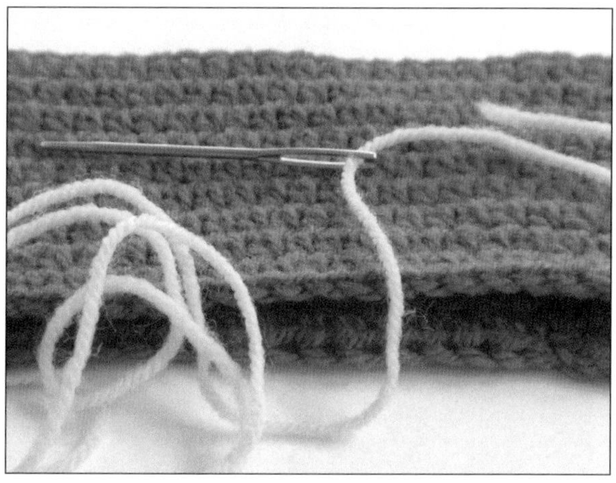
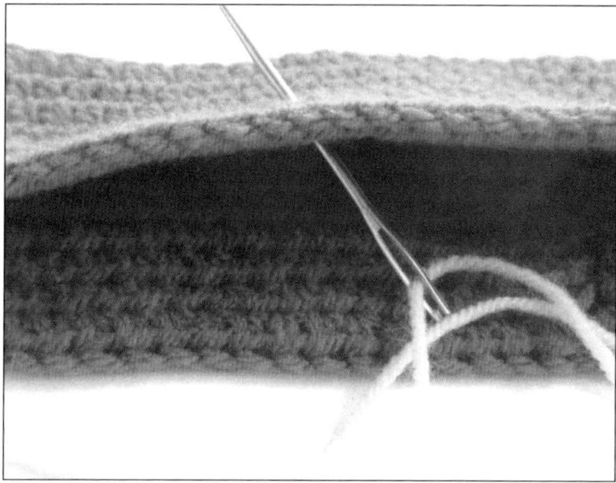

Du hast ein Stirnband in der Himmelsfarbe Blau geschafft? Jetzt nimm eine Sternenfarbe und fädel sie in eine Stopfnadel ein. Dann stichst du mit der Nadel an irgendeiner Stelle von innen nach außen in dein Stirnband ein ...

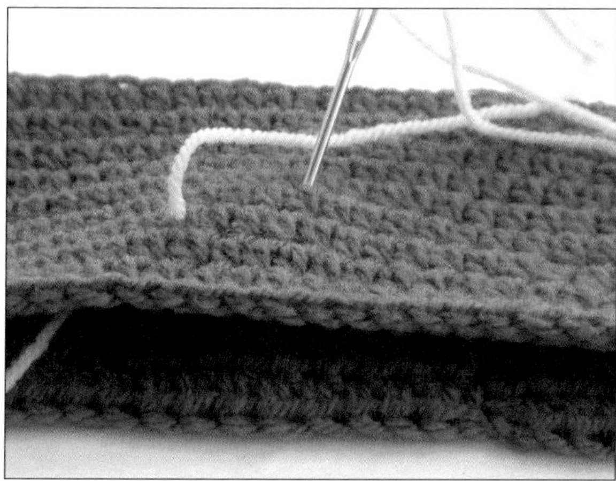
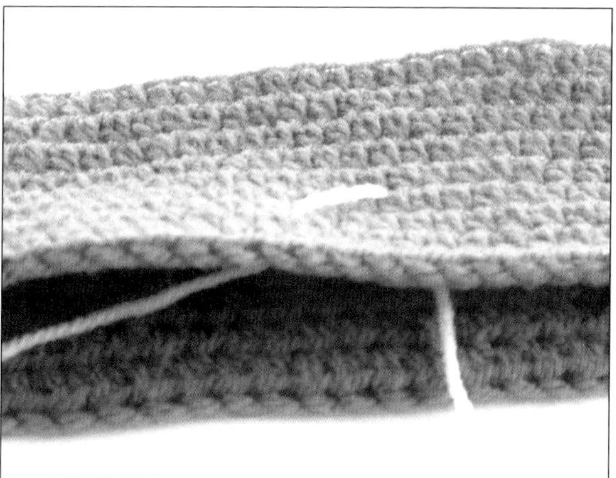

... und wieder zurück, jetzt ist ein Sternenstrahl entstanden!

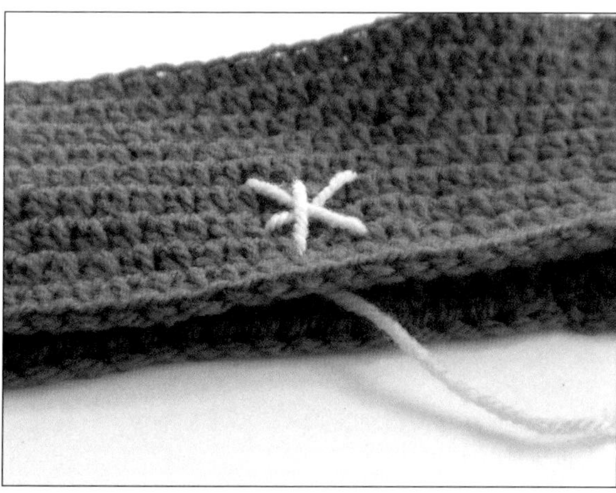
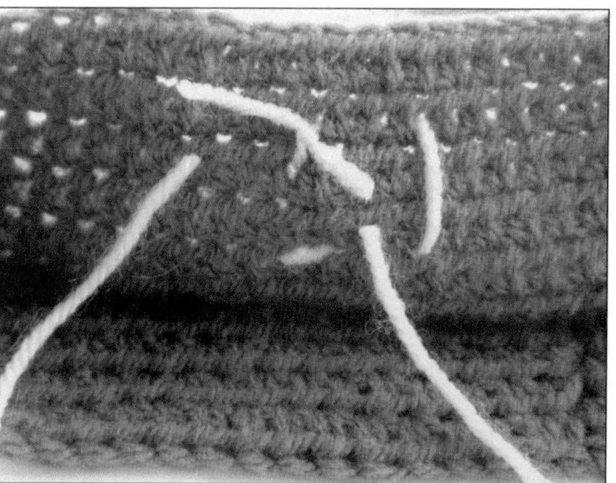

Sicher findest du heraus, wie jetzt ein ganzer Stern entsteht ... aber beachte auch die Rückseite = Innenseite deines Stirnbandes, da verknotest du einfach die Fäden und schneidest sie auf 1 cm ab.

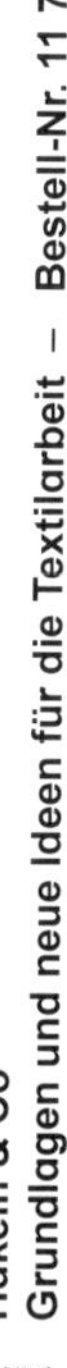
Häkeln & Co
Grundlagen und neue Ideen für die Textilarbeit – Bestell-Nr. 11 753
KOHL VERLAG

4 Werkbeispiele mit halben Stäbchen

Häkelschlangen-Stirnband – einfach behäkeln

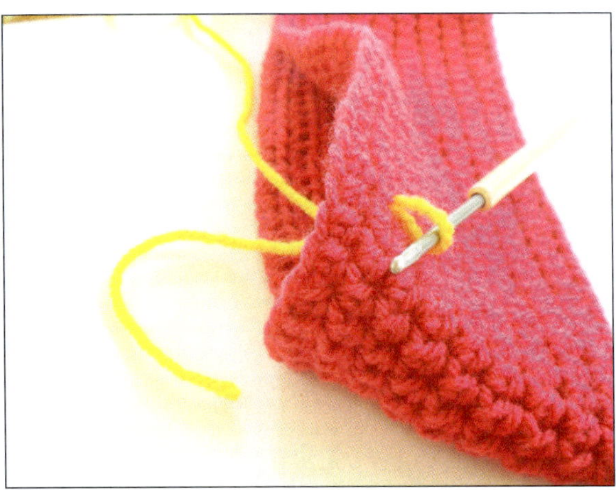

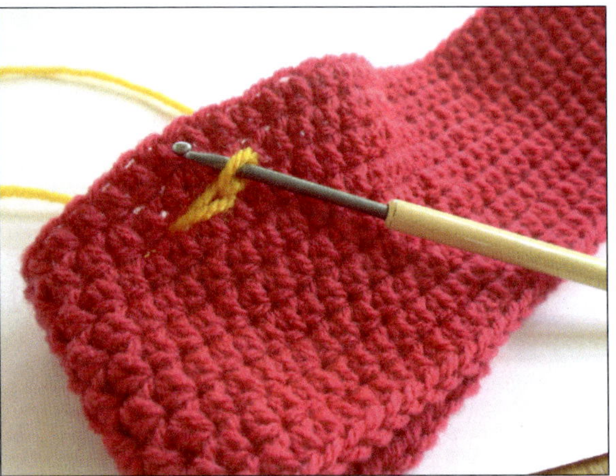

Du holst einen bunten Faden aus der Innenseite deines Stirnbands und hast jetzt eine Schlaufe. In der Folge stichst du nochmal in dein Stirnband ein und holst den Faden für eine Luftmaschenkette ... aber bitte locker! Dehne zwischendurch dein Stirnband ...

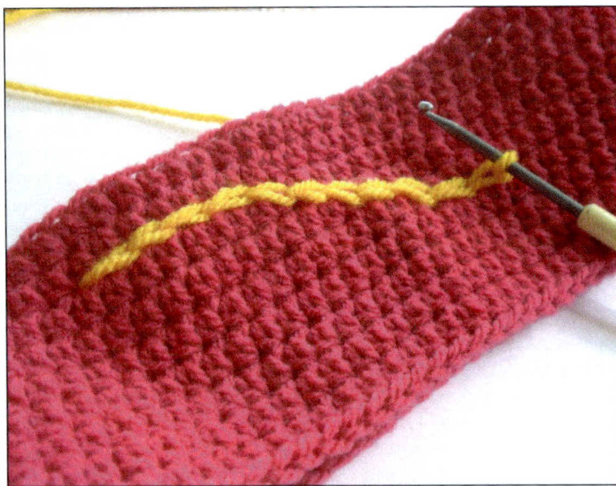

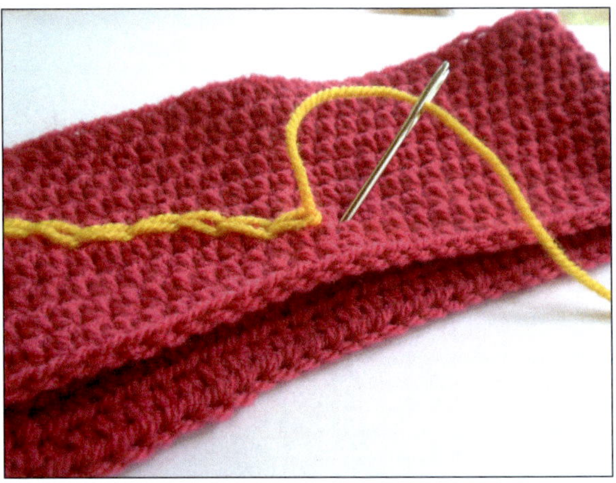

Die Luftmaschenkette kannst du geradeaus oder in Bögen häkeln. Am Ende der Häkelschlange Nr. 1 schneidest du den Faden auf 10 cm ab und ziehst ihn durch die Schlaufe. Fädel dann das Ende des Fadens in die Stopfnadel ein, um es zu vernähen

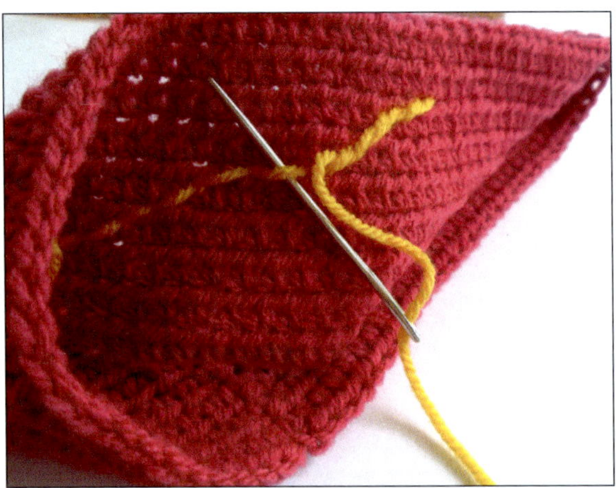

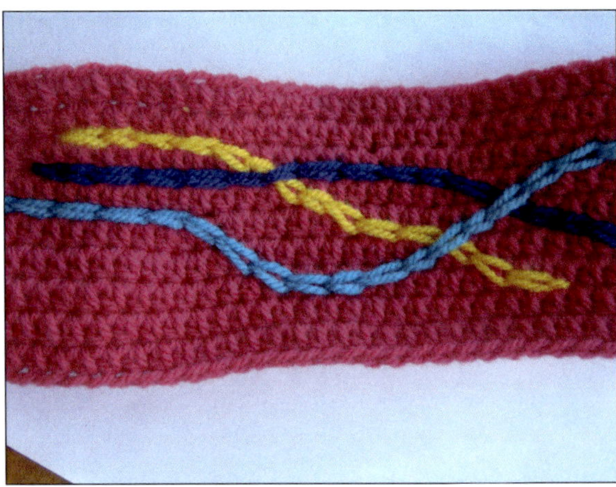

Hier siehst du, wie das Vernähen in der Innenseite deines Stirnbands geht ... und auch, wie dein Stirnband außen aussehen könnte. Auch andere Formen sind möglich, probiere doch mal Kreise, Spiralen, Buchstaben ... fällt dir noch was anderes ein?

Häkeln & Co
Grundlagen und neue Ideen für die Textilarbeit – Bestell-Nr. 11 753
KOHL VERLAG

4 Werkbeispiele mit halben Stäbchen

! **Maschen für Mützen** / Grundmodell für Jungen und Mädchen

Ob sie nun Boshie, Beanie oder anders heißen, längst haben alle Kinder, Mütter, Väter, Omas und Opas Häkelmützen auf dem Kopf.
Aus dem Grundmodell entwickeln wir Ideen für jedermann ... aber erst einmal für dich. Wir verwenden in der Anleitung Sportwolle (80 % Acryl / 20 % Wolle) für Nadelstärke 5-7.

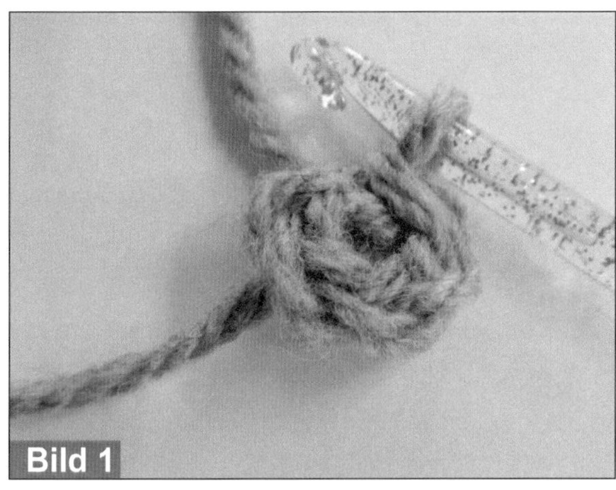
Bild 1

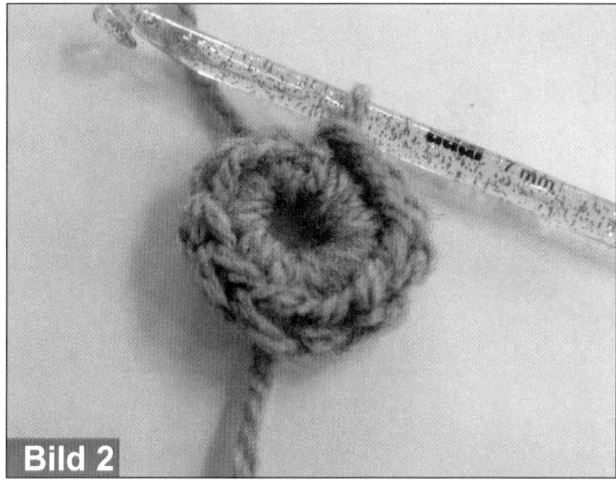
Bild 2

zu Bild 1: Du beginnst mit einem **Anfangsring** aus einem Schlaufenknoten und einer Luftmaschenkette aus 5 LM. Lege die Kette zu einem Ring und verbinde das Ende mit dem Anfang mit einer Kettmasche.

zu Bild 2: **Für die 1. Runde** machst du 11 feste Maschen in den Ring und verbindest sie mit einer Kettmasche, die du in den Maschenbogen der 1. fM einstichst (nicht abgebildet).

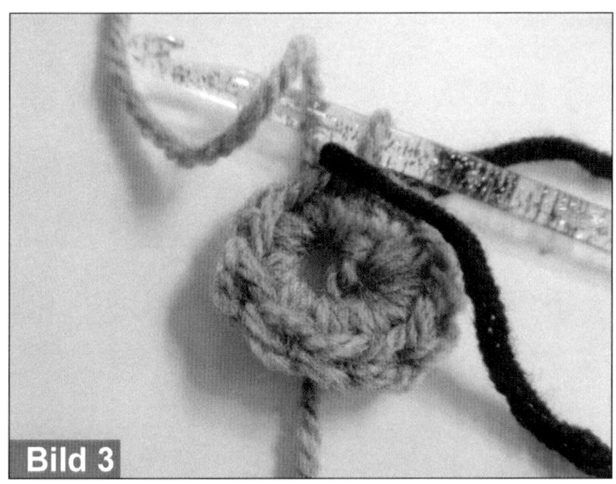
Bild 3

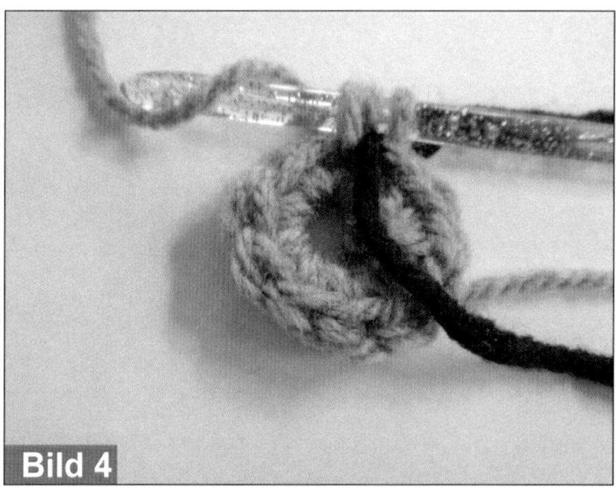
Bild 4

zu Bild 3+4: Lege jetzt einen kurzen Faden in einer Kontrastfarbe ein, um dir den Beginn jeder neuen Reihe besser merken zu können. **Die zweite Runde** machst du mit halben Stäbchen ... zur Erinnerung: Faden um die Nadel legen, in die untere Masche stechen und noch einmal holen (jetzt liegen 3 auf der Nadel), dann den Faden durch alle drei auf einmal holen (nicht abgebildet).

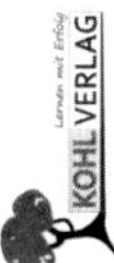

4 Werkbeispiele mit halben Stäbchen

! **Maschen für Mützen** / Grundmodell für Jungen und Mädchen

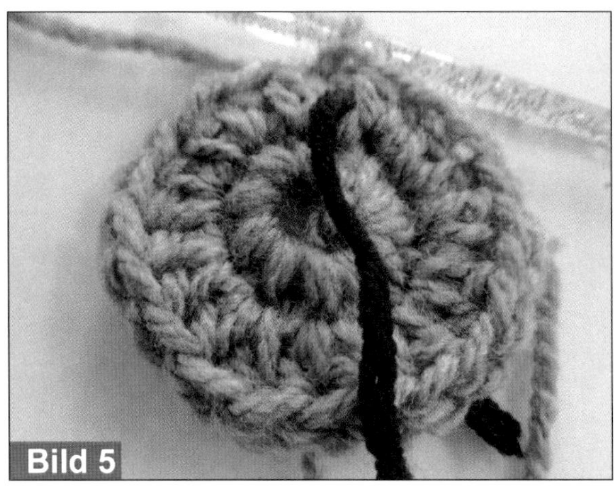
Bild 5

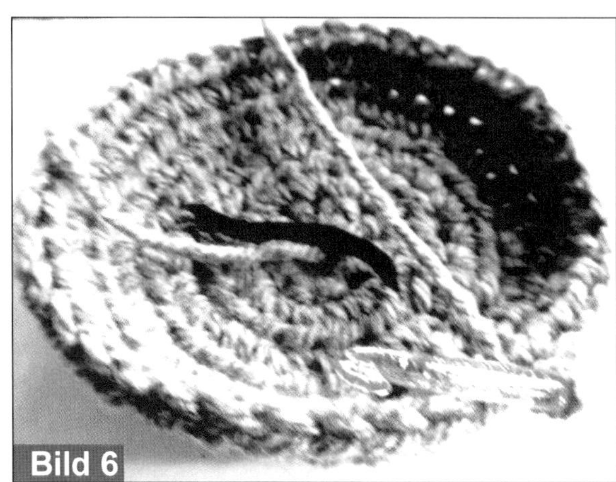
Bild 6

zu Bild 5: **Jetzt ist Zählen angesagt**! In der **2. Runde** verdoppelst du die hSt, indem du 2x in jede Masche der Vorreihe einstichst. Das nennt man auch **Maschen zunehmen**.

zu Bild 6: Gehe jetzt systematisch vor und hake die Runden ab ...
- in der 3. Runde wird jede 2. Masche der Vorreihe verdoppelt
- in der 4. Runde wird jede 4. Masche der Vorreihe verdoppelt
- in der 5. Runde wird jede 6. Masche der Vorreihe verdoppelt

Jetzt bist du so weit, dass du keine Zunahmen mehr machen musst. Setze dein Ergebnis mal auf deinen Hinterkopf ... passt?

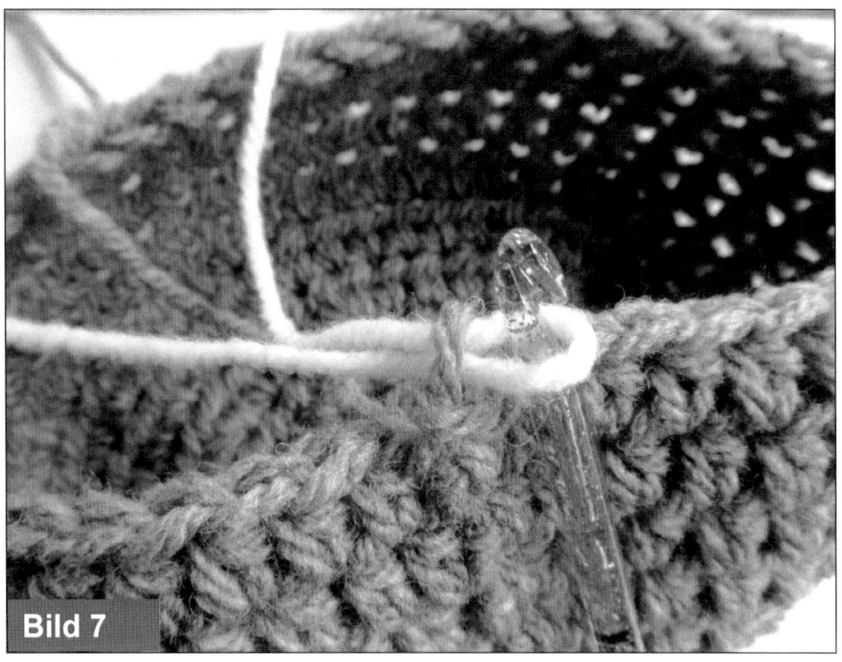
Bild 7

zu Bild 7: Etwa 8-10 Runden fehlen noch ohne Zunahmen, bis die gewünschte Länge deiner Mütze erreicht ist. Möchtest du zwischendurch einmal die Farbe wechseln?

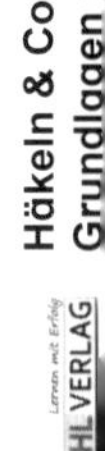

! **Maschen für Mützen** / Grundmodell für Jungen und Mädchen

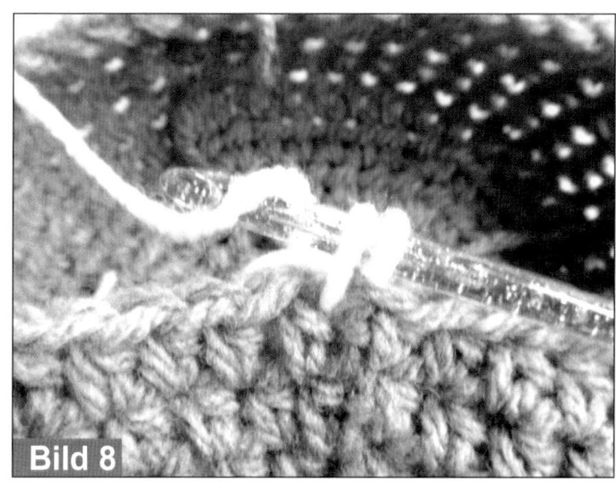
Bild 8

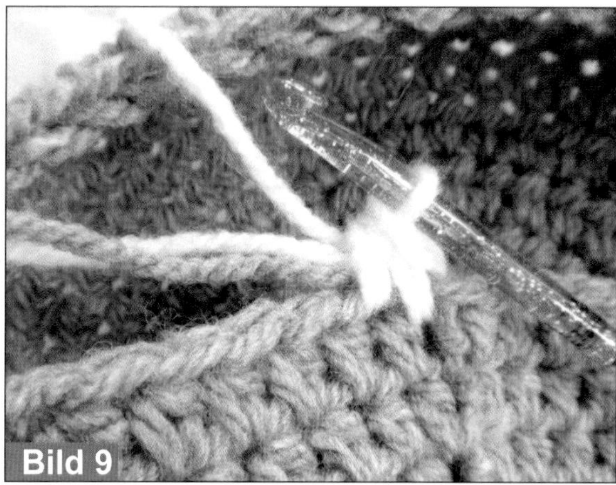
Bild 9

zu Bild 8+9: Nachdem du die neue Farbe zu Beginn der nächsten Reihe geholt hast (das Ende der letzten Farbe kannst du auf 10 cm abschneiden), machst du eine feste Masche. Dann geht es weiter wie gewohnt mit halben Stäbchen (ohne Abbildung).

In Bild 9 kannst du sehen, wie die Endfäden „mitgeführt" werden, das heißt, sie werden einfach mit verhäkelt und du ersparst dir das Vernähen.

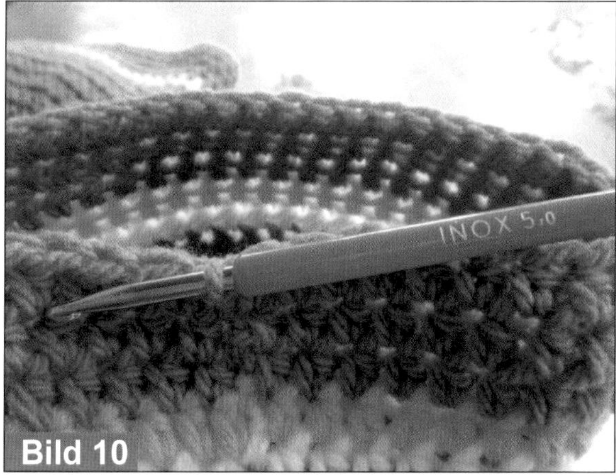

Bild 10

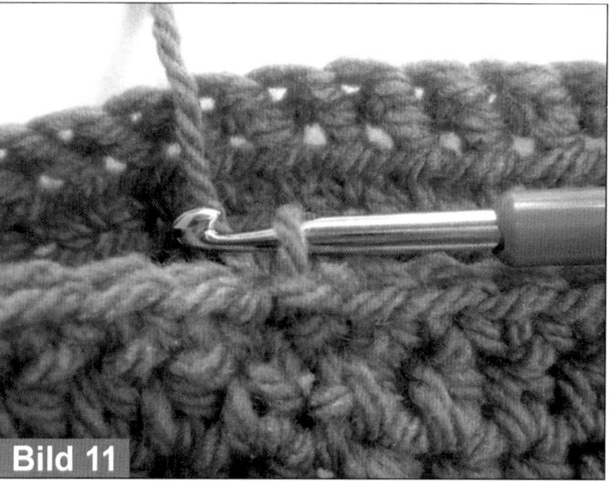
Bild 11

zu Bild 10+11: Ist deine Mütze lang genug? Probiere sie auf, geht sie über die Ohren?

Du wirst jetzt merken, dass sie ziemlich locker ist und leicht vom Kopf rutscht. Deshalb machen wir jetzt eine Abschlussrunde mit festen Maschen und benutzen dafür die Nadelstärke 5. Am Ende der Runde noch eine Kettmasche und schon bist du fast fertig. Schneide den Faden auf 10 cm ab und ziehe ihn durch die Schlaufe, vernähe das Ende!

Häkeln & Co
Grundlagen und neue Ideen für die Textilarbeit – Bestell-Nr. 11 753

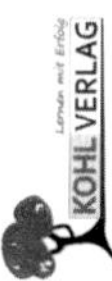

4 Werkbeispiele mit halben Stäbchen

! **Maschen für Mützen** / Grundmodell für Jungen und Mädchen

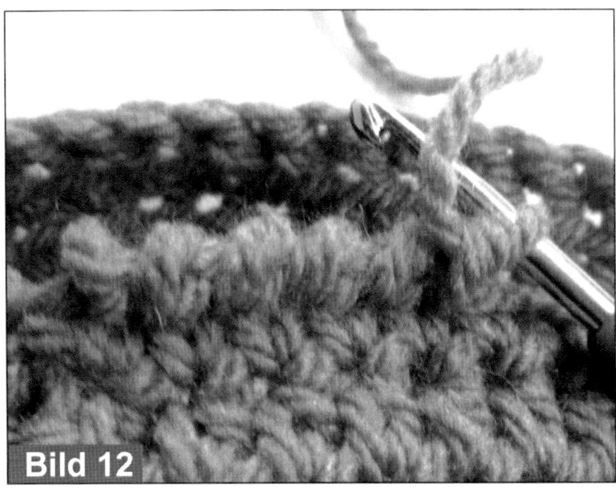
Bild 12

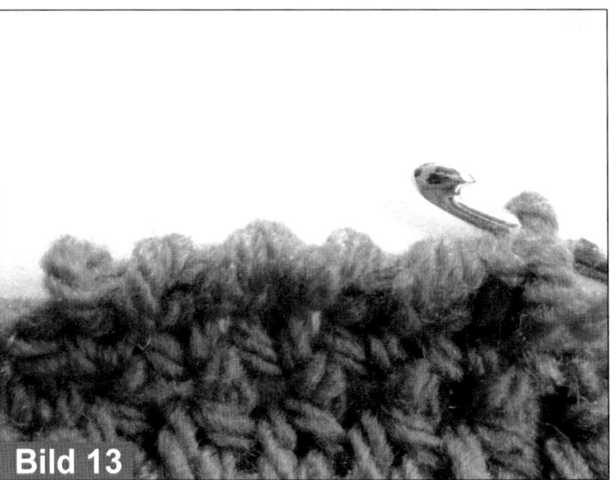
Bild 13

zu Bild 12+13: Hier noch ein Trick für einen besonders schönen Randabschluss ... nach der Runde mit festen Maschen (von rechts nach links gemacht), häkelst du noch eine Runde **von links nach rechts**.

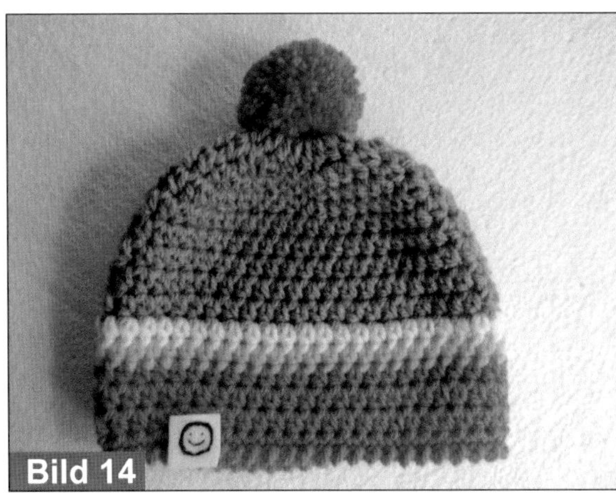
Bild 14

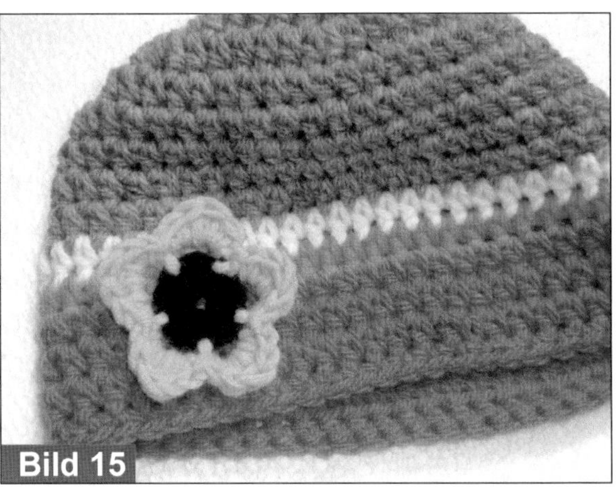
Bild 15

zu Bild 14: Hier eine coole Mütze für Jungs! Mit **BOMMEL** (S. 51 - 53) und selbstgemachtem **LABEL** ein echter Hingucker! Ein Label geht ganz einfach ... schneide aus Filz oder Fleecestoff ein Rechteck aus, bemale es mit textilen Finelinern und nähe es mit ein paar Stichen um die Mützenkante fest.

zu Bild 15: Eine **BLUME** auf der Mütze macht sich besonders gut für Mädels! Wie sie gemacht wird, zeige ich auf den S. 54-55.

Häkeln & Co
Grundlagen und neue Ideen für die Textilarbeit – Bestell-Nr. 11 753
KOHL VERLAG

Bommel Schritt für Schritt / Schablone Ø 7,5 cm

TIPP für Lehrer: Diese Seite auf Kartonstärke ausdrucken und vor dem Ausschneiden zur Verstärkung laminieren oder beidseitig mit transparentem Packband bekleben.

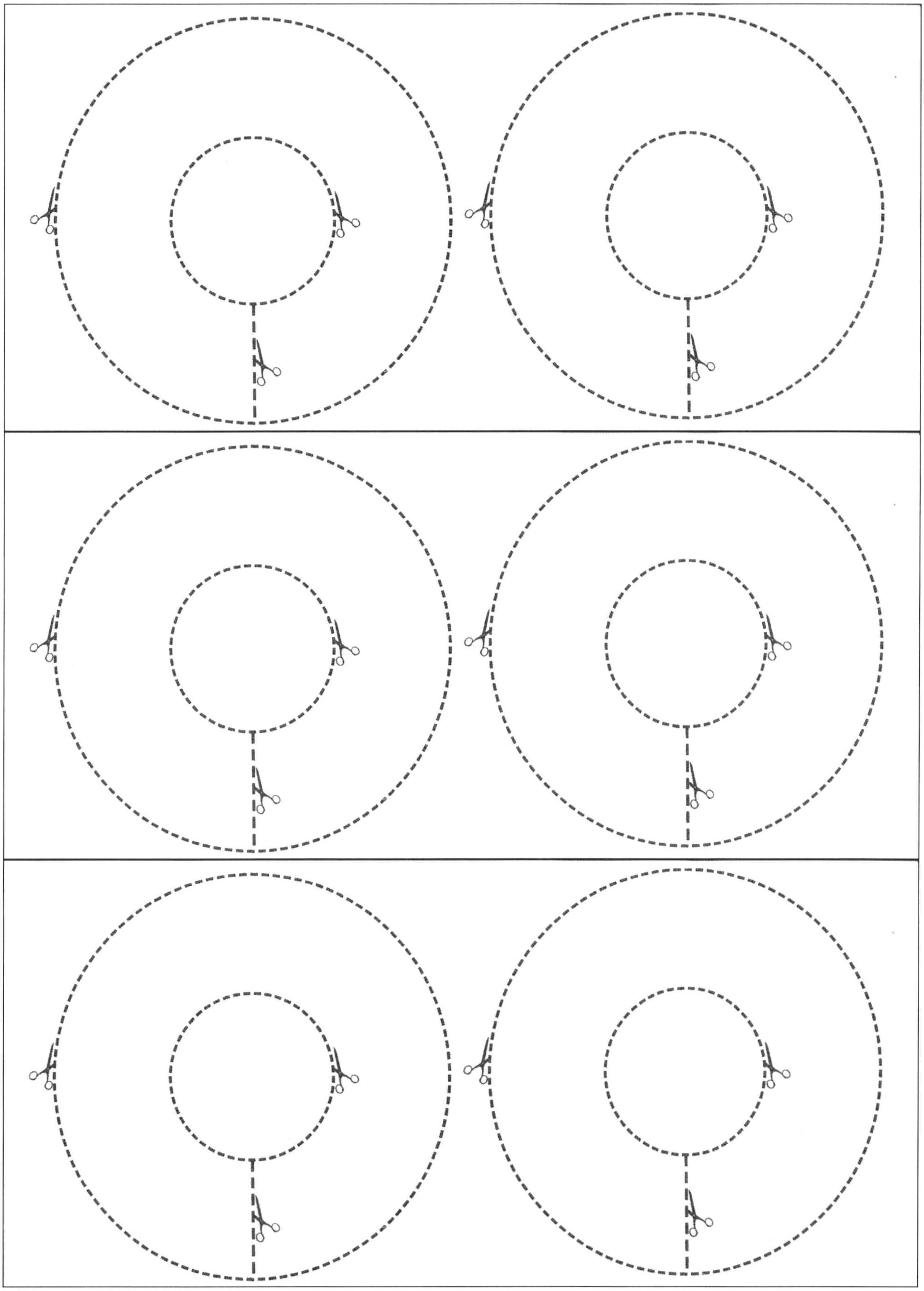

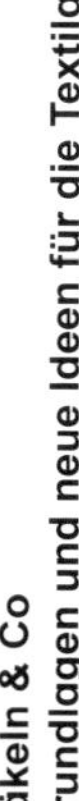

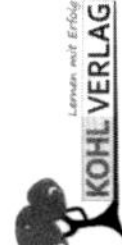

Bommel Schritt für Schritt

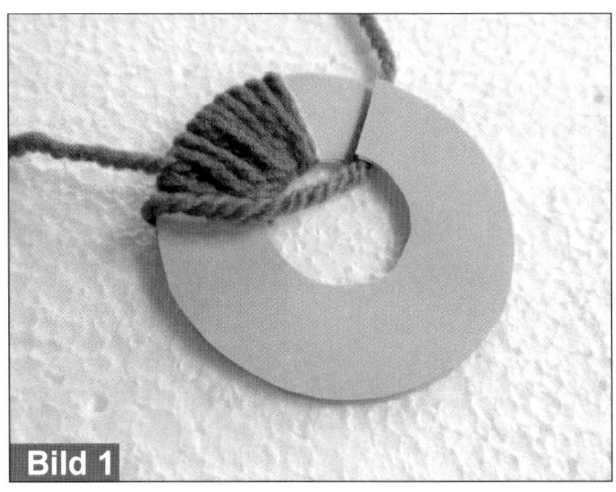
Bild 1

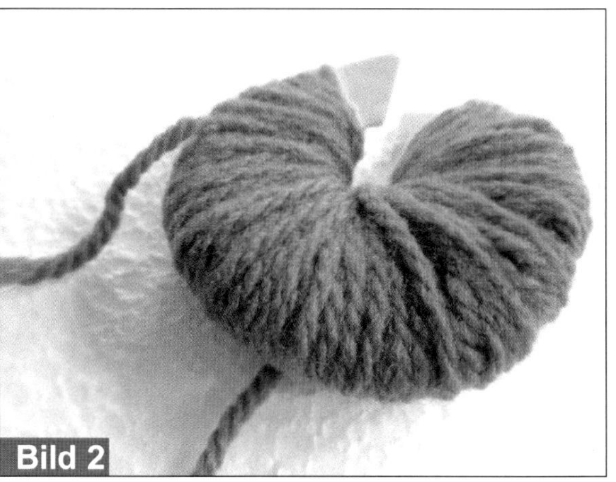
Bild 2

zu Bild 1: Zwei Pappringe aus Vorlagen werden übereinander gelegt. Nun wird die Wolle durch den Schlitz eingewickelt (den Anfangsfaden einfach durch Umwickeln einbinden).

zu Bild 2: Durch mehrmaliges Hin- und Zurückwickeln wird das Loch in der Mitte langsam enger. Achtung: aus dem Schlitz dürfen die Runden nicht abrutschen!

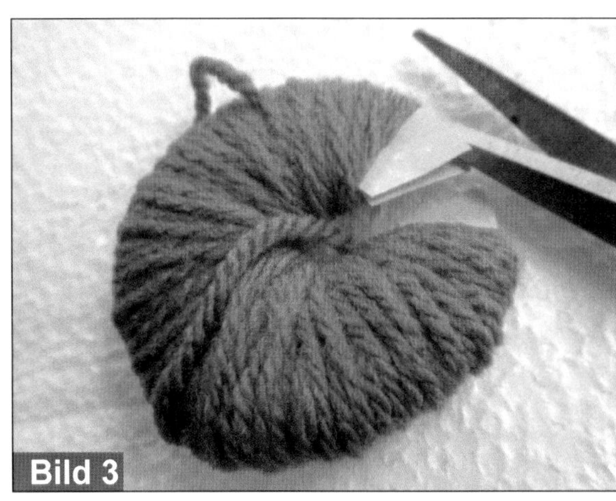
Bild 3

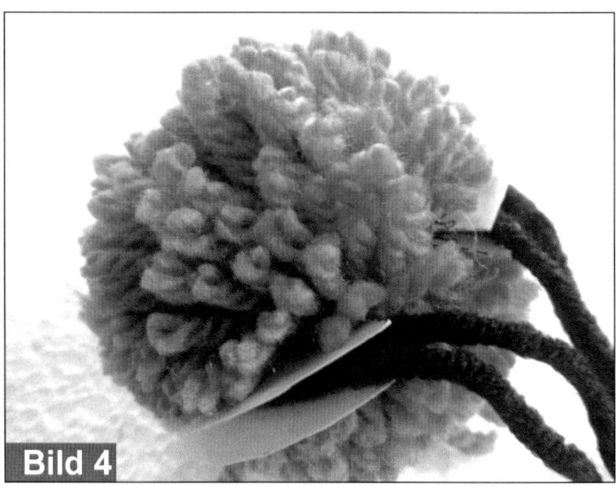
Bild 4

zu Bild 3: Jetzt werden die Fäden zwischen den beiden Schablonen aufgeschnitten. Benutze eine scharfe und möglichst spitze Schere und habe keine Angst, dass sich dein Gebilde auflöst.

In deiner linken Hand entfaltet sich dein Bommel, wenn du keine Pause machst ...

zu Bild 4: ... und du kannst jetzt einen doppelten Faden in den Ring einlegen, mit dem du das Plüschgebilde festigst ...

Häkeln & Co
Grundlagen und neue Ideen für die Textilarbeit – Bestell-Nr. 11 753

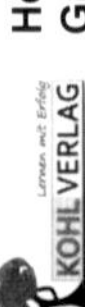

Bommel Schritt für Schritt

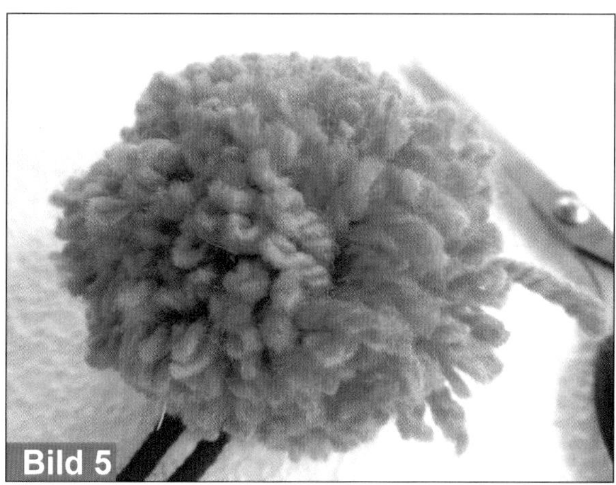
Bild 5

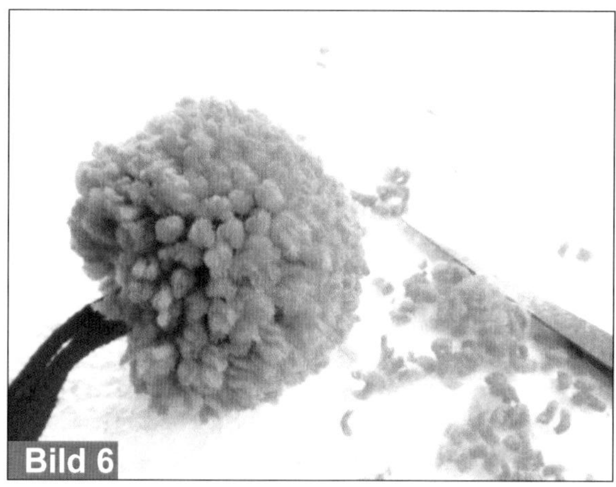
Bild 6

zu Bild 5+6: ... und zwei bis drei Knoten machst. Dann darf dein Bommel zum Friseur. Schneide die Fransen zur kugeligen Form und wuschel sie mit beiden Händen durch.

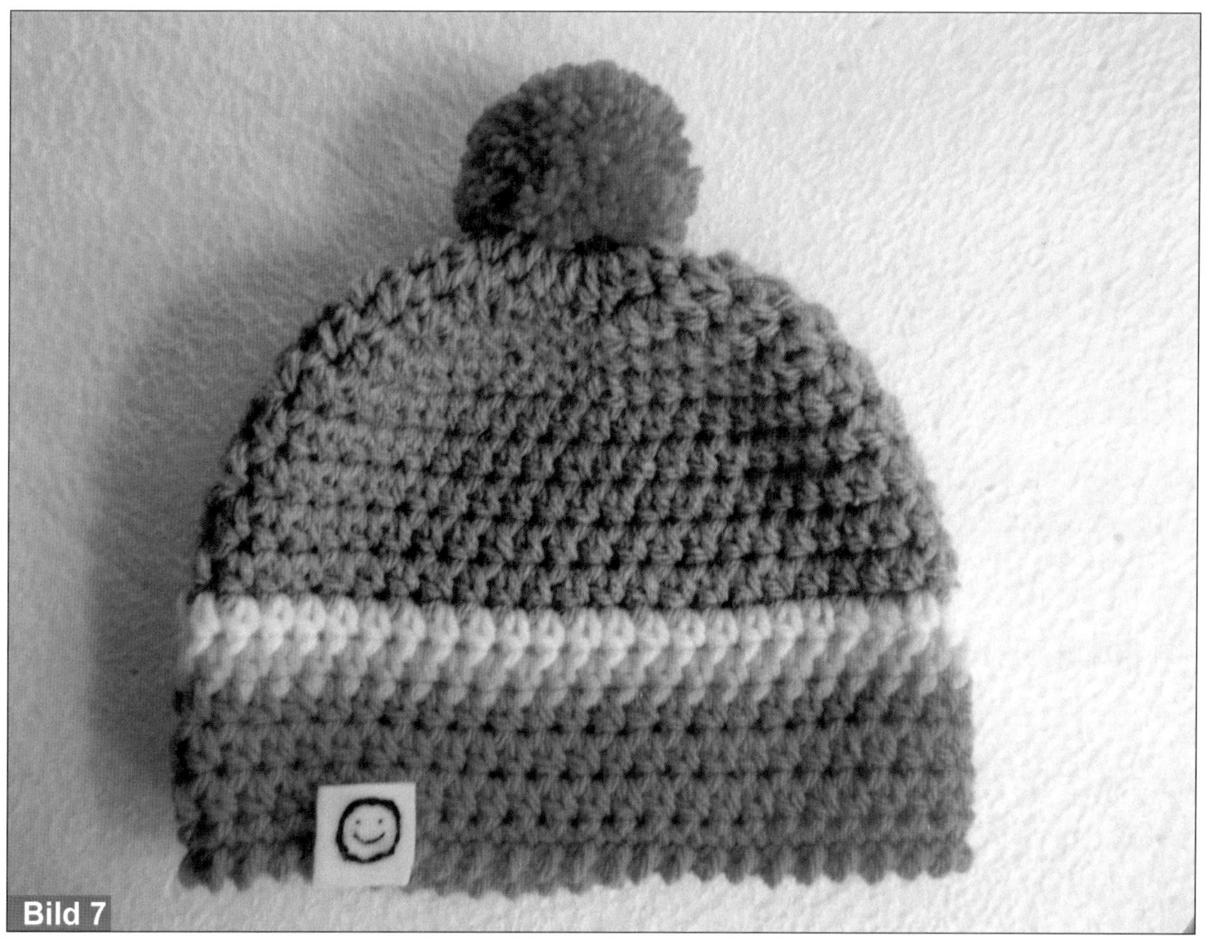
Bild 7

zu Bild 7: Mit den beiden Enden vernähst du dann den Bommel mit einer Stopfnadel in die Spitze deiner Mütze, machst noch 2-3 Knoten und schneidest die Endfäden auf 1 cm ab.

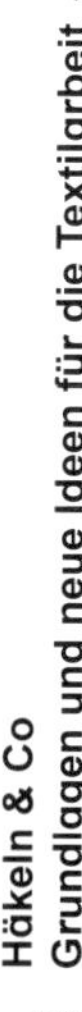

4 Werkbeispiele mit halben Stäbchen

Blume Schritt für Schritt

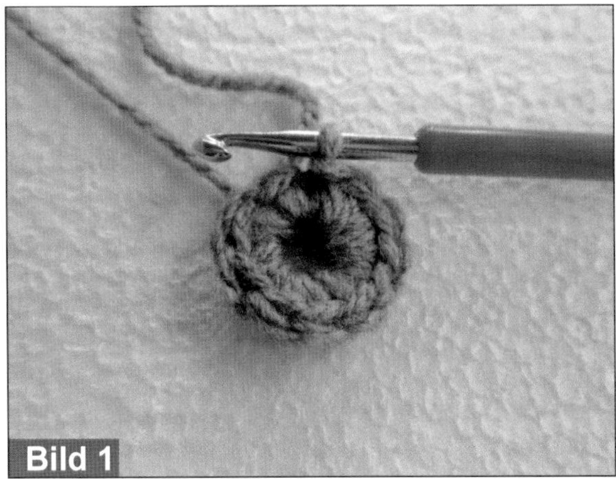
Bild 1

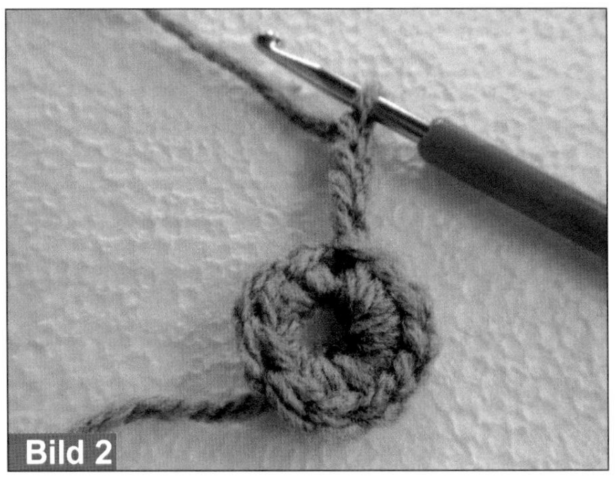
Bild 2

zu Bild 1: Mache eine Luftmaschenkette aus 5 LM, schließe sie zum Ring mit einer Kettmasche. Es folgen 11 feste Maschen in die Ringmitte und 1 Kettmasche zum Schließen des Ringes, bevor es weiter geht ...

zu Bild 2: ... mit 4 Luftmaschen.

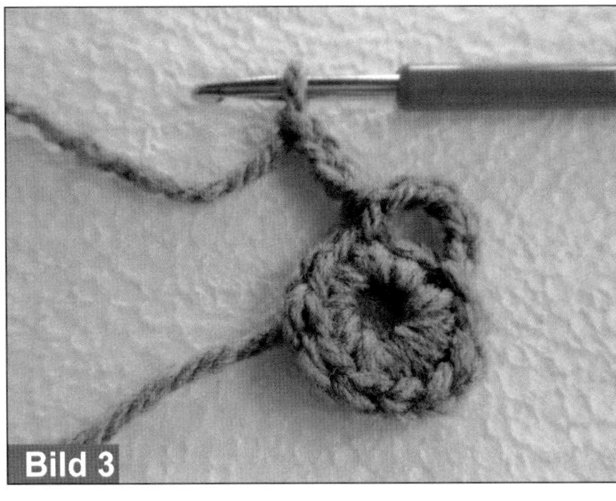
Bild 3

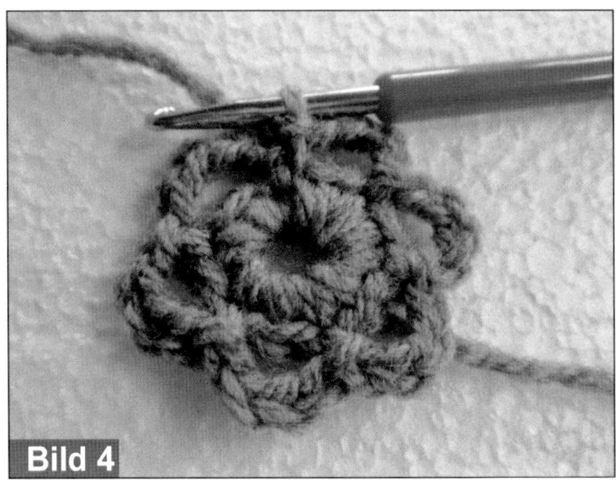
Bild 4

zu Bild 3: Überspringe jetzt die 1. Masche der Vorreihe und fixiere den ersten Blütenbogen mit 1 Kettmasche. Dann geht es so weiter, bis du am Ende der Runde bist und du ...

zu Bild 4: ... eine kleine Blüte gehäkelt hast. Möchtest du sie größer haben?

KOHL VERLAG Häkeln & Co
Grundlagen und neue Ideen für die Textilarbeit – Bestell-Nr. 11 753

Blume Schritt für Schritt

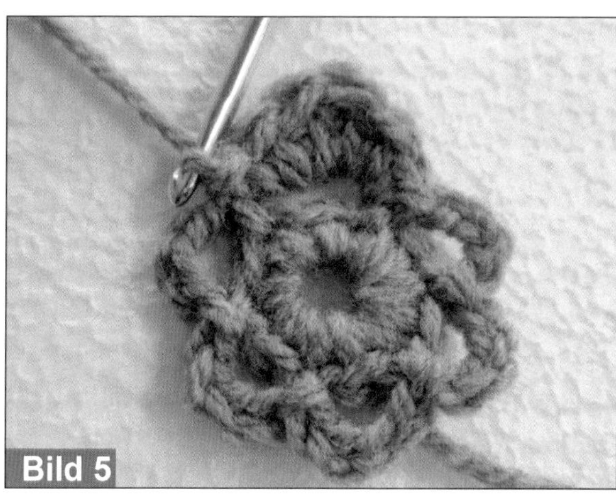
Bild 5

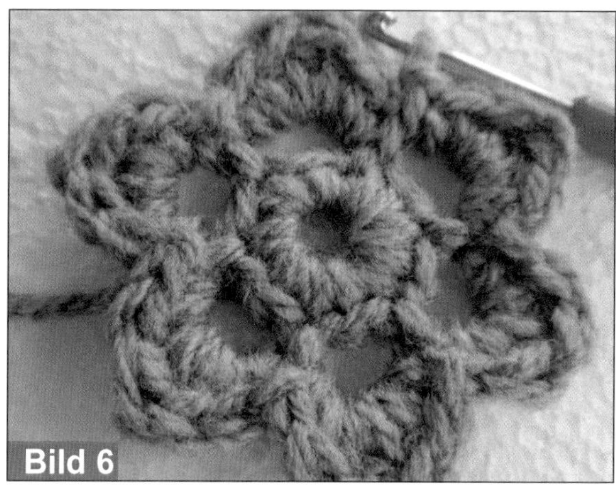
Bild 6

zu Bild 5+6: Du bist fit und kennst dich aus in allen Häkelkünsten? Dann häkele doch mal für größere Blüten in jeden Luftmaschen-Blütenbogen 1 fM., 1 hSt, 1 St, 1 hSt, 1 fM und mache jeweils eine KM in die untere Reihe.

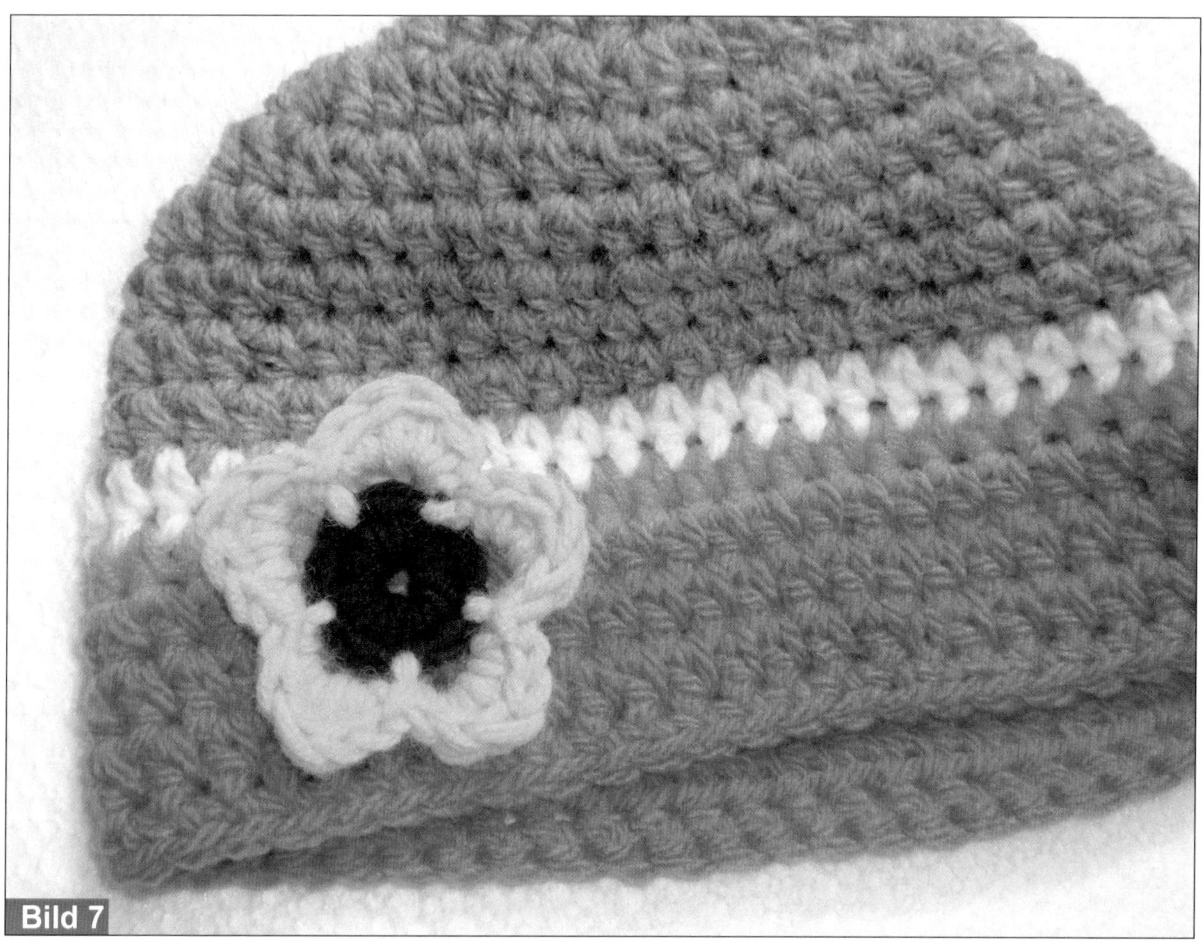
Bild 7

zu Bild 7: Toll sieht sie aus, deine Blume an der Mütze. Hier wurden 2 verschiedene Farben angewendet, Schwarz für den Mittelring und Neongelb für den Blütenkranz. Du vernähst jetzt einfach deine Blume mit der Nadel in die Mütze und machst sie mit 2-3 Knoten fest.

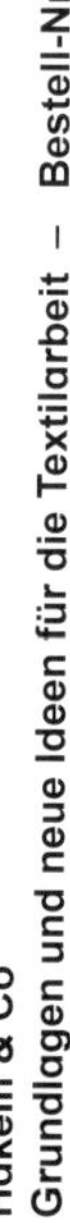

5 Werkbeispiele mit ganzen Stäbchen

! ✶ Granny-Squares / Häkeln im Quadrat / Überblick

Im Häkelhimmel der Hobby-Bücher kursiert eine Vielzahl an Beispielen und Anleitungen unter dem Begriff Granny-Squares. Was unsere Großmütter einmal gut erfunden hatten, erlebt eine Renaissance in der ganzen kreativen Bandbreite von Möglichkeiten.

Aber haben unsere Schüler noch die Geduld der Grannies, Quadrate kunstvoll zu häkeln und im Patchwork-Verfahren zu verarbeiten? Nicht immer, und außerdem sind die Unterrichtsstunden knapp bemessen. Wir beschränken uns deshalb auf eine einzige Anleitung, ein Quadrat mit ganzen Stäbchen herzustellen ... und auf postmoderne Anwendungsbeispiele im Kleinformat und für Gemeinschaftsprojekte.

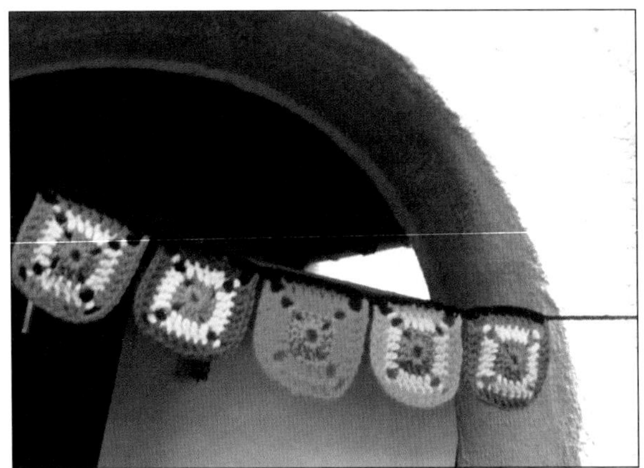

Girlande !

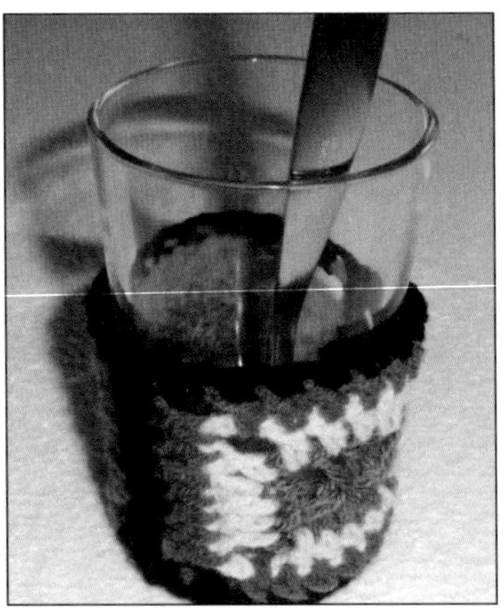

Patchwork-Glasmanschette ✶

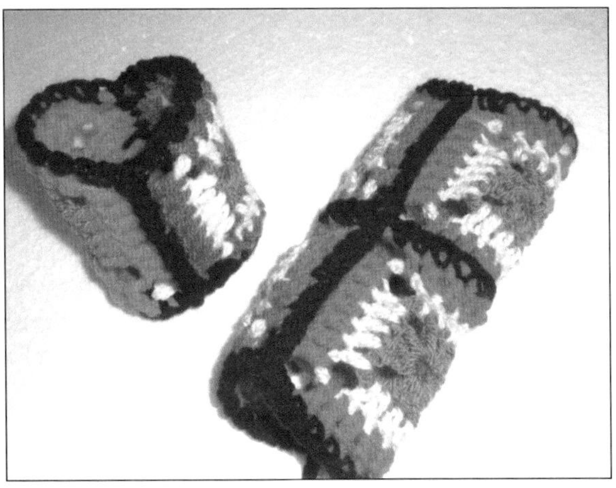

Patchwork-Armband/Pulswärmer ✶

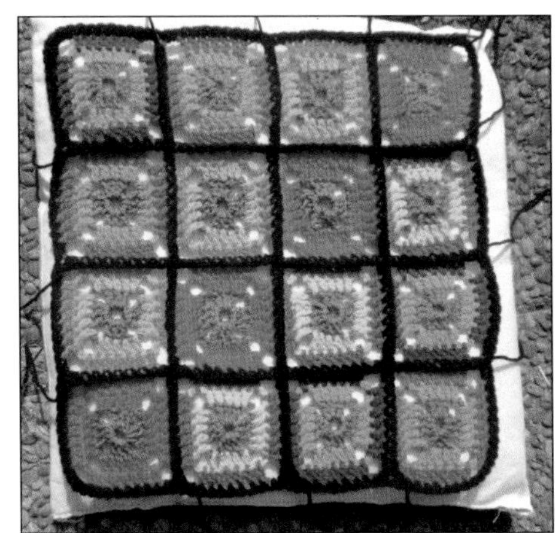

Patchwork-Kissenhülle ✶

Material-Info:	Polyacryl in allen Farben für Nadelstärke 5 (siehe auch S. 14)
Methodische Hinweise:	Die **Girlande** kann aus Resten der Patchwork-Gestaltungsaufgaben entstehen. In **Glasmanschetten, Armbändern und Pulswärmern** für den persönlichen Gebrauch lernen die Kids, Quadrate mit festen Maschen als Patchwork-Arbeit dreidimensional herzustellen. Die **Kissenhülle** als Geschenk impliziert die gemeinschaftliche Gestaltungsaufgabe in der Farbverteilung der einzelnen Quadrate. Bei der Ausfertigung sind Lehrer gefragt. Farbbeispiele siehe S. 10-13

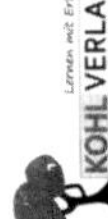

Grundkurs Häkeln im Quadrat

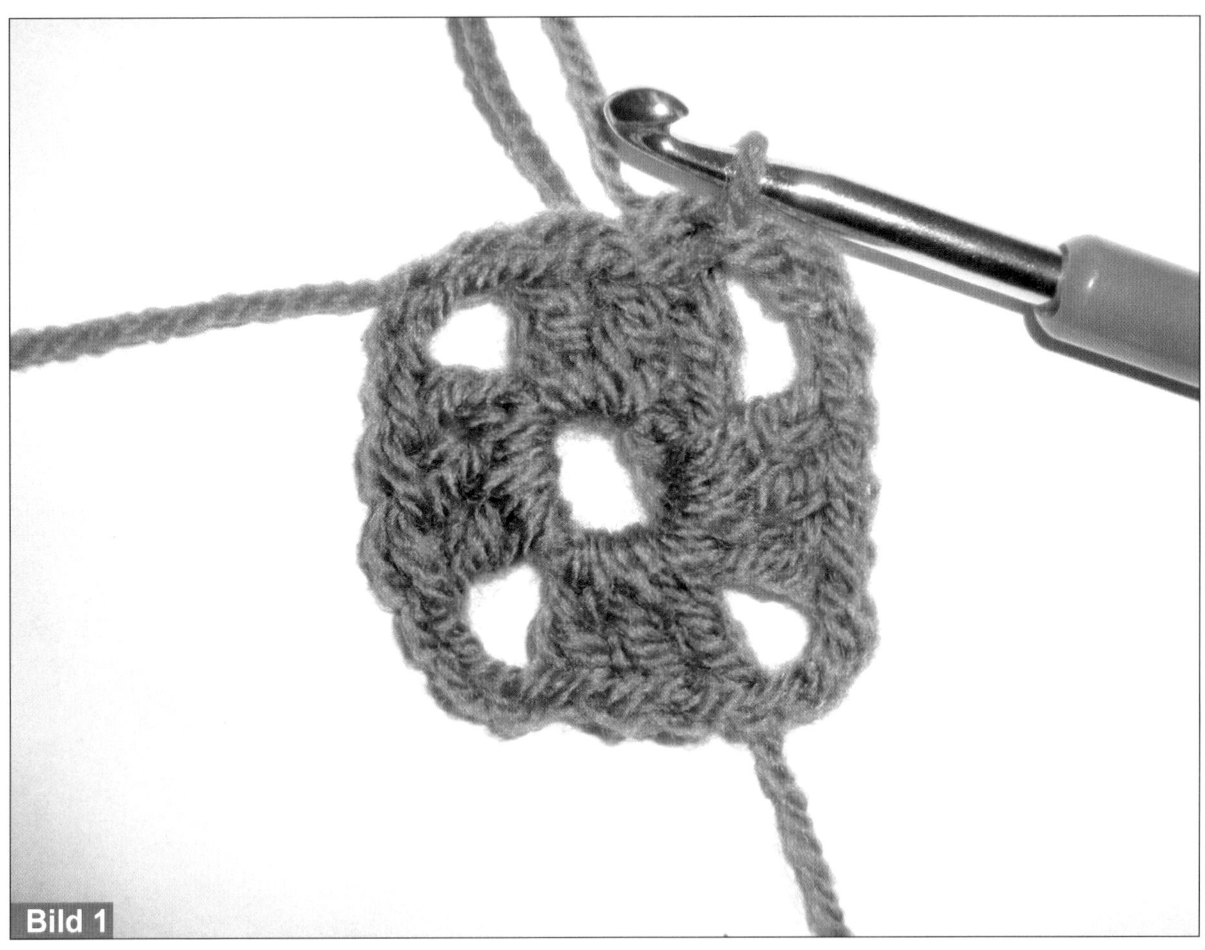
Bild 1

zu Bild 1: Beginne mit 6 Luftmaschen und schließe sie mit einer Kettmasche zum Ring. Dann machst du 3 Luftmaschen (die gelten optisch als Stäbchen zu Beginn) und 2 Stäbchen in den Ring. Weiter geht es der Reihe nach mit 3 LM, 3 St, 3 LM, 3 St, 3 LM, 3 St, 3LM und einer Kettmasche, mit der du eine neue Farbe holst.

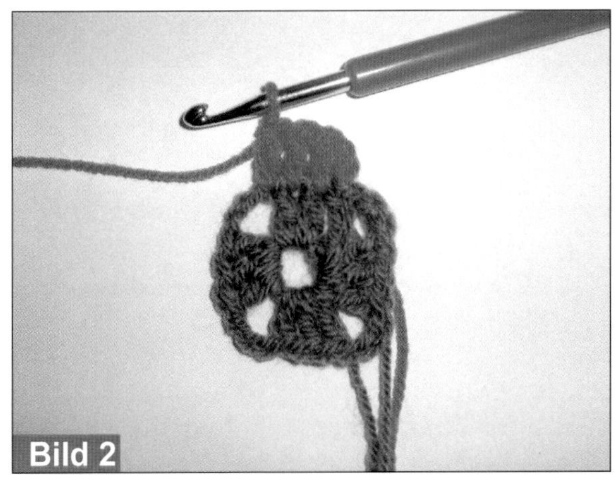
Bild 2

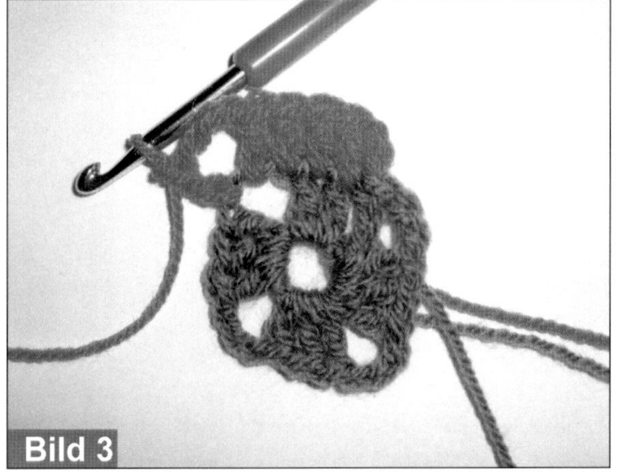
Bild 3

zu Bild 2: Mache jetzt 3 LM mit der neuen Farbe und 3 St in die unteren Stäbchen. Die Enden beider Farben schneidest du auf 10 cm ab und verknotest sie. Später müssen sie noch vernäht werden.

zu Bild 3: Häkele jetzt 1 St in die erste Ecke aus LM´s, 3 LM und noch ein St in die Ecke.

Häkeln & Co
Grundlagen und neue Ideen für die Textilarbeit – Bestell-Nr. 11 753

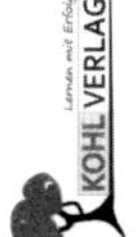

5 Werkbeispiele mit ganzen Stäbchen

Grundkurs Häkeln im Quadrat

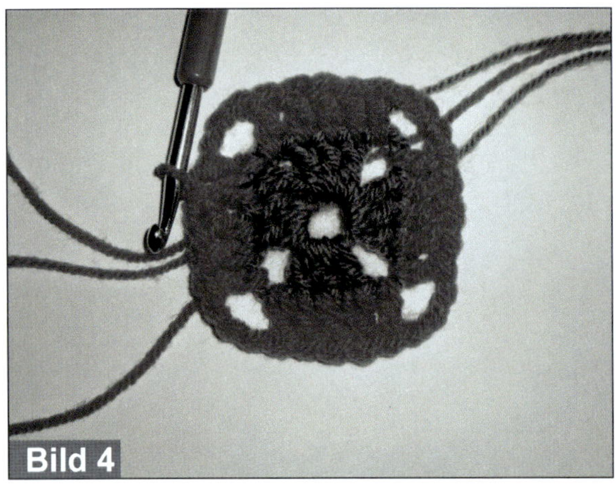
Bild 4

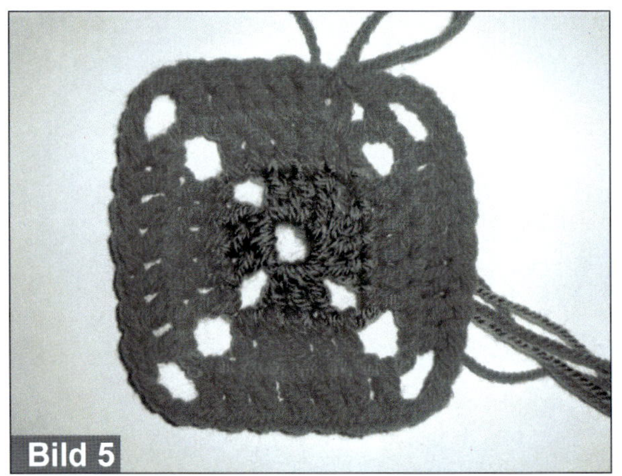
Bild 5

zu Bild 4: Und so geht es weiter ... 3 St in die unteren St, 1 St + 3LM +1 St in die Ecken, bis das Quadrat geschlossen ist.

zu Bild 5: Eine weitere Reihe ergibt die Größe von 9 x 9 cm.
Vernähe die Fäden und überlege, was du mit **einem Quadrat** machen kannst. Nicht viel? Dann mach doch noch ein **zweites oder mehr** und verbinde sie mit festen Maschen zu einer **Patchwork-Arbeit**. Daraus können **Armbänder** oder **Pulswärmer** entstehen oder ein **Projekt in Gemeinschaftsarbeit**.

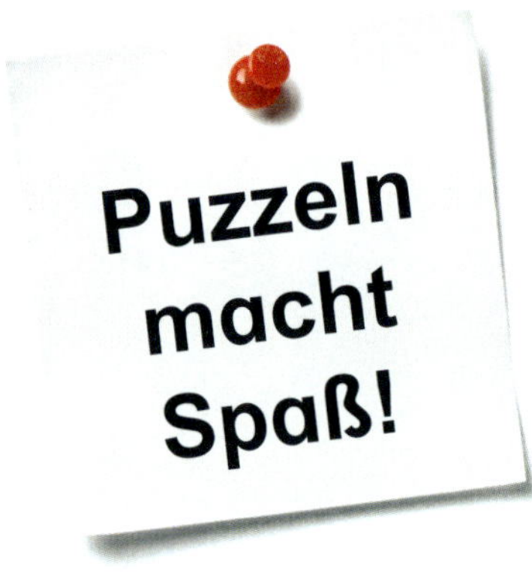

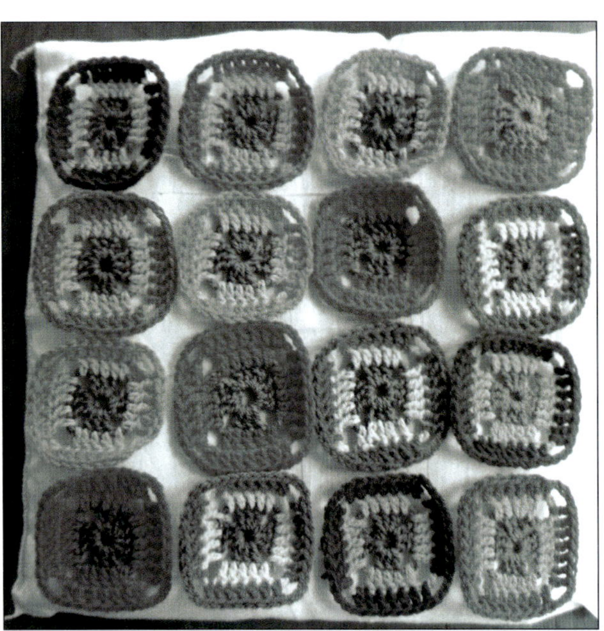

Für ein **Gemeinschafts-Projekt** (hier Kissenhülle) wurden Quadrate in Auftrag gegeben ... einzige Vorgabe: mit der Farbe Grau beginnen, danach sind alle vorhandenen Farben erlaubt. Alle Schüler stellen ihre Ergebnisse zur Verfügung (nach Vorkontrolle, ob sie technisch o.k. sind). Dann kann das Puzzeln beginnen und die Gruppe entscheidet durch Probieren und Verlegen, wann die Farbgestaltung stimmig ist (Farbbeispiel auf S. 10-13).

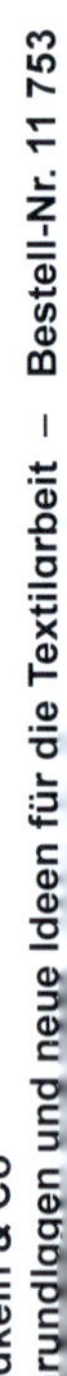

Patchwork-Kissenhülle als Gemeinschaftsarbeit

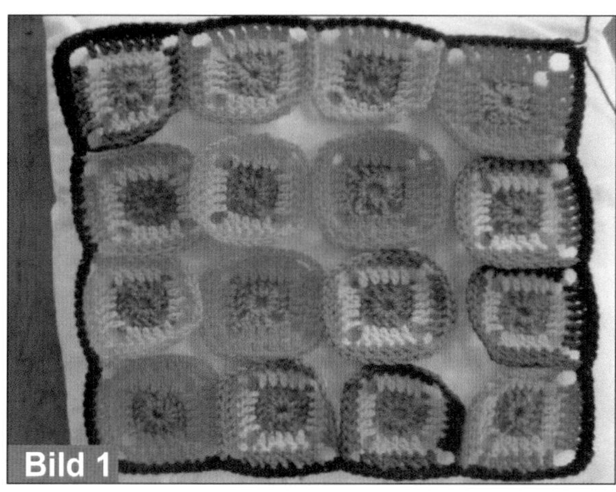
Bild 1

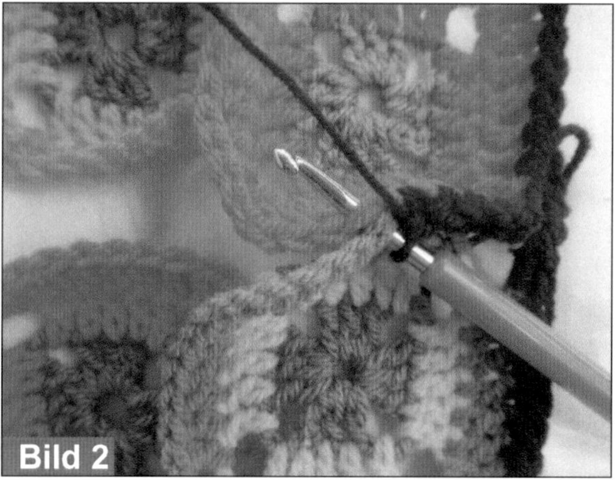
Bild 2

zu Bild 1: Für das Patchwork-Kissen wird zunächst einmal der **Rahmen** erstellt. Alle äußeren Quadrate werden durch **Umhäkeln** mit fM`s verbunden. Ein Foto des Legebeispiels ist hilfreich, damit die Quadrate nicht durcheinander geraten. Die Anzahl der Maschen ergeben sich aus dem Werkstück ... Zunahmen in den Ecken, damit der Rahmen nicht zu eng wird.

zu Bild 2: Danach folgen zuerst die **Quer-Verbindungen** mit festen Maschen ...

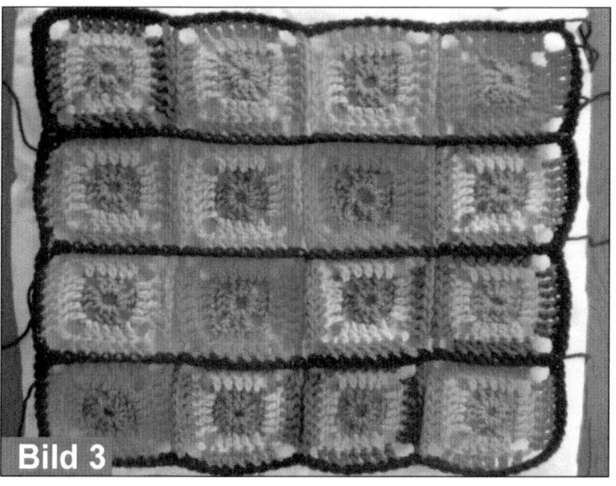
Bild 3

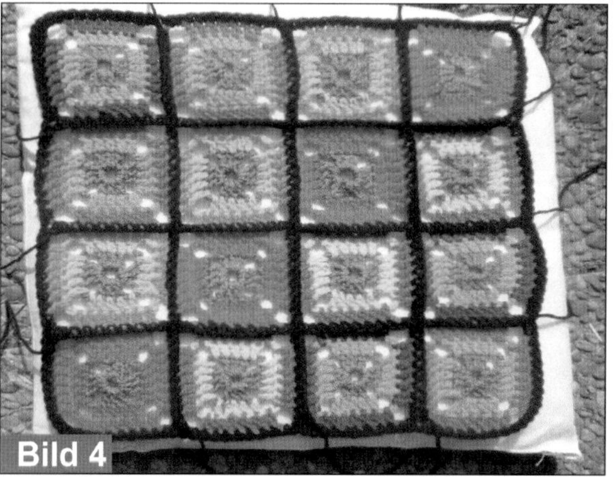
Bild 4

zu Bild 3: ... hier sind sie fertig.

zu Bild 4: **Senkrecht-Verbindungen** machen die Kissenplatte komplett.

Zur Ausfertigung des Kissenbezugs gehört noch ein einfach gehäkelter **Rücken** und das **Umhäkeln beider Teile**. Als **Kissenfüllung** eignen sich preiswerte Angebote aus Daunen oder Zauberwatte im Format 40 x 40 cm. Alles zusammen waschbar bis 40° C.

Häkeln & Co
Grundlagen und neue Ideen für die Textilarbeit – Bestell-Nr. 11 753

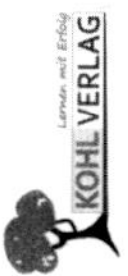

5 Werkbeispiele mit ganzen Stäbchen

Bunte Bänder / Überblick

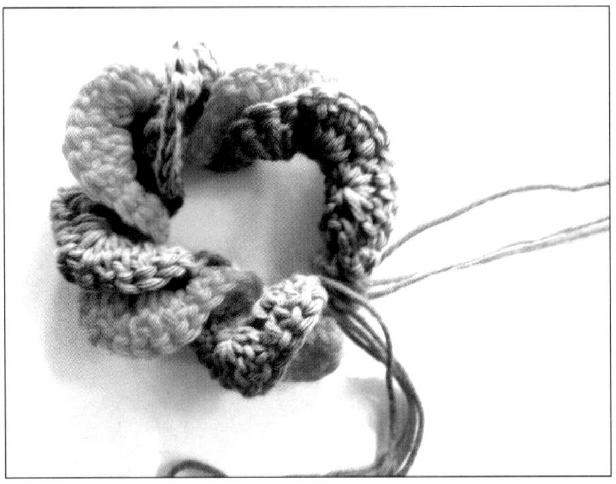

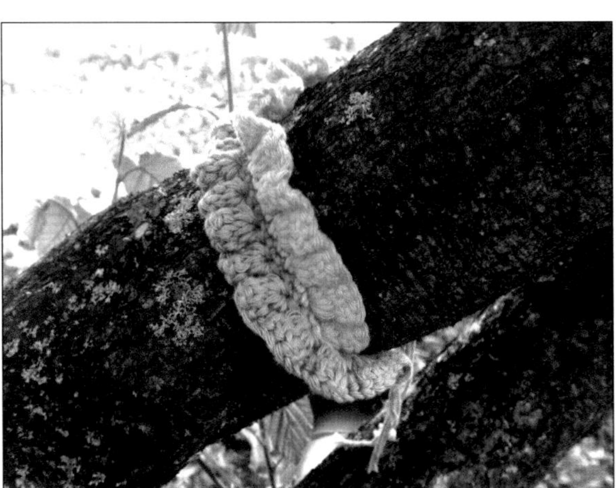

Bunte Häkel-Bänder können sich um alles kringeln – um Flaschenhälse, Armlehnen, Äste und Handgelenke ... fällt dir sonst noch was ein?

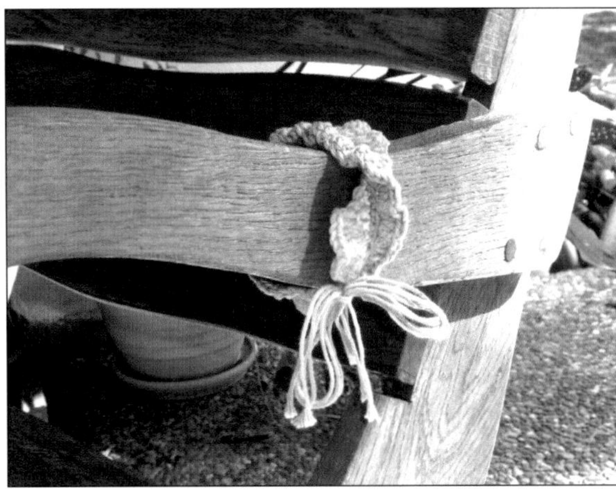

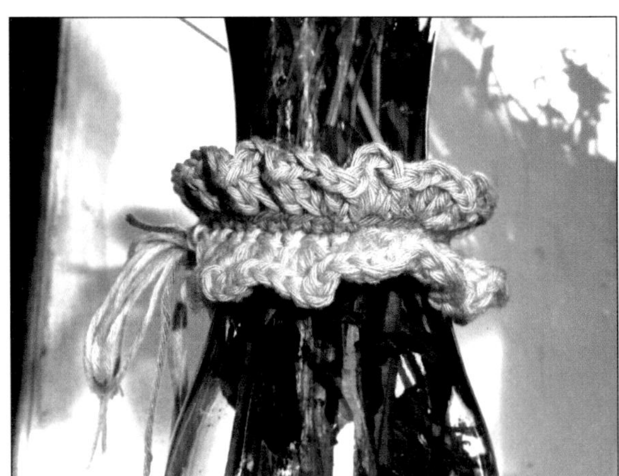

Und wie du ein solches Band mit festen Maschen und ganzen Stäbchen häkeln kannst, erkläre ich Schritt für Schritt auf der nächsten Seite ...

Farbbeispiel siehe Seite 10-13

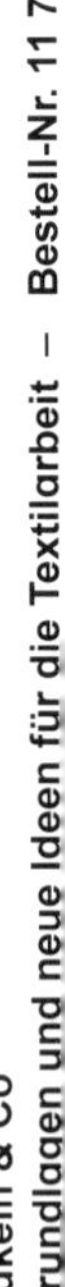

Bunte Bänder / Schritt für Schritt

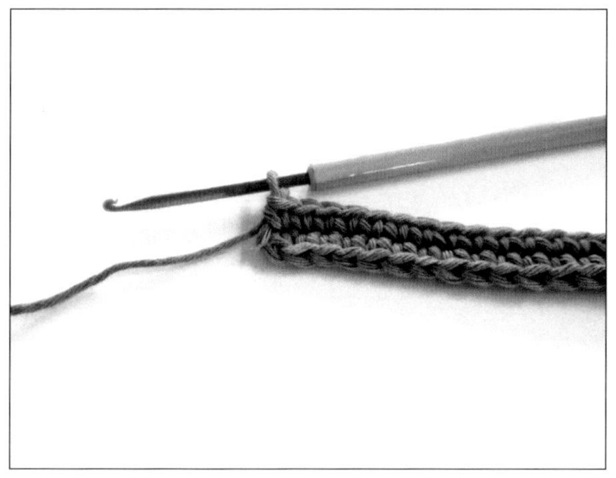

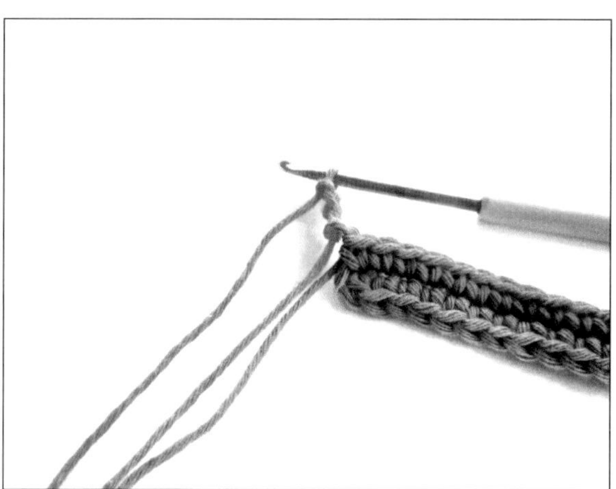

Schlage zuerst 30 Luftmaschen auf und häkele eine Reihe feste Maschen. Dann nimm eine neue Farbe, drehe deine Arbeit und häkele eine weitere Reihe fM in die LM`s ein.

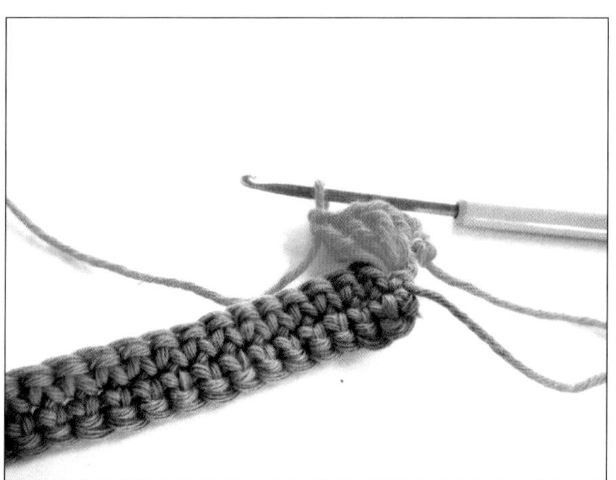

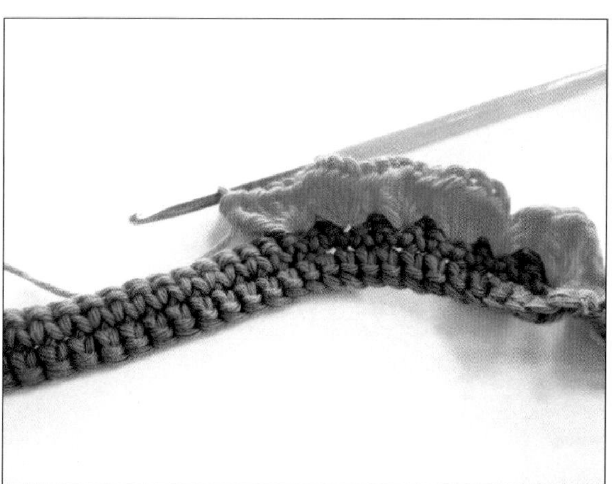

Jetzt hast du ein flaches, zweifarbiges Band. Noch bunter wird es mit ganzen Stäbchen, dazu holst du dir wieder eine neue Farbe und beginnst die Reihe mit drei Luftmaschen ...

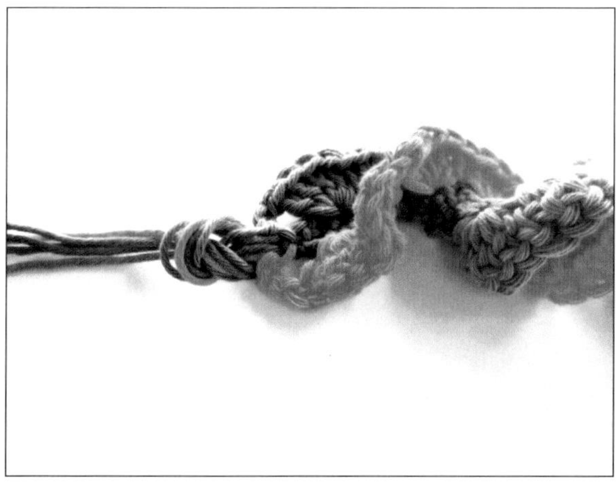

... und stichst 5x mit ganzen Stäbchen in dieselbe feste Masche der Vorreihe ein. Überspringe dann eine feste Masche und wiederhole beide Schritte bis zum Ende der Reihe. Dein Band wird sich kringeln und du kannst dir überlegen, ob du es so lassen willst?

Mit noch einer Farbe und ganzen Stäbchen kannst du auch unten drunter weiter machen. Achte darauf, die Endfäden lang genug abzuschneiden für einen Knoten oder eine Schleife!

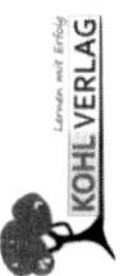

Material / Überblick

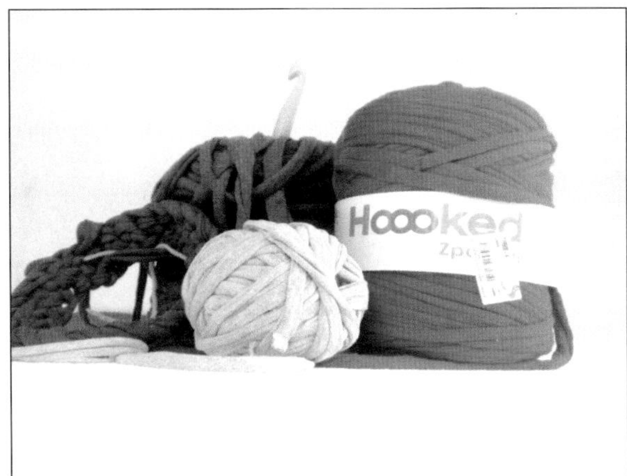

Material-Infos (siehe S. 15)

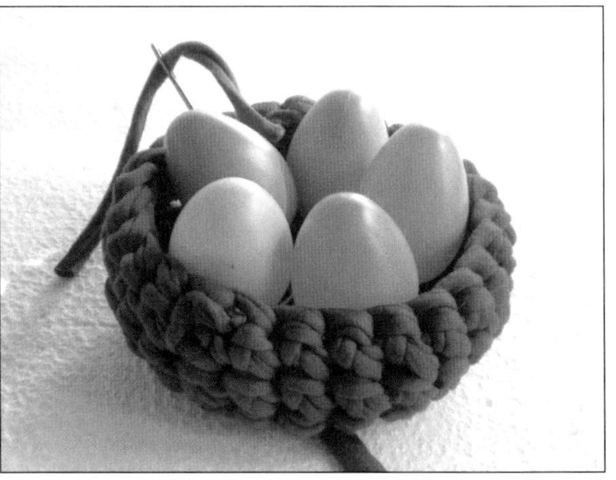

Osterkörbchen (S. 65-66)

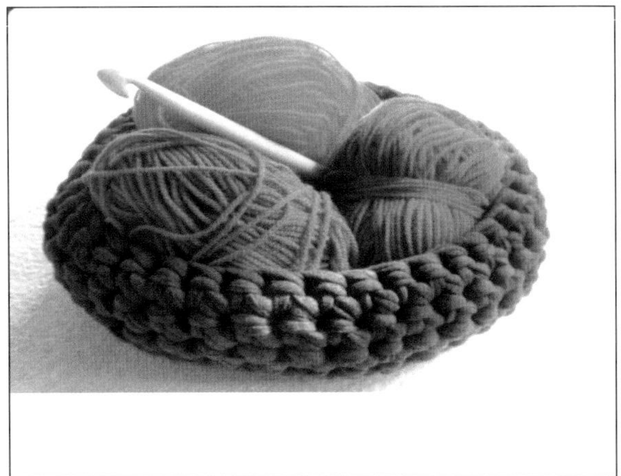

Wollkorb (S. 65-66) !

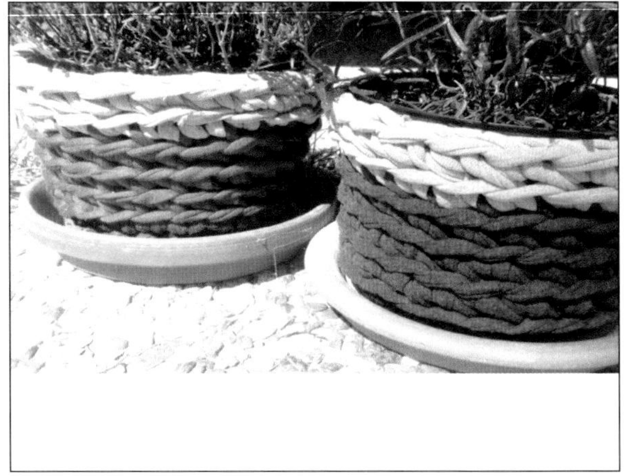

Überzug für Töpfe (S. 67-68) !

Für Anfänger in Sachen Häkeltechnik und Ungeduldige in Sachen Werkstück sind **dehnbare Stoffstreifen aus Jersey** das ideale Material. **Mit der Häkelnadel 12 und festen Maschen** entstehen in Windeseile **Wohn-Accessoires im XXL-Format**.

Hoooked Zpagetti ist der Markenname für die Geschäfts-Idee aus Holland, Jersey aus Ressourcen für alle Kreativen zu upcyceln. In Rollen erhältlich und mindestens 850 g schwer, ist das Material recht schnell verbraucht. Um den Bedarf für Schüler in etwa zu berechnen, werden wir auf den folgenden Seiten in Werkbeispielen das Gewicht dokumentieren, denn die Kosten für den Einkauf können schnell ausufern ins XXL-Format. Dagegen können Lehrer und Schüler was tun ... auf den Seiten 63-64 wird aufgezeigt, wie einfach es ist, aus alten T-Shirts Zpagetti selber herzustellen!

Weiter geht es also mit der supergünstigen Alternative ... und den **TIPPS**:

- **Das ist was für Jungs und starke Mädchen**, denn für die Häkelnadel 12 braucht man die Faust! Dennoch ist auch Feinmotorik angesagt, das Material dehnt sich sehr stark und es muss locker gehäkelt werden.
- Material + Häkelnadel 12 sind auch **für Demos gut geeignet** ...
- **Upcyceln** ist angesagt und damit die Verwertung von Textilien, die sonst im Müll verschwinden könnten, wenn nur ein kleines Loch oder ein Fleck stört ....

Farbbeispiele siehe S. 10-13

Häkeln & Co
Grundlagen und neue Ideen für die Textilarbeit – Bestell-Nr. 11 753

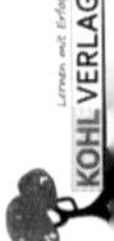
KOHL VERLAG

Aus alt mach neu ... T-Shirts upcyceln

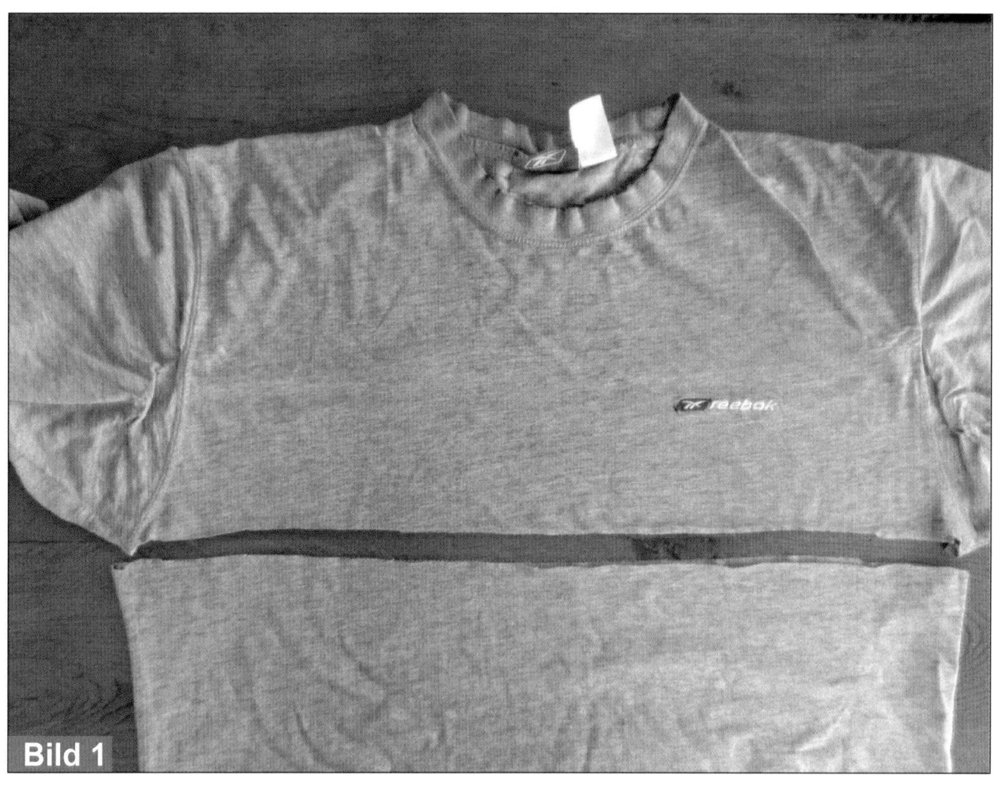

Bild 1

zu Bild 1: Dein T-Shirt hat ausgedient? Es hat Löcher und Flecken und du magst es nicht mehr tragen? Kein Problem, wir machen mehr daraus. Lege es flach auf einen Tisch und schneide zuerst den Ärmelbereich aus, dann auch den unteren Saum (nicht im Bild).

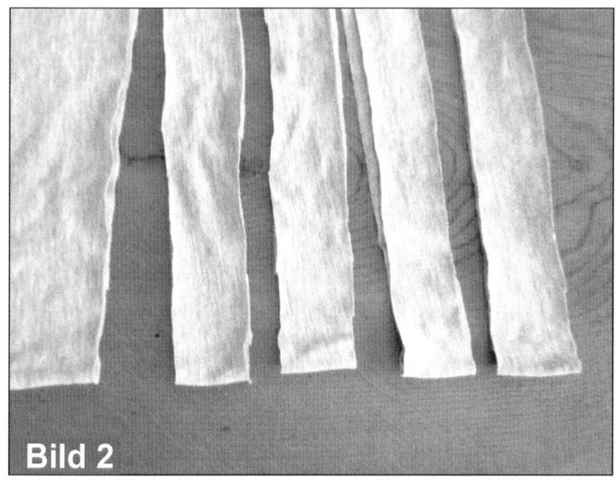
Bild 2

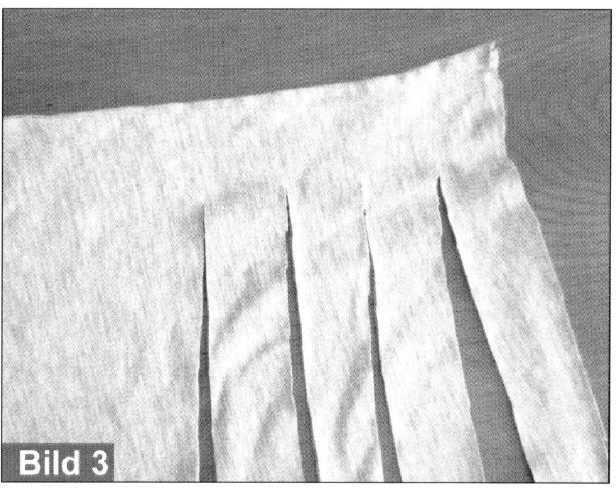
Bild 3

zu Bild 2: Jetzt hast du einen T-Shirt-Schlauch, mit dem du erst einmal nichts anzufangen weißt. Klar, kannst du ihn um den Hals schlingen ... aber wir machen mehr daraus. Lege ihn so auf den Tisch, dass eine Seitennaht unten liegt. Beginne mit **Einschnitten** in circa 3-4 cm breite Streifen ...

zu Bild 3: ... aber **schneide die Streifen nicht durch**! Circa 2 - 3 cm vor der oberen Seitennaht hörst du auf und lässt den Rand stehen.

Häkeln & Co
Grundlagen und neue Ideen für die Textilarbeit – Bestell-Nr. 11 753

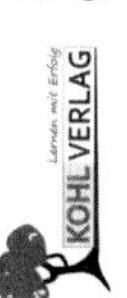

Aus alt mach neu ... T-Shirts upcyceln

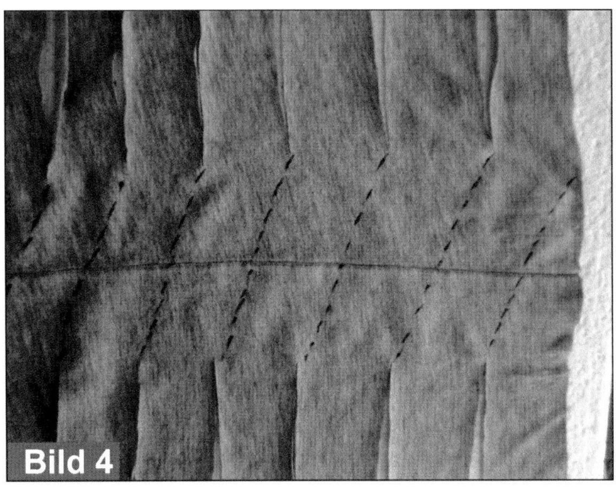
Bild 4

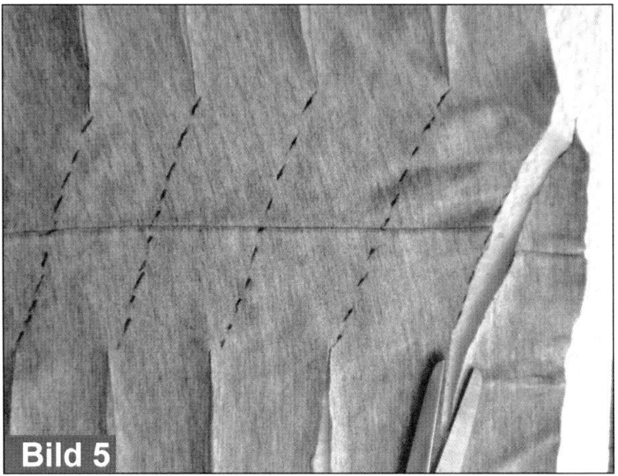
Bild 5

zu Bild 4: Jetzt geht es darum, einen **Endlos-Streifen** zu erzeugen. Dazu habe ich die obere Seitennaht über eine Styropor-Platte gezogen (Brett oder Pappe gingen auch) und schräge Schnittvorgaben mit dem Stift vorgezeichnet.

zu Bild 5: Schneide die Streifen nacheinander durch.

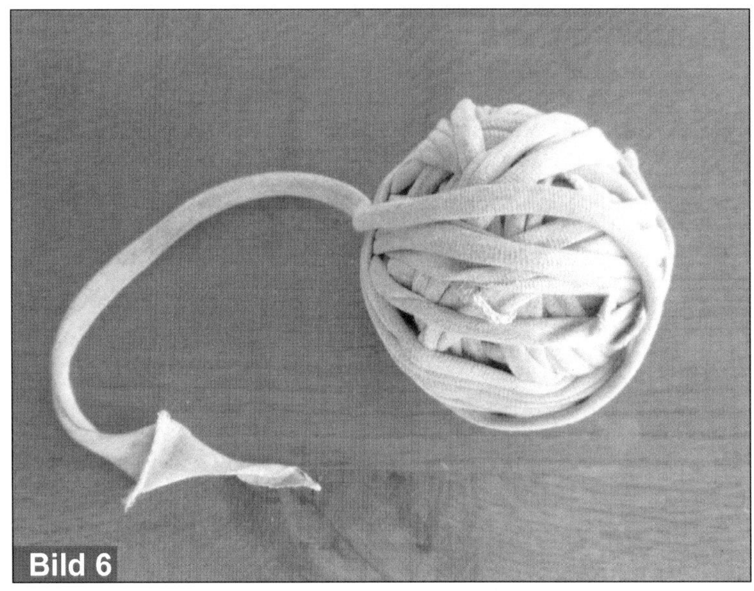
Bild 6

zu Bild 6: Sobald alles aufgeschnitten ist, kannst du die Streifen zu einem Knäuel wickeln. Ziehe kräftig an dem Streifen, dann rollt er sich zu einem starken Faden! Mein T-Shirt ergab ca. 100 g Zpagetti ... und deins?

TIPP:

Zum Verlängern deiner selbst gemachten Zpagettis nähst du einfach Anfang und Ende mit Nähgarn zusammen. Das kannst du auch mitten im Werkstück machen, sobald du merkst, der Stoffstreifen reicht nicht mehr.

Häkeln & Co
Grundlagen und neue Ideen für die Textilarbeit – Bestell-Nr. 11 753

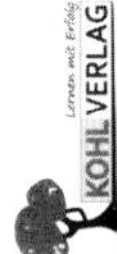

Behälter/Körbe in Spiralenrunden

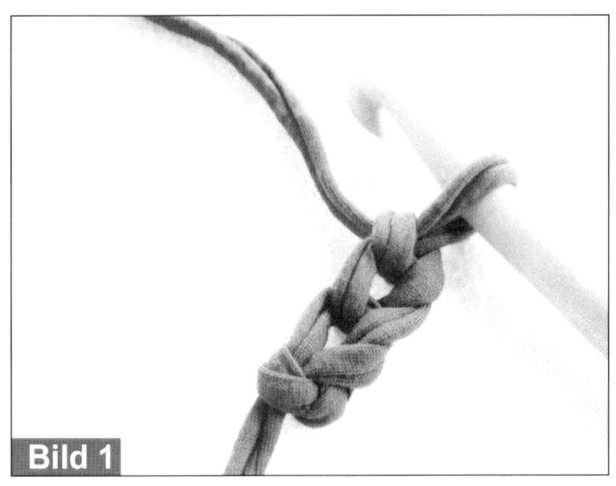
Bild 1

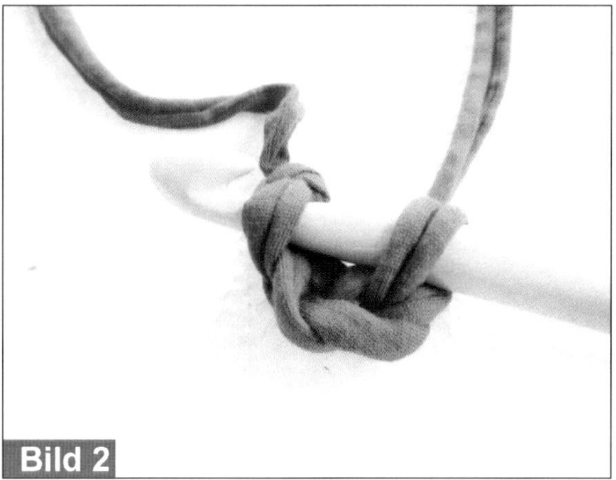
Bild 2

zu Bild 1+2: Beginne mit 3 Luftmaschen und stich mit einer KM in die erste zurück.

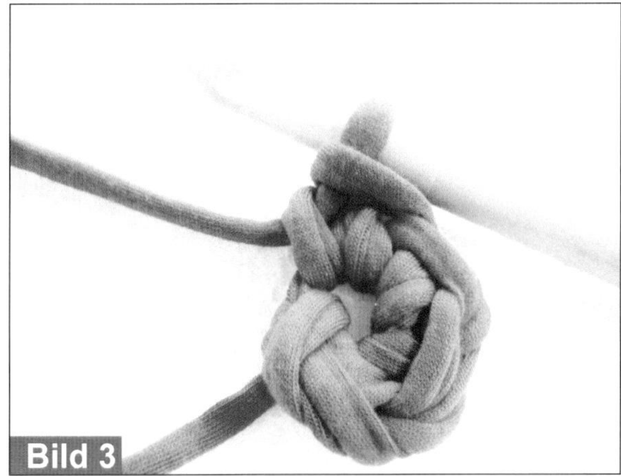
Bild 3

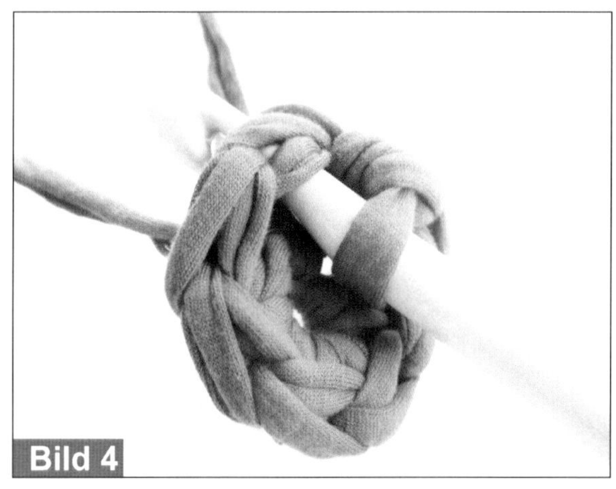
Bild 4

zu Bild 3: Beginne die Spirale mit jeweils 3 festen Maschen in jede Luftmasche (= 9 fM).

zu Bild 4: In der 2. Runde greifst du immer zwei Maschenbögen der 1. Reihe auf und häkelst jeweils 2 feste Maschen ein, bis du 18 Maschen am äußeren Rand abzählen kannst.

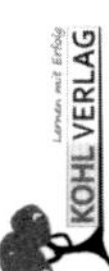

Behälter/Körbe in Spiralenrunden

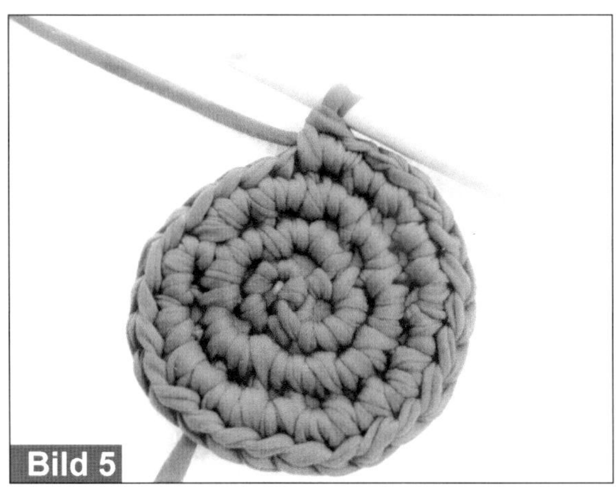
Bild 5

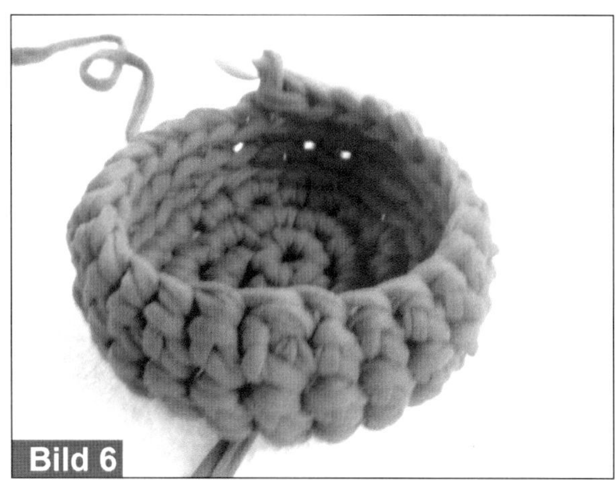
Bild 6

zu Bild 5: Jetzt machst du Zunahmen „nach Gefühl".
Vorschlag ... erst einmal in jede 2. fM doppelt einstechen, dann in jede 3. usw.
Kontrolliere zwischendurch, ob deine Bodenplatte flach auf dem Tisch aufliegt.
Wenn sie sich wellt, hast du zu viele Maschen zugenommen. Wenn sie sich wölbt, hast du zu wenig Maschen zugenommen.

zu Bild 6: Der Boden bestimmt die Größe des Behälters! Hier ist er im ø 12 cm.
Ab jetzt machst du keine Zunahmen mehr und dein Körbchen wächst in die Höhe!
Hoch genug? Dann schneide den Stoffstreifen auf 10cm ab und ziehe ihn durch die Schlaufe. Mit einer dicken Stopfnadel vernähst du noch Anfang und Ende etwa 5 cm in dein Gehäkeltes und schneidest die Reste kurz ab.

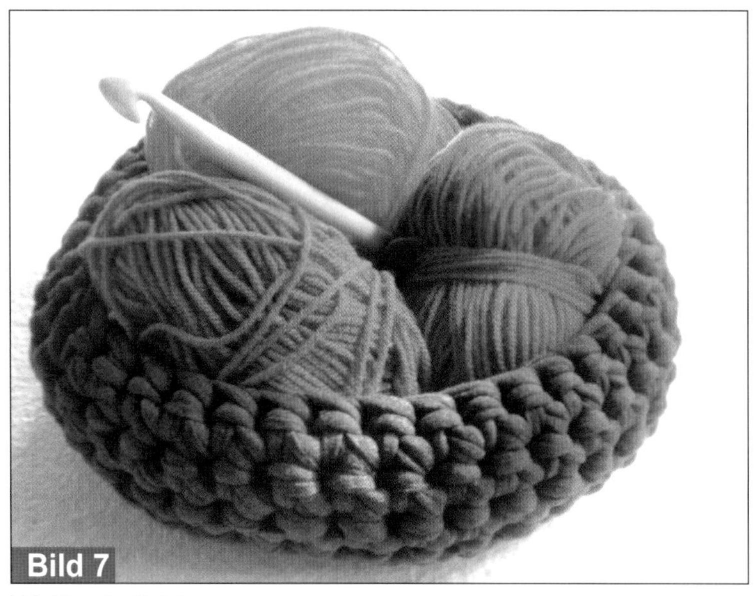
Bild 7

Wollkorb Ø 20 cm

Materialverbrauch:	- Wollkorb	500 g Zpagetti
	- Osterkörbchen	120 g Zpagetti

Häkeln & Co
Grundlagen und neue Ideen für die Textilarbeit – Bestell-Nr. 11 753

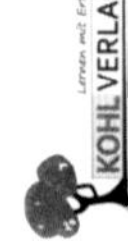
KOHL VERLAG

! Überzug für Kräutertöpfe

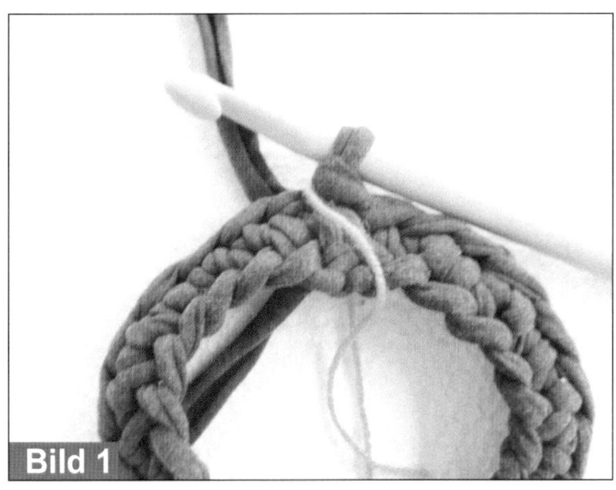
Bild 1

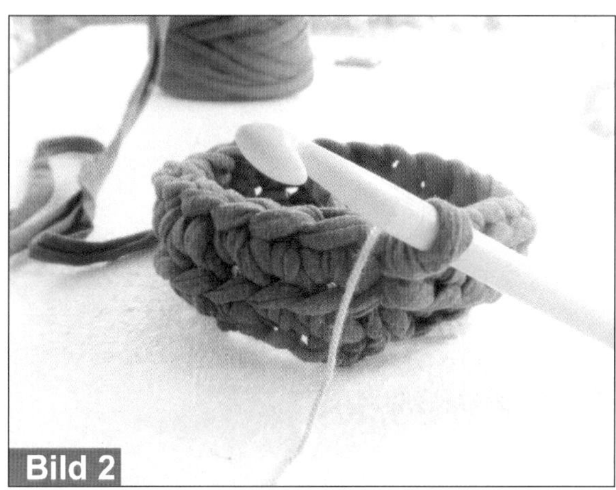
Bild 2

zu Bild 1: Mache 24 Luftmaschen und schließe sie zu einem Ring mit 1 Kettmasche. Es folgen 24 feste Maschen in die Luftmaschen und mit 1 Kettmasche schließt du die Reihe. Lege zum Markieren des neuen Reihenbeginns einen Faden ein.

zu Bild 2: Dann mache 24 feste Maschen in die **hinteren Maschenbögen der 1. Reihe**. Schließe die Reihe mit einer KM und lege erneut den Kontrastfaden ein.

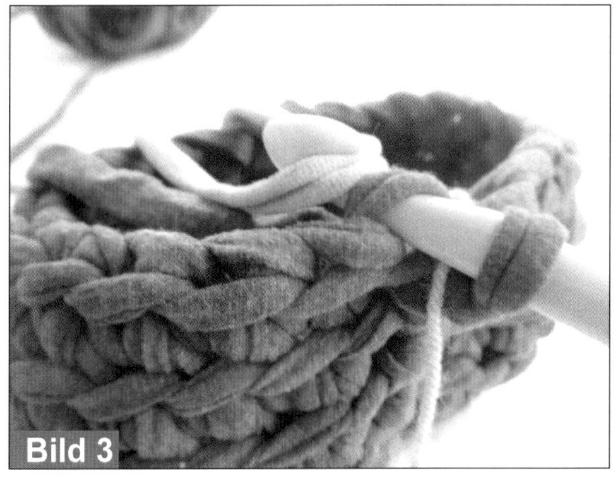
Bild 3

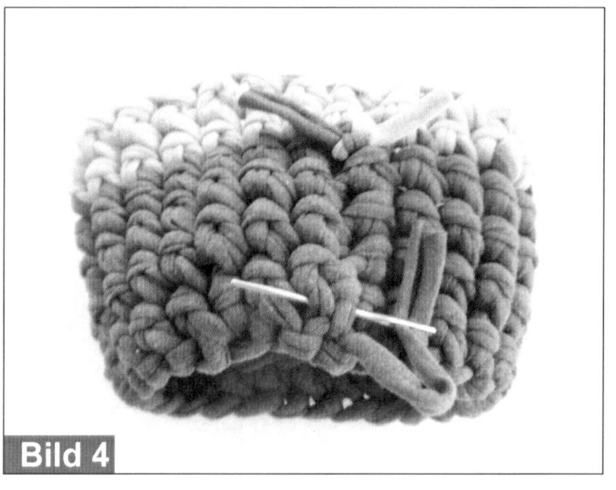
Bild 4

zu Bild 3: Wiederhole die Reihen und ziehe dein Ergebnis probeweise deinem Topf über. Für meine Kräutertöpfe habe ich erst einmal 4 Reihen gemacht, dann wollte ich die Farbe wechseln. Beim Markierungsfaden angekommen, habe ich mir dann für die 1. fM der neuen Reihe die neue Farbe geholt und die alte auf 10 cm abgeschnitten.

zu Bild 4: Mit der neuen Farbe ist ein Rand aus zwei Reihen entstanden. Jetzt ist der Überzug lang genug für Kräutertöpfe (habe ihn noch einmal anprobiert). Vor der Verwendung wird er umgestülpt ... denn es hängen noch Fäden herum. Die Fäden mittendrin kannst du zweimal verknoten und kurz abschneiden, die anderen am Anfang und Ende werden vernäht.

Häkeln & Co
Grundlagen und neue Ideen für die Textilarbeit – Bestell-Nr. 11 753

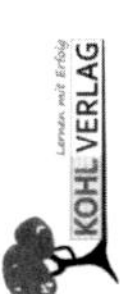

Überzug für Kräutertöpfe

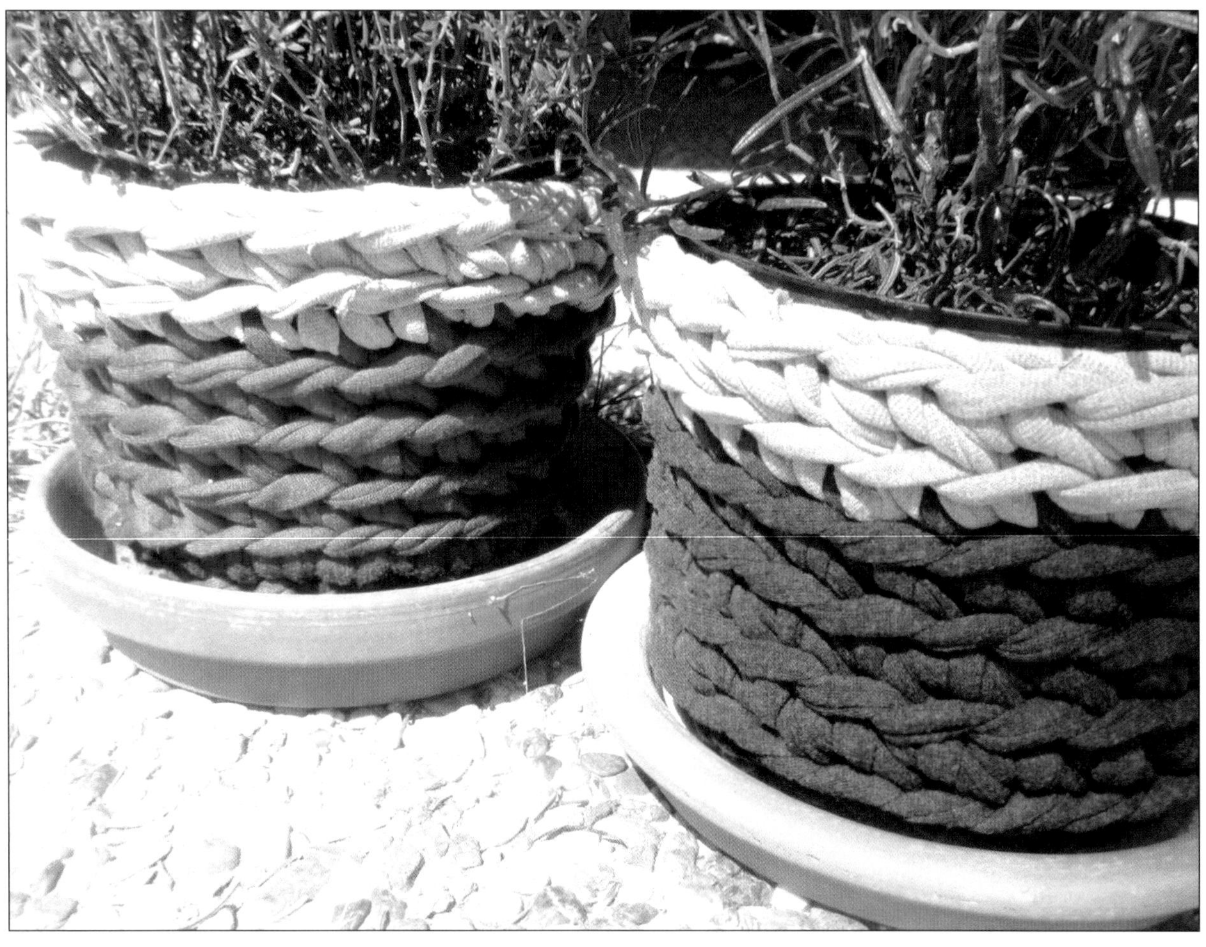

... fertig, circa 200g schwer ... und ab geht es in die Schnüffelparty rund um Thymian und Rosmarin ??!

Oder möchtest du deinen Kräutertopf lieber verschenken und erzählen, wie du den Überzug gehäkelt hast?

Ich erzähle immer wieder gerne, dass der obere Rand einmal ein T-Shirt war ... kaum zu glauben, höre ich dann und bekomme jede Menge alte T-Shirts zum Upcyceln.

TIPPS

für Lehrer in Werken und Gestalten:

Idee und Beiträge für Projekt-Tage in den möglichen Themen:

- Mit allen Sinnen / Kräuter-Schnüffelparty
- Aus alt mach neu / Recyceln und Upcyceln
- Häkeln XXL

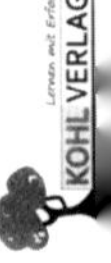

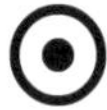

Material / Überblick

Reine Schurwolle vom Schaf hat die Eigenschaft, beim Waschen zu verfilzen. Was wir heutzutage normalerweise in die Waschmaschine geben, besteht deshalb aus anderen Materialien wie Polyacryl, Baumwolle oder Mischungen mit Schurwolle, damit das Wäschestück die Form behält. Für **Gestaltungsaufgaben** vergessen wir einmal, was für Wäschestücke relevant ist und begeben uns in die **kreative Welt** des Häkelfilzens ... erfinden und formen für die Waschmaschine:

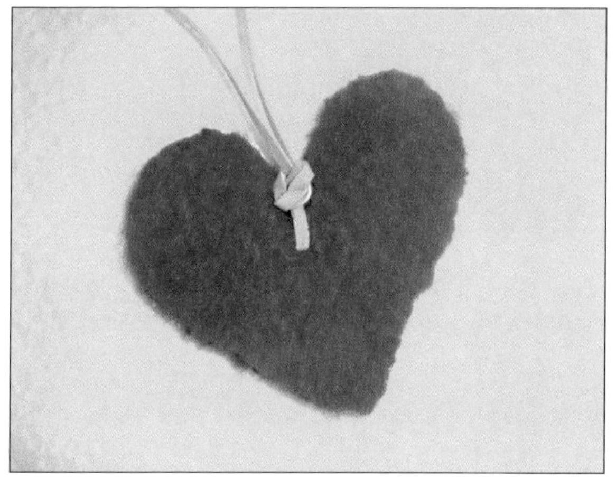

Herzanhänger (S. 70) ⊙

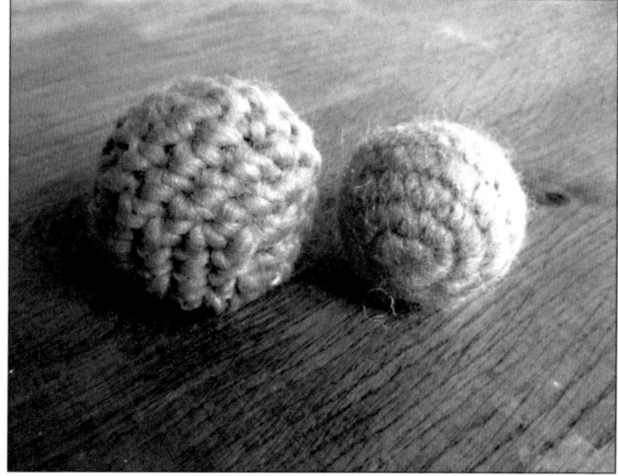

Bälle zum Spielen (S. 71) !

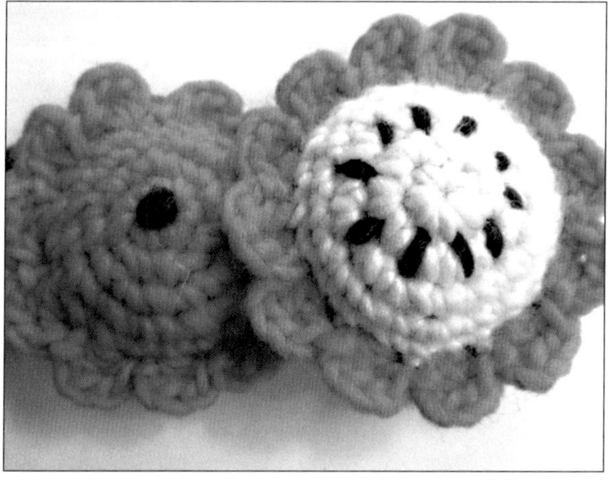

Blumis (S. 72) !

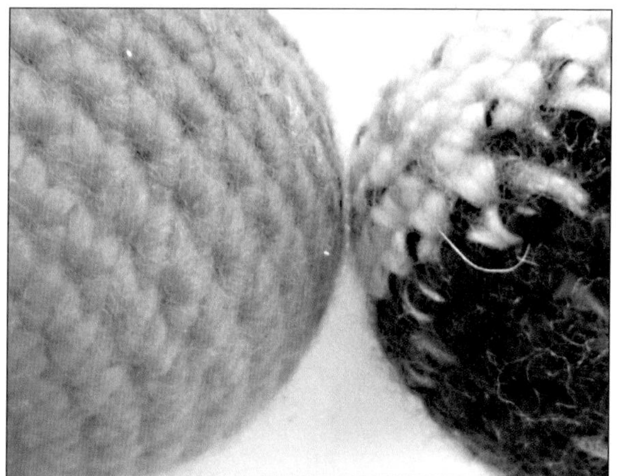

Klangkugeln (S. 73) !

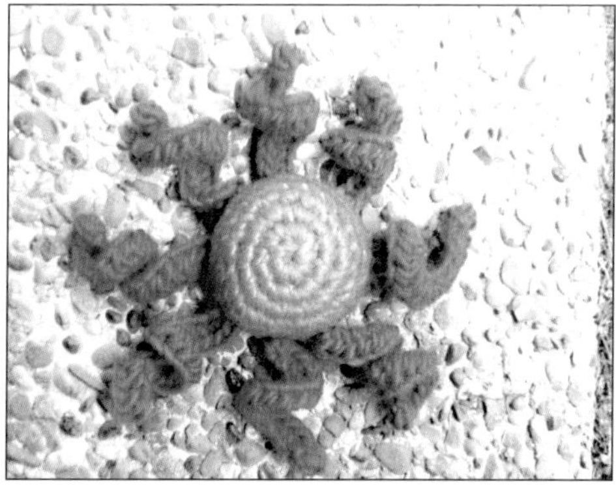

Amigurumi-Krake (S. 74-75) ✶

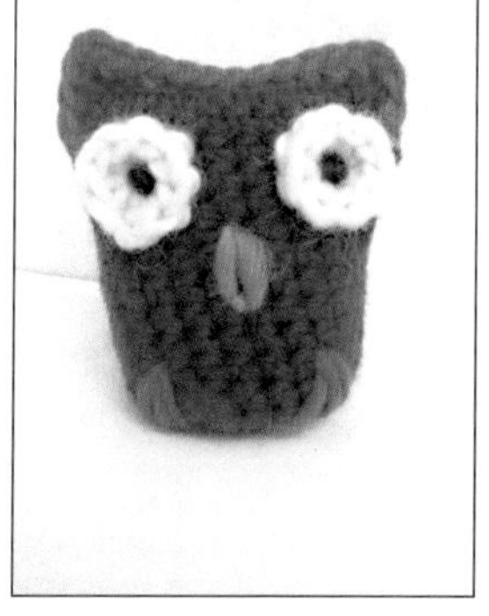

Eule (S. 76) ✶

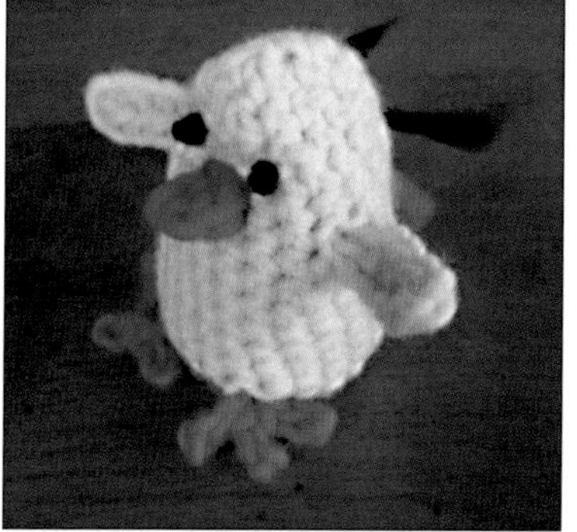

Ente (S. 77) ✶

Farbbeispiele siehe S. 10-13

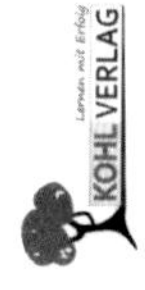

Häkeln & Co
Grundlagen und neue Ideen für die Textilarbeit – Bestell-Nr. 11 753

Grundkurs Häkelfilzen in der Waschmaschine

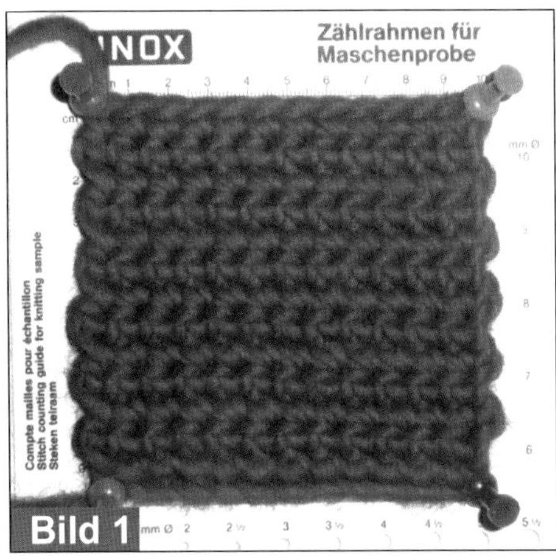

Bild 1

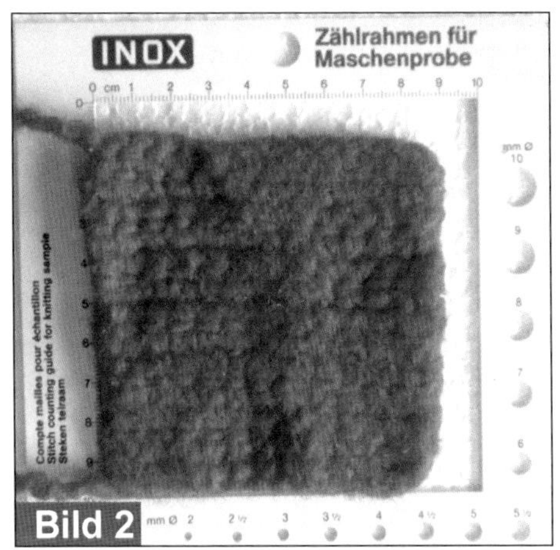

Bild 2

<u>zu Bild 1</u>: Für diese Maschenprobe wurde FILZI aus 100 % Schurwolle verwendet und mit der Nadelstärke 5 in festen Maschen verhäkelt ... 12 fM und 13 Reihen auf 10 x 10 cm.

<u>zu Bild 2</u>: Nach dem Waschen in der Maschine hat sich die Probe verfilzt und verkleinert.

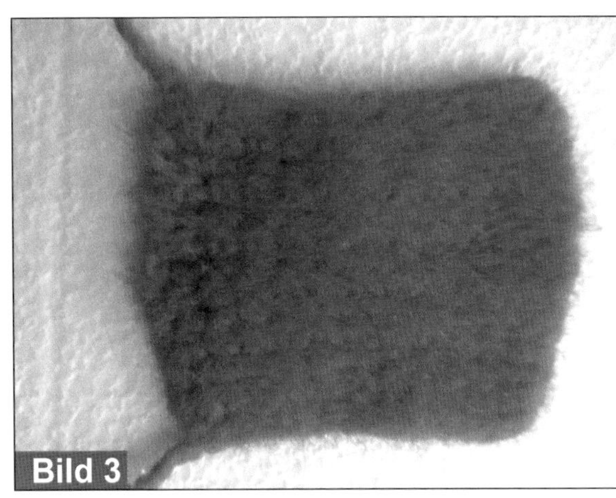
Bild 3

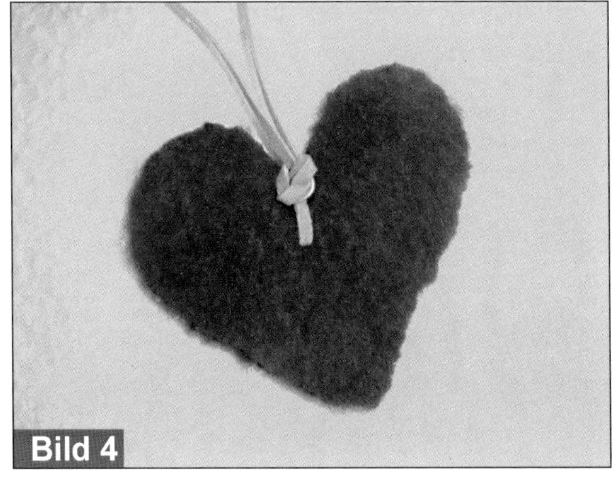
Bild 4

<u>zu Bild 3</u>: **In feuchtem Zustand** kann das gehäkelte Ergebnis jetzt verändert werden, sowohl in der Form als auch auf Oberflächen. Durch Aufrauhen mit Drahtbürsten kann ein weicher „Mohair-Effekt" erzielt werden.

<u>zu Bild 4</u>: **Nach dem Austrocknen und Bearbeiten der Maschenprobe** kann sie nach Lust und Laune geschnitten werden ... hier wurde eine Herzschablone verwendet.

TIPPS

für das Filzen in der Waschmaschine:

- Einstellung auf 40° C, Vollwaschmittel, normales Schleuderprogramm.
- Zugaben von Frottiertüchern und falls vorhanden Tennisbälle.
- Amigurumis (siehe nächste Seiten) sollten identifizierbar für jeden Schüler in Säckchen verpackt werden (Nylonstrümpfe o. ä.), auch um das Flusensieb der Waschmaschine zu schonen. Die Schüler unbedingt an der Endgestaltung im feuchten Zustand beteiligen (Timing beachten!).

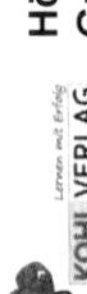

! **Bälle zum Spielen ...** Mogeln erlaubt!

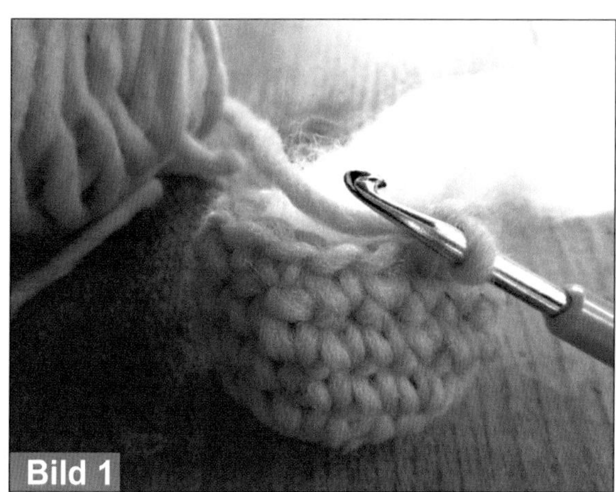
Bild 1

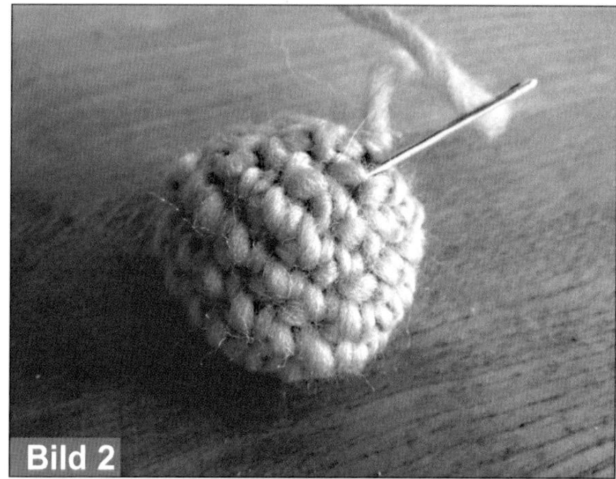
Bild 2

zu Bild 1: Hier zeige ich dir, was du vielleicht schon aus anderen Werkstätten kennst. Nein? Macht nix, dann fangen wir von vorne an:

Du machst einfach mit der Häkelnadel Nr. 5 und Schurwoll-Garn drei Luftmaschen und stichst in die erste LM zurück. Jetzt noch eine KM und du hast einen kleinen Luftmaschenring geschlossen. Mit einer LM beginnst du die erste Reihe für die Runden und stichst so lange in die Mitte mit festen Maschen ein, bis es zu eng wird. Gehe dann einfach über den Anfang hinaus und arbeite in Spiralen weiter ... aber hallo!
Um einen Ball zu bekommen, musst du Maschen zunehmen! Das heißt, du stichst eine Weile doppelt in jede Masche der Vorreihe ein. Eine Weile heißt, jetzt arbeitest du nach „Gefühl" ... kann sein, dass du in den nächsten Reihen nur in jede zweite Masche der Vorreihe feste Maschen machst ... kontrolliere einfach zwischendurch, ob sich eine Kugel entwickelt und wie groß sie werden könnte. So lange deine Kugel offen ist, kannst du sie stopfen mit **Füllmaterial aus Schafwolle oder Zauberwatte**.

zu Bild 2: Hier ist die Kugel fertig, weil Maschen „abgenommen" wurden, das heißt, Maschen der Vorreihe wurden einfach übersprungen, damit sich die Kugelform schließt.

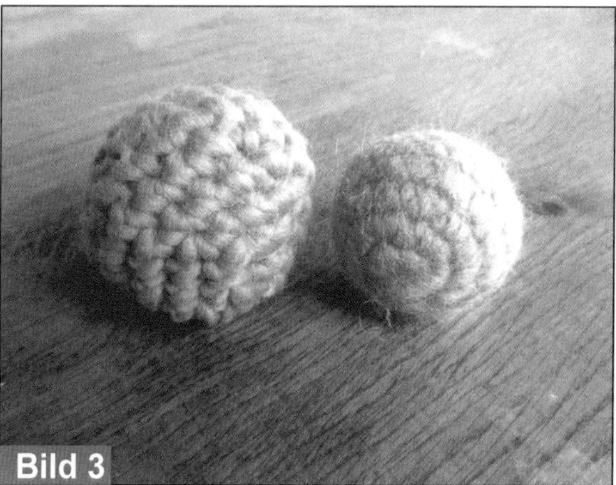
Bild 3

zu Bild 3: Hier siehst du, wie deine Kugel in der Waschmaschine bei 40° C schrumpfen kann. Ein kleiner, fester, runder Ball ist durch das Filzen entstanden. **So lange er noch feucht ist, kannst du ihn verformen und Häkelfehler verschwinden wie von selbst.**

Häkeln & Co
Grundlagen und neue Ideen für die Textilarbeit – Bestell-Nr. 11 753

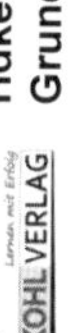

Blumis

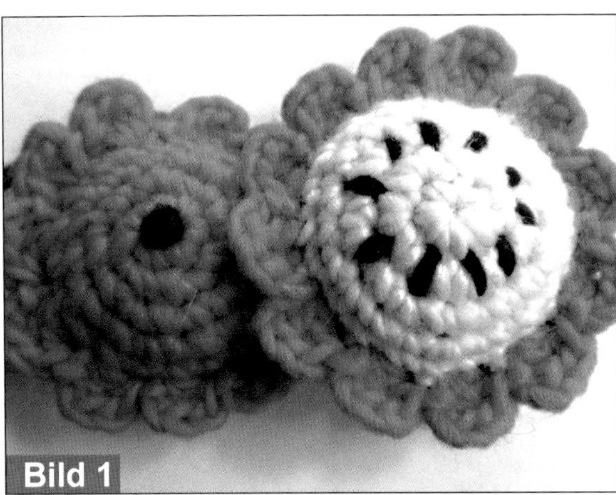
Bild 1

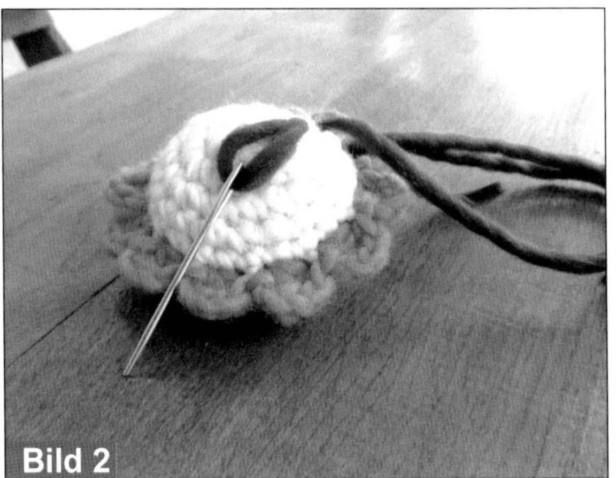
Bild 2

Du hast eine Kugel fertig und möchtest daraus eine Blume machen? Kein Problem ... jetzt fehlen nur noch Blütenkranz und Stickerei.

zu Bild 1: Der **Blütenkranz** trennt hinten von vorne und wird in einer Reihe/Runde **angehäkelt**. Mit einer Blütenfarbe machst du einen Schlaufenknoten und stichst mit der Häkelnadel in eine Reihe/Runde ein. Für den Beginn einer Blüte machst du 2 Luftmaschen und 1 St, 1LM, 1St ins selbe Loch. Dann überspringst du eine Masche der Reihe und machst 1 KM. Weiter geht es mit 2 LM, 1St, 1LM, 1St und so weiter, bis die Runde geschlossen ist.

zu Bild 2: Mit **Stickereien** kannst du Akzente setzen und hinten von vorne unterscheiden:
- benutze eine **Stopfnadel** und Restefäden in Kontrastfarben.
- stich durch die Kugel durch und zurück, schau dabei einfach nach, was auf der Oberfläche sichtbar bleibt (Bild 1)
- du kennst dich aus mit Stickerei? Dann probiere doch einfach mal den Kettenstich ...
- Gefilzt schaut er dann so aus wie in Bild 3.

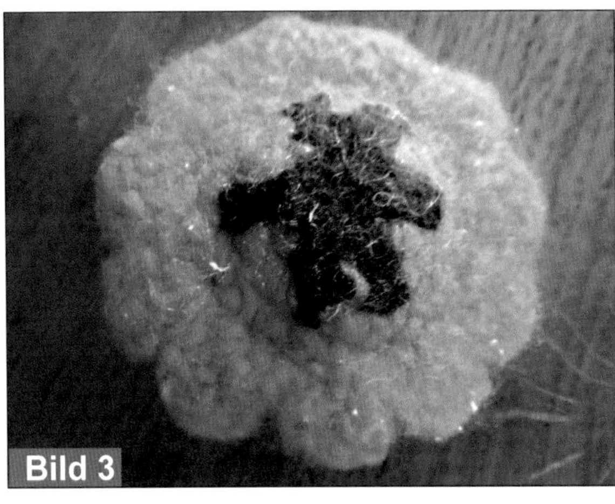
Bild 3

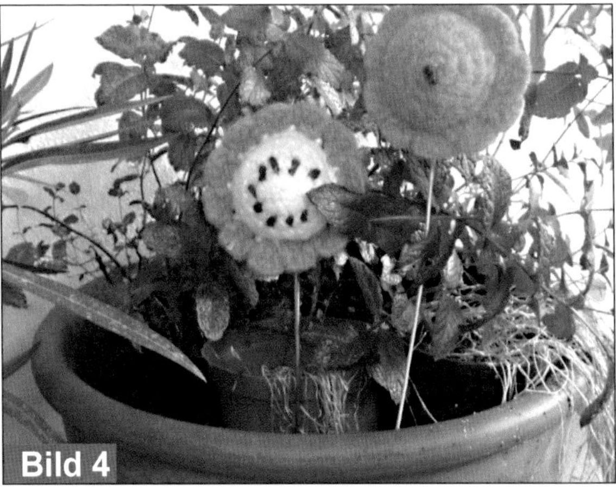
Bild 4

Nach dem Filzen in der Waschmaschine wirst du viel Spaß haben mit deinen Blumies.

Wie fühlen sie sich an? Möchtest du sie behalten oder verschenken? Oder kunstvoll dekorieren ... z. B. mit eingesteckten Drähten in Blumentöpfen (Bild 4).

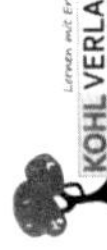

! Klangkugeln

Mit gefüllten Plexiglas-Formen können Percussion- und Klangobjekte entstehen. Hier experimentieren wir mit Glöckchen und Linsen ...

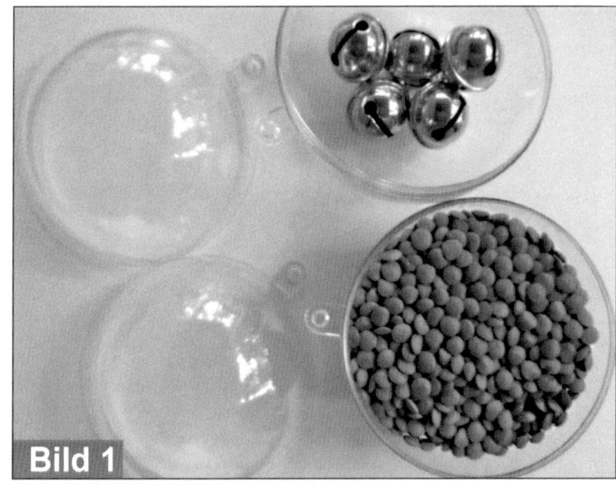
Bild 1

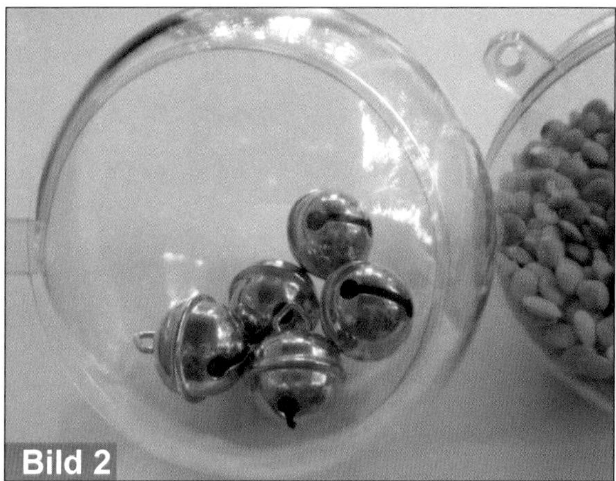
Bild 2

zu Bild 1+2: Die Plexiglasform Ø 8 cm wird gefüllt und für das Hörerlebnis ausprobiert.

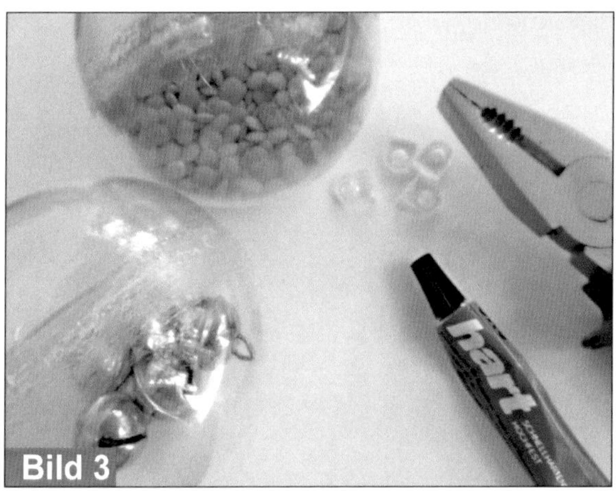

Bild 3

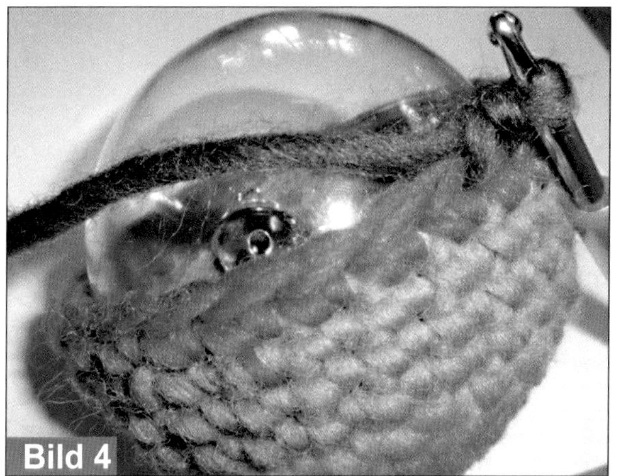
Bild 4

zu Bild 3: **Die Plexiglasform muss jetzt fest verschlossen werden** für den späteren Waschmaschinengang. Dazu die Aufhänger mit der Flachzange abknipsen und Flüssigkleber (z.B. UHU-Hart) auf die Ränder auftragen und gut verstreichen.

zu Bild 4: **Umhäkeln** ... 3 Luftmaschen schließen zum Ring. 3 fM in den Ring einhäkeln und spiralenförmig weitermachen. Maschen zunehmen, damit sich eine Kugel bildet. Immer wieder die Kugel einsetzen zur Kontrolle, am „Äquator“ mit Abnahmen beginnen und die Kugel „drin lassen“, denn jetzt wird es eng ...Dazwischen stehen dir alle Farben zur Verfügung, die du hast. Auch Reste kannst du verwerten und mit verhäkeln, indem du einen Faden teilst.

Farbbeispiele siehe S. 10-13

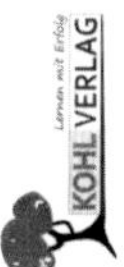

✶ Amigurumi-Krake

Als Orakel-Krake könnte sie Paul heißen und mit Wackelaugen die Ergebnisse der nächsten Fußballweltmeisterschaft vorhersagen.
Als Kuscheltier und Spielobjekt, Hingucker und Star in Unterwasserwelten kann sie noch viel mehr ... packen wir es an mit Schritt-für-Schritt-Anleitungen:

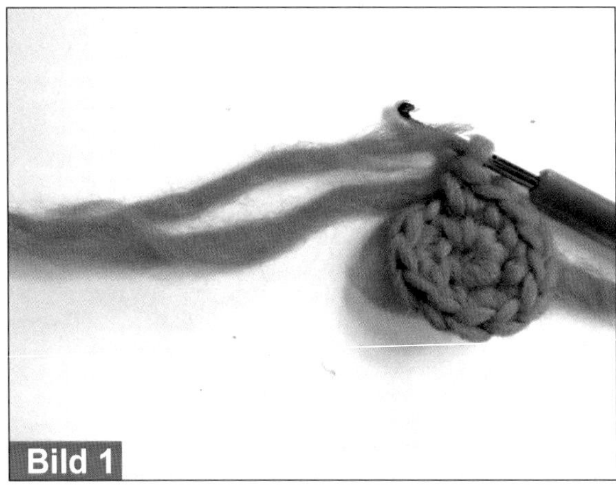
Bild 1

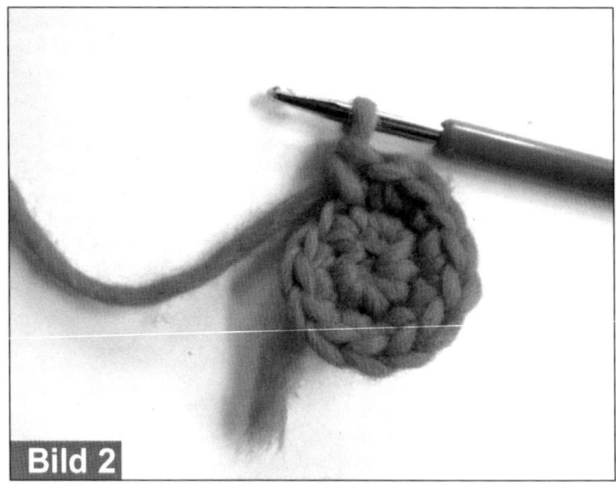
Bild 2

Wir beginnen eine **Kugelform** mit 3 LM, 1KM und festen Maschen in die Mitte, bis es nicht mehr weiter geht ... häkeln in Spiralen über den Beginn hinaus und nehmen dabei Maschen zu. In Bild 1 siehst du, wie eine neue Farbe mit verhäkelt wird (einfach die Enden doppelt legen), in Bild 2 geht es dann weiter in die nächsten Runden mit einer neuen Farbe ...

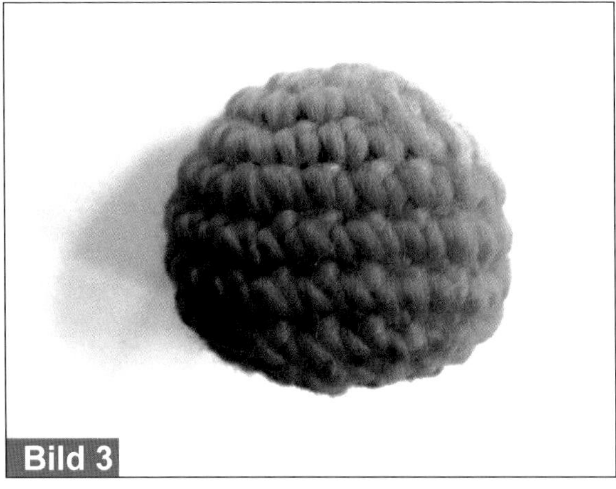
Bild 3

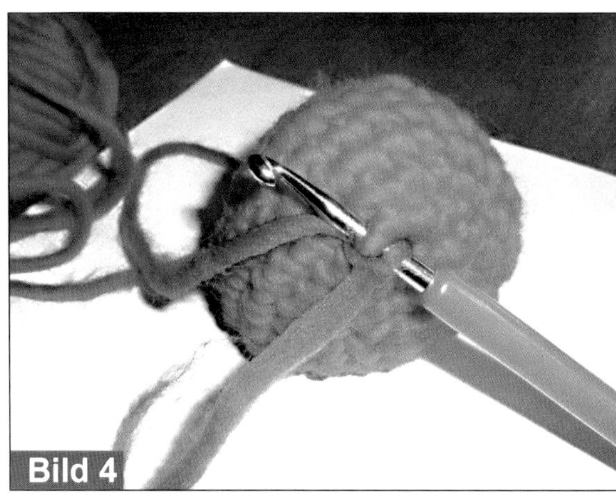
Bild 4

In Bild 3 siehst du, wie die Kugelform unten abgeflacht wurde. Das heißt, du änderst einfach deine **Kugelstrategie** nach der etwa 7/-8. Reihe. Danach wird nur noch abgenommen, das heißt, es werden Maschen übersprungen.

Vergiss nicht, bevor das Loch zu klein wird, den Körper mit Füllmaterial zu stopfen!
In Bild 4 ist der Körper der Krake bereits gestopft und es werden 6 Tentakel angehäkelt ... mit einer Schlaufenmasche in einer neuen Farbe blau oder grün wird eingestochen in die Stellen, wo die Fangarme am besten sitzen ...

Häkeln & Co
Grundlagen und neue Ideen für die Textilarbeit – Bestell-Nr. 11 753

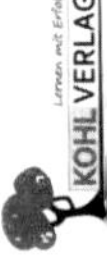

✶ Amigurumi-Krake

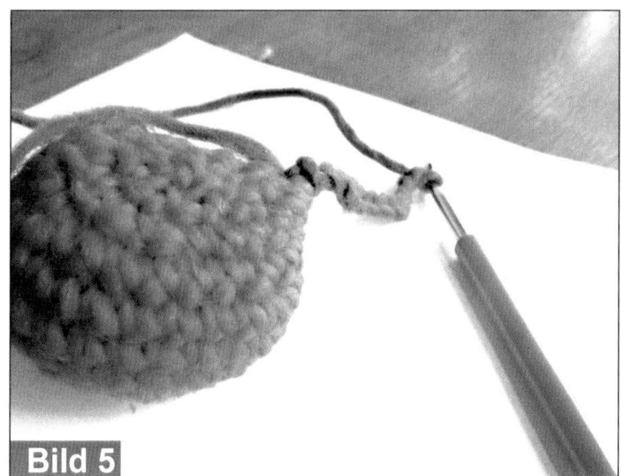
Bild 5

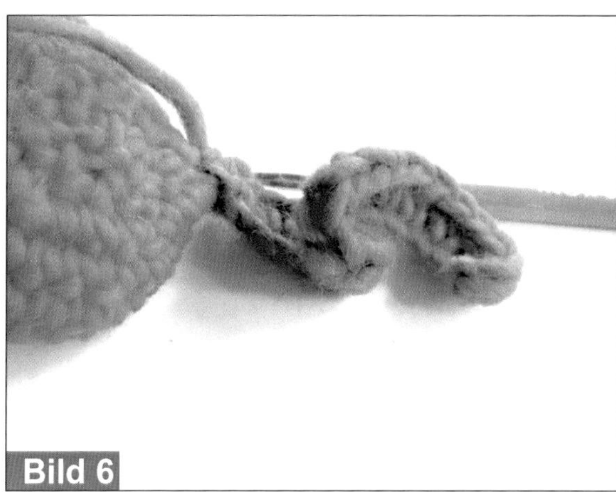
Bild 6

In Bild 5 siehst du, wie 12 Luftmaschen für einen Fangarm angehäkelt werden ...
und in Bild 6, wie sich ein Tentakel kringelt ... dazu machst du in jede LM zurück zwei hSt, bis du wieder am Körper bist. Dort schneidest du den Faden ab (10 cm) und vernähst das Ende mit einer Stopfnadel in den Körper.

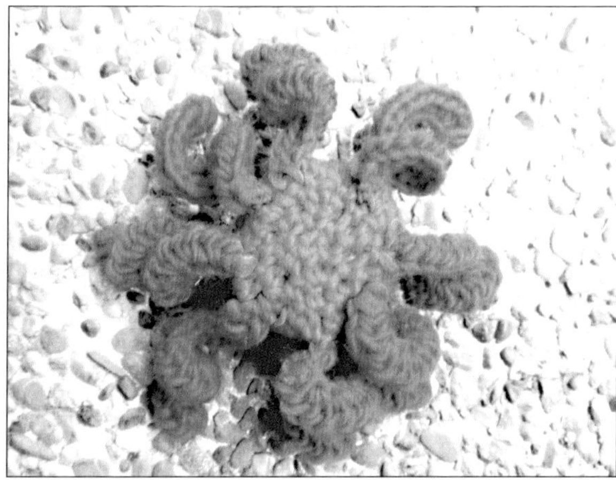
So schauen acht Tentakel von unten aus ...

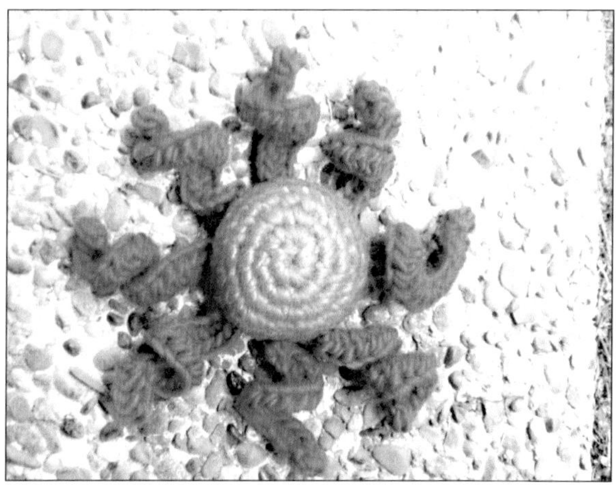
und so von oben.

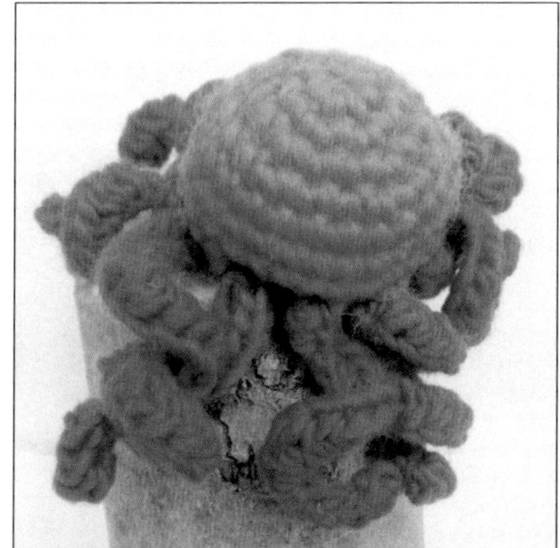

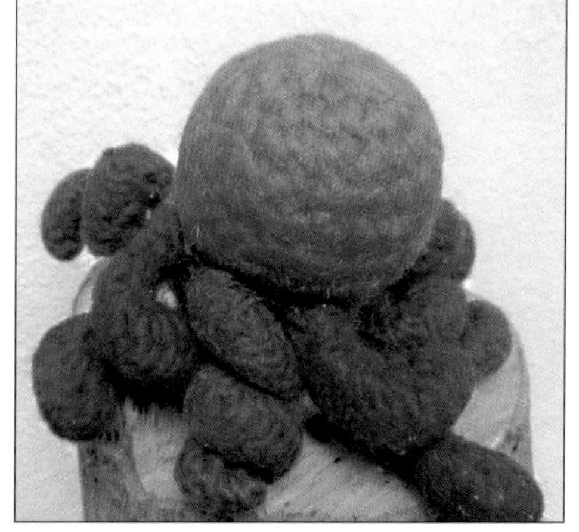
Und hier ein Kraken-Vergleich vor ... und nach dem Filzen in der Waschmaschine.

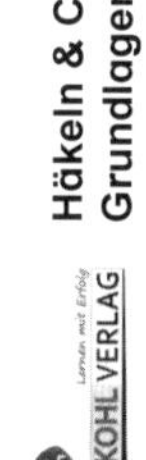

✶ Amigurumi-Eule

Die Eule gilt in der westlichen Welt als Symbol der Weisheit. Sie ist beliebt als Vorbild für viele kunsthandwerkliche Techniken, so auch für gehäkelte Varianten.
Ihre Merkmale sind einfach zu bestimmen ... gedrungener Körper, großer Kopf, spitze Ohren, große Augen mit Federkranz, kurzer Schnabel und Krallen zum Greifen.
Wir werden eine kleine Eule in Ruhestellung fertigen:

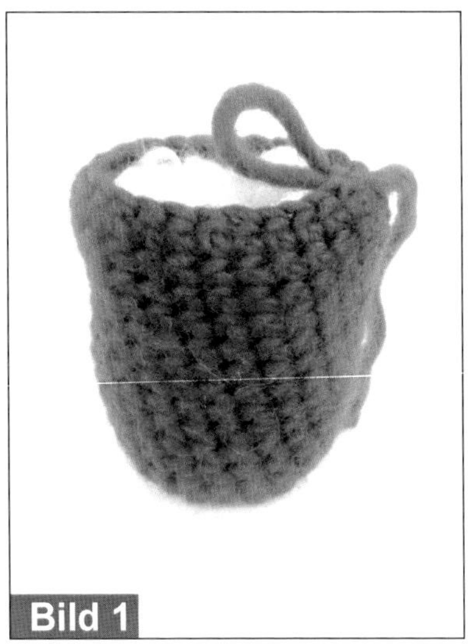
Bild 1

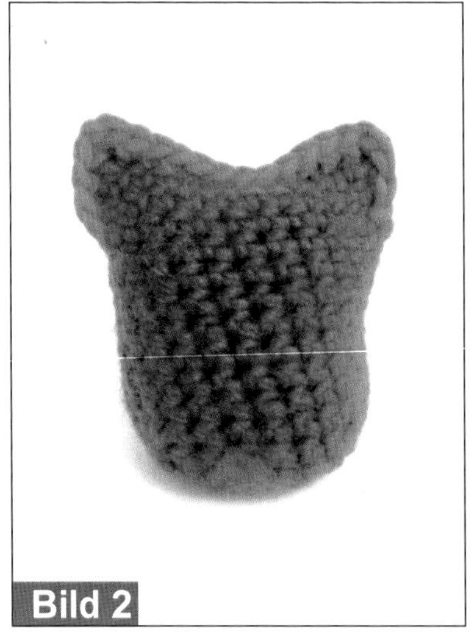
Bild 2

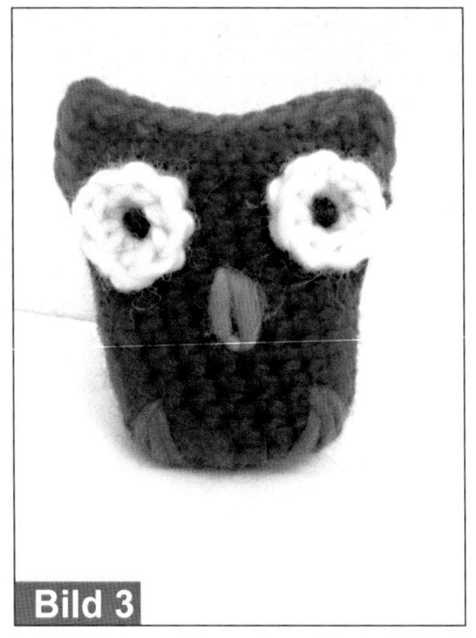
Bild 3

zu Bild 1: Die Eule soll stehen können, deshalb habe ich zuerst einen Boden in Spiralrunden und in der Grundfarbe Dunkelgrün gehäkelt, dann 16 Reihen feste Maschen ohne Zunahmen. Die entstandene Form wird gestopft mit Schurwoll-Material.

zu Bild 2: Hier siehst du die geschlossene Form. Dazu habe ich die oberen Kanten flach zusammen genommen und mit einem helleren Grünton und festen Maschen miteinander verhäkelt. **TIPP**: an den Ohrenspitzen 1 LM machen, da kannst du nach dem Filzen schön dran ziehen!

zu Bild 3: Eulen brauchen große Augen, einen Schnabel und scharfe Krallen! Wir beginnen mit zwei Augenkränzen und der Farbe weiß:

- mache 3 LM und daraus einen Ring, dann 8 hSt in die Mitte und schließe den Kranz mit 1 KM. Schneide den Faden nicht zu knapp ab und fädele ihn mit der Stopfnadel in die Mitte, dort verknotest du ihn zur Sicherheit mit dem Anfangsfaden. Jetzt hast du 2 Fäden, mit denen du den Augenkranz auf deiner Eule fixieren kannst ... fädele sie in die Stopfnadel ein und stich durch die gestopfte Form. Hinten verknotest du beide Fäden und schneidest sie auf 1 cm ab (keine Sorge, wenn sie sichtbar sind, nach dem Filzvorgang in der Waschmaschine können die Farben herausgeschnitten werden).
- für die Pupille in der Mitte des Augenkranzes habe ich 3 Knoten in einen 20 cm langen schwarzen Faden gemacht und die Endfäden durch die Form genäht.
- Schnabel und Krallen werden mit der Stopfnadel in Kontrastfarben aufgestickt.

Häkeln & Co
Grundlagen und neue Ideen für die Textilarbeit – Bestell-Nr. 11 753

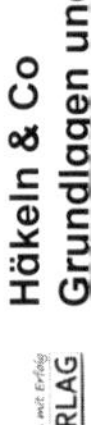

✶ Amigurumi-Ente

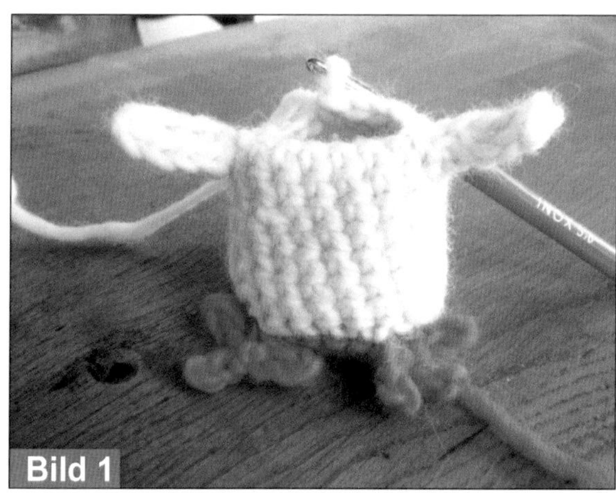
Bild 1

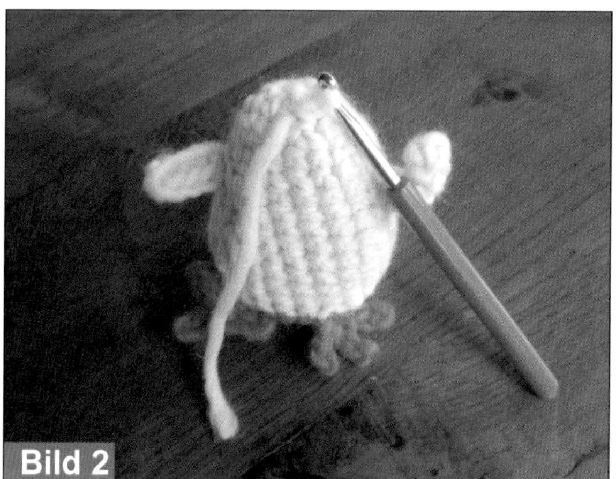
Bild 2

zu Bild 1: Zuerst habe ich einen Boden in Spiralrunden und in der Farbe Orange gemacht, in der letzten Runde dann die Füße aus Luftmaschen angehäkelt (siehe auch Bild 4).

Dann geht es weiter mit der Farbe Weiß in ca. 8 Runden ohne Zunahmen (!). Jetzt sollten die Flügelchen angehäkel werden, dazu 6-8 Luftmaschen machen und mit festen Maschen geht es zurück bis in die Grundform ...

zu Bild 2: Hier siehst du, wie die Grundform durch Abnahmen (Maschen überspringen) zur Eiform wird. Abschließend schneidest du den Faden ab und ziehst ihn mit der Häkelnadel durch die Schlaufe. Mit der Stopfnadel vernähst du den Endfaden in den Körper.

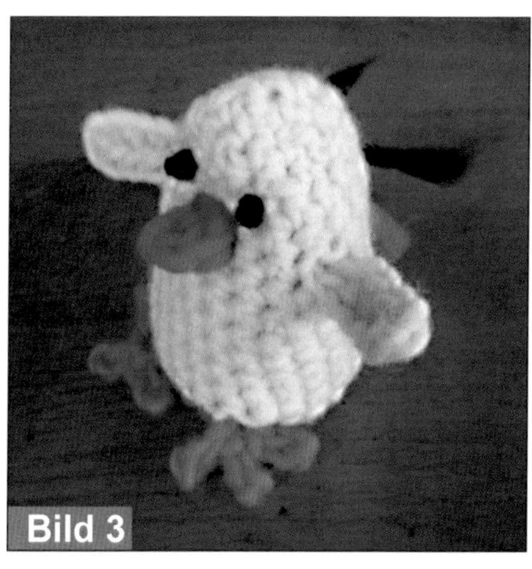
Bild 3

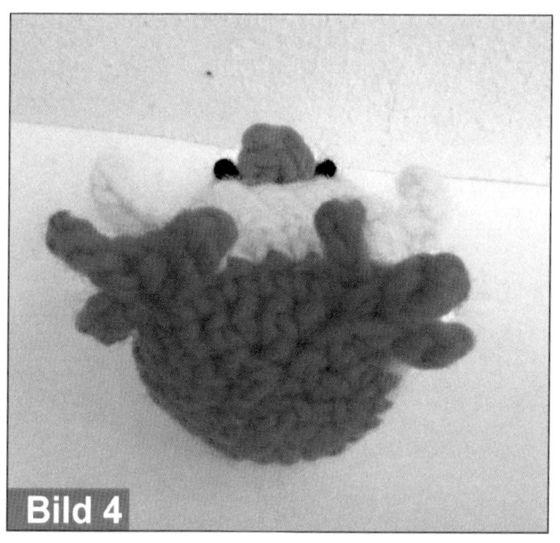
Bild 4

zu Bild 3: Ohhh, hier ist das Entchen fertig! Was habe ich noch gemacht? Na klar, einen **Schnabel** aus Orange angehäkelt und die Endfäden mit der Stopfnadel durch den Körper gestochen ... zwei **Augen** geknotet aus einem schwarzen Faden und die Endfäden durch den Körper gestochen. Hinten schauen die Fäden noch raus und werden miteinander verknotet. Keine Sorge, nach dem Filzen können die Farben weggeschnitten werden.

zu Bild 4: Upps, hier ist das Entchen umgefallen und zeigt sich von unten. Keine Sorge, nach dem Filzen in der Waschmaschine und Durchkneten fällt es nicht mehr um!

Häkeln & Co
Grundlagen und neue Ideen für die Textilarbeit – Bestell-Nr. 11 753

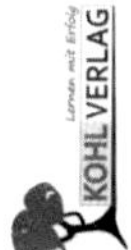

✶ **Technik** / Übersicht

Der Begriff **Knooking** ist eine Wortschöpfung für eine neue Technik, die es ermöglicht, mit einer speziellen Häkelnadel mit Nadelöhr am anderen Ende und einem mitlaufenden Hilfsfaden Strickoptiken herzustellen (knit = Stricken + hook = Haken).
Für Strickprofis gewöhnungsbedürftig, aber **für Schüler optimal** ... sie gehen ohne Vorurteile an die Sache heran. Stricken ist kompliziert, man braucht mindestens 2 Nadeln oder gar ein Nadelspiel ... und dauernd rutschen die Maschen von den Nadeln. Warum also nicht im Unterricht ausprobieren, mit nur einer Nadel das Stricken zu erlernen und Objekte herzustellen? Die Technik erspart den Lehrern die kleinen Kämpfchen mit vielen Nadeln in der Gruppensituation, Verletzungen inbegriffen. In kritischer Distanz zu Schwierigkeitsgraden **wird in Werkbeispielen ausschließlich die rechte Masche verwendet**.

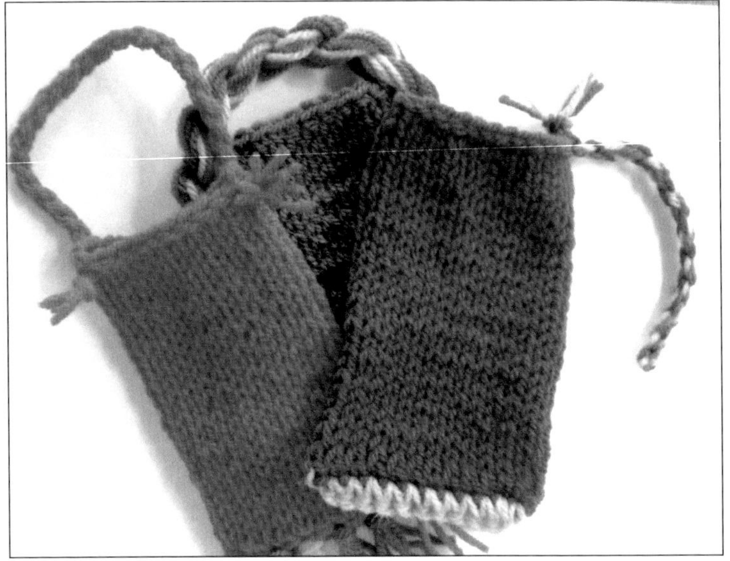

Handy-Täschchen (S. 79-83)

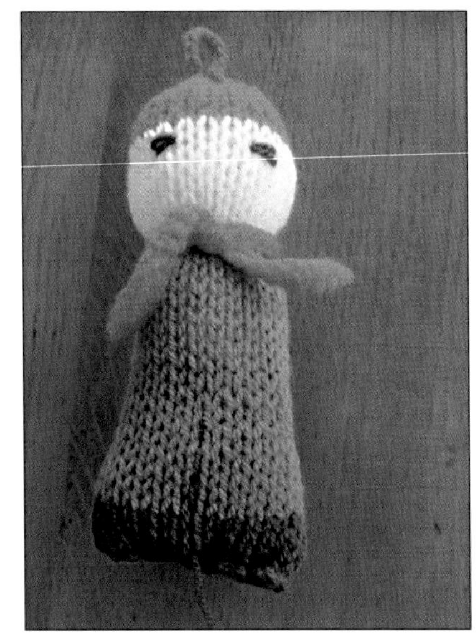

Püppchen (S. 84-87)

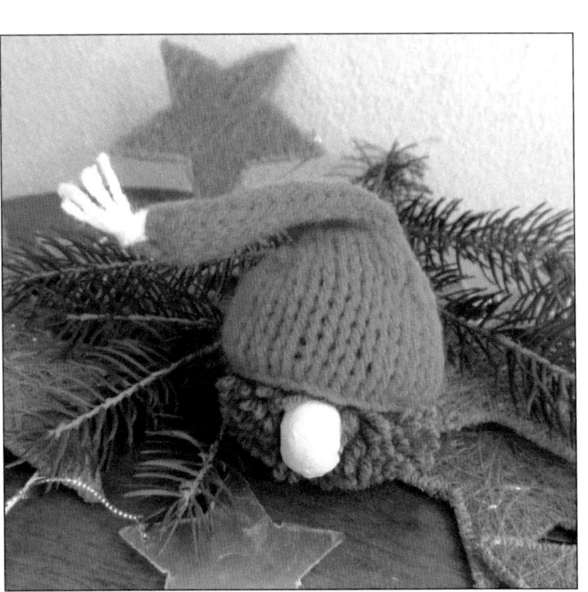

Weihnachts-Wichtel (S. 88-89)

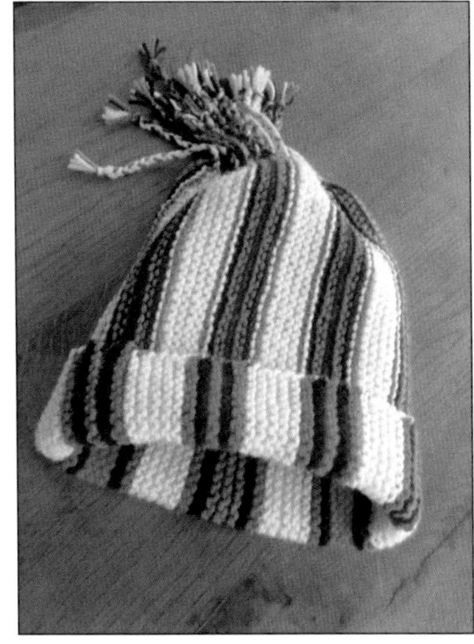

Beanie für Strickeinsteiger (S. 90-91)

Material-Infos:	Polyacryl, Nadelstärken 4 (Knooking- und Rundstricknadel) Farbbeispiele siehe S. 10-13

Häkeln & Co
Grundlagen und neue Ideen für die Textilarbeit – Bestell-Nr. 11 753
KOHL VERLAG

Mein knallbuntes Handytäschchen / Grundkurs Knooken

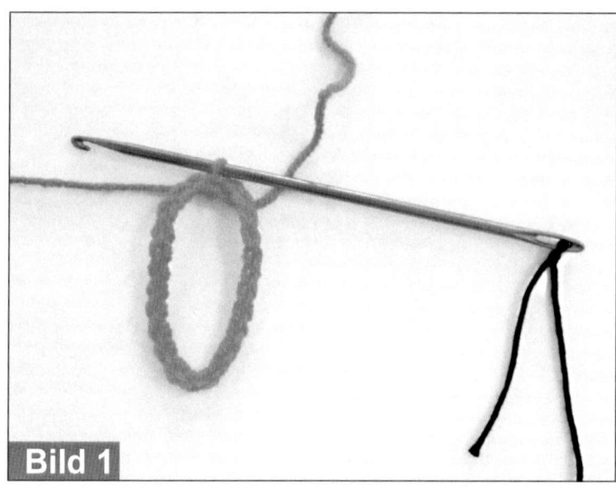
Bild 1

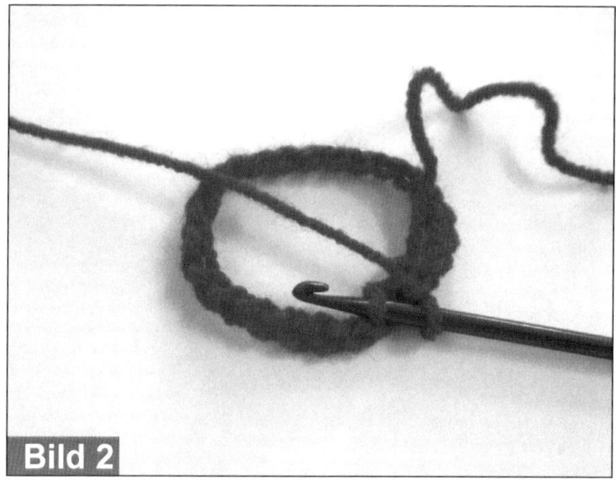
Bild 2

zu Bild 1: Zuerst machst du mit der Knooking-Nadel aus 25 Luftmaschen eine Kette und verbindest sie mit einer KM zum Ring. Auf dem Bild kannst du sehen, dass ich in das Nadelöhr der Knookingnadel einen etwa 30 cm langen Baumwollfaden als **Hilfsfaden** eingeknotet habe. Der wird dir die zweite Nadel ersetzen für die Strickoptik!

zu Bild 2: Nimm jetzt die erste Masche einer neuen Reihe auf die Nadel und hol den Faden durch ...

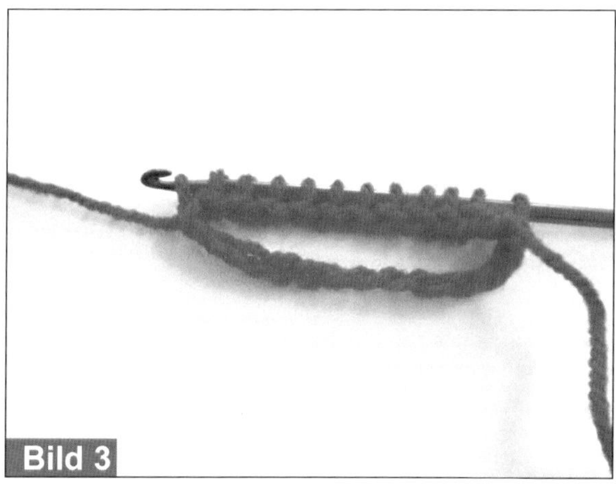
Bild 3

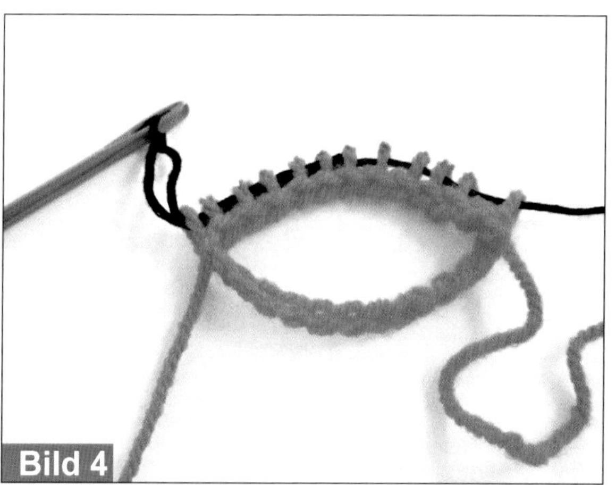
Bild 4

zu Bild 3: ... und die nächsten auch, bis du nicht mehr weiter machen kannst.

zu Bild 4: Dann ziehe deinen **Hilfsfaden** ganz durch (die Hälfte der Runde ist geschafft).

Mein knallbuntes Handytäschchen / Grundkurs Knooken

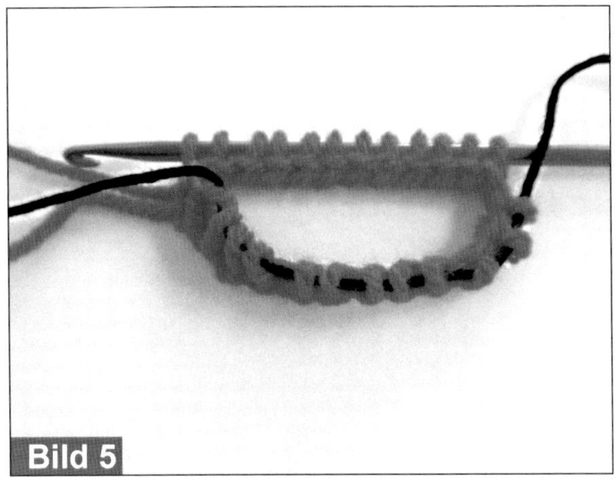

Bild 5

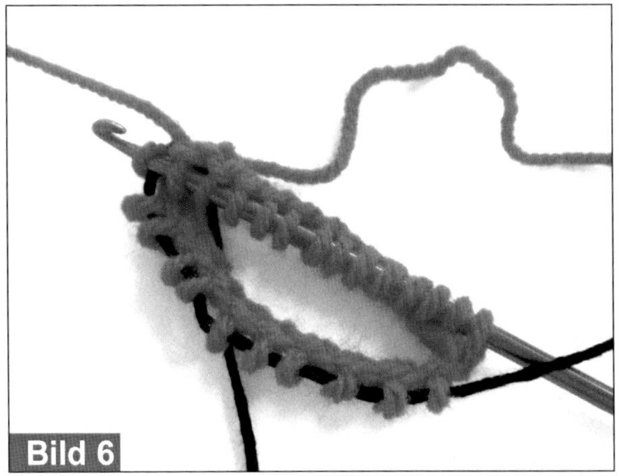

Bild 6

zu Bild 5: Drehe jetzt deinen LM-Ring und nimm den Rest der Maschen auf deine Knooking-Nadel auf.

zu Bild 6: Häkle in der Folge die Maschen vom Hilfsfaden ab.

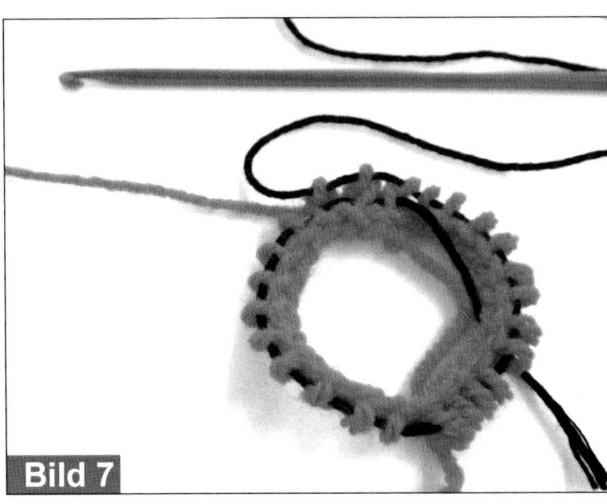

Bild 7

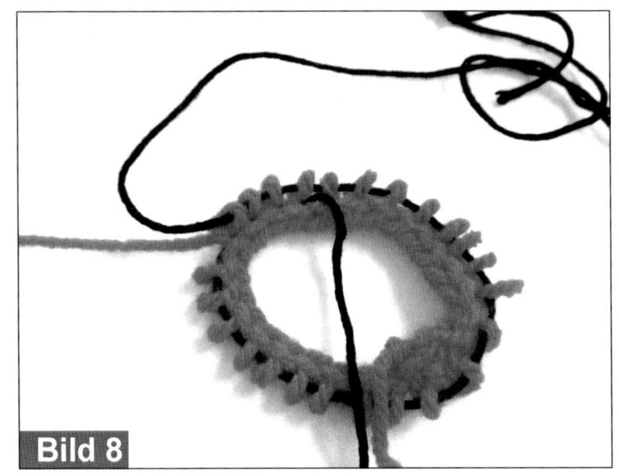

Bild 8

zu Bild 7+8: Jetzt geht es in die nächsten Runden! Fragen?

Was mache ich mit dem Hilfsfaden während der Arbeit?

Du ziehst ihn bis auf 3-4 Maschen durch und lässt das Ende circa 5 cm stehen.

Wichtig ist, dass er nicht „durchflutscht". Probier das einfach aus!

Was mache ich, wenn es zur Pause klingelt?

Kein Problem, denn alle Maschen sind gesichert. Packe deine begonnene Arbeit mit der Knookingnadel und dem Knäuel in einen Beutel und später kann es weitergehen.

Vielleicht magst du schon im Schulbus weitermachen, fit fürs Knooken jederzeit?

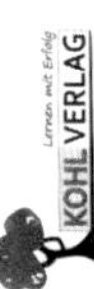

Mein knallbuntes Handytäschchen / Grundkurs Knooken

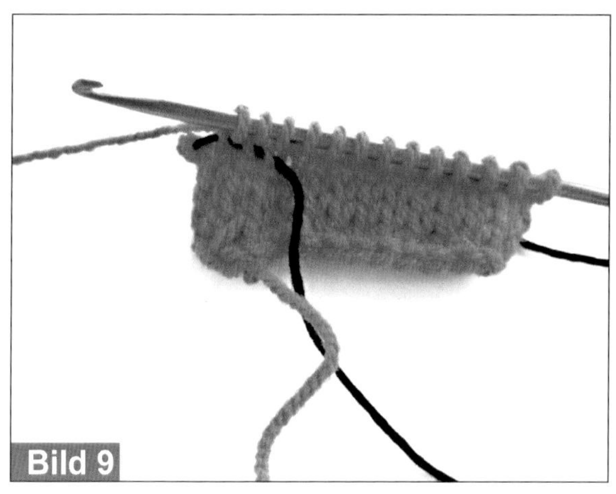
Bild 9

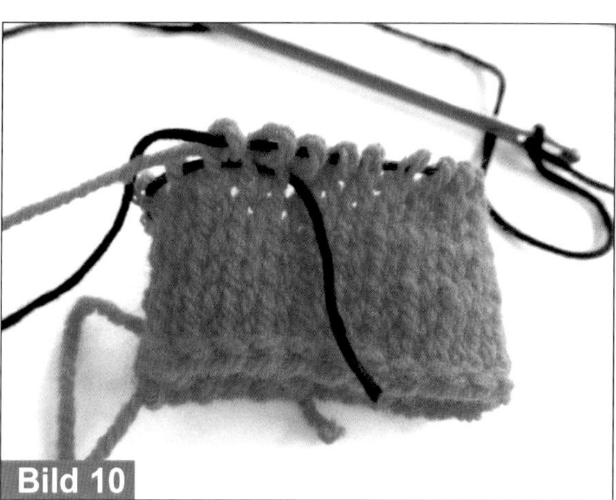
Bild 10

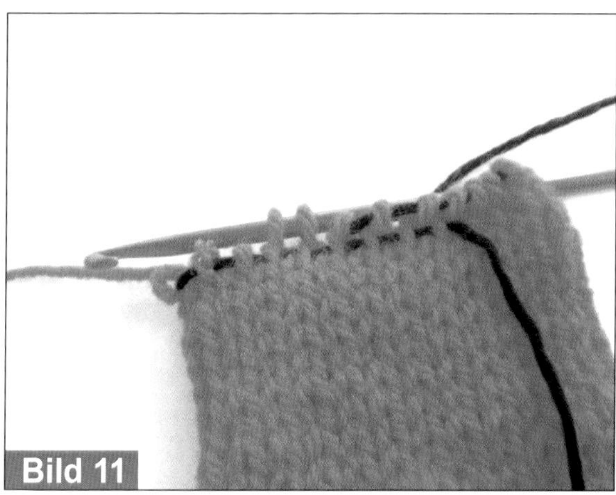
Bild 11

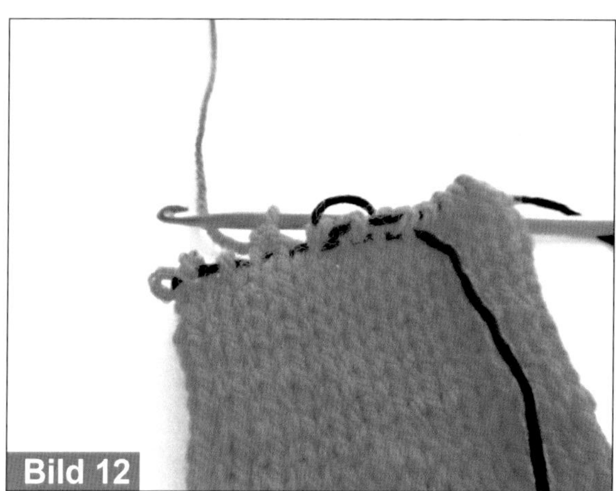
Bild 12

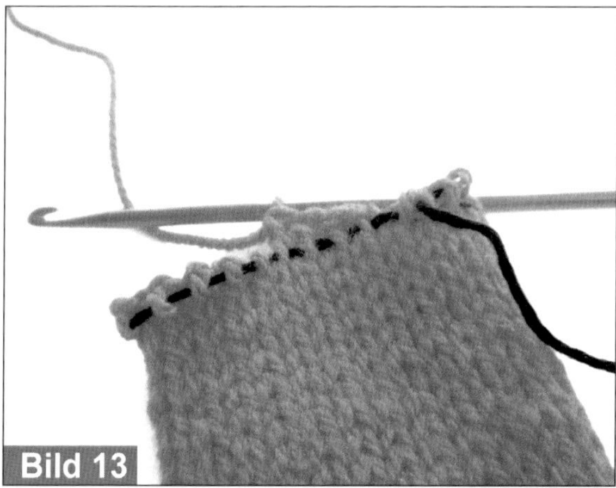
Bild 13

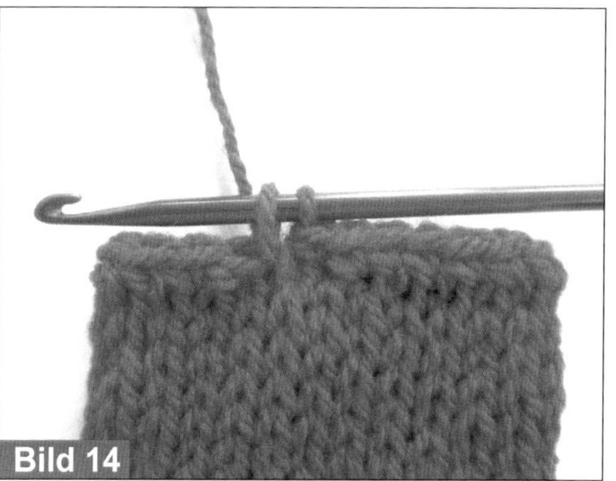
Bild 14

<u>zu Bildern 9-10</u>: Dein Handy-Täschchen wächst. Wann ist es lang genug?

<u>zu Bildern 11-14</u>: Jetzt geht es ans **Abketten der Maschen**. Du hast 2 Maschen auf der Nadel und ziehst den Faden durch. Wiederhole diesen Arbeitsschritt bis zum Schluss der Runde. Der **Hilfsfaden** hat jetzt ausgedient und kann herausgezogen werden. Schneide den **Arbeitsfaden** vom Knäuel auf 10 cm ab und ziehe ihn durch (nicht abgebildet).

Häkeln & Co
Grundlagen und neue Ideen für die Textilarbeit – Bestell-Nr. 11 753
KOHL VERLAG

Mein knallbuntes Handytäschchen / Grundkurs Knooken

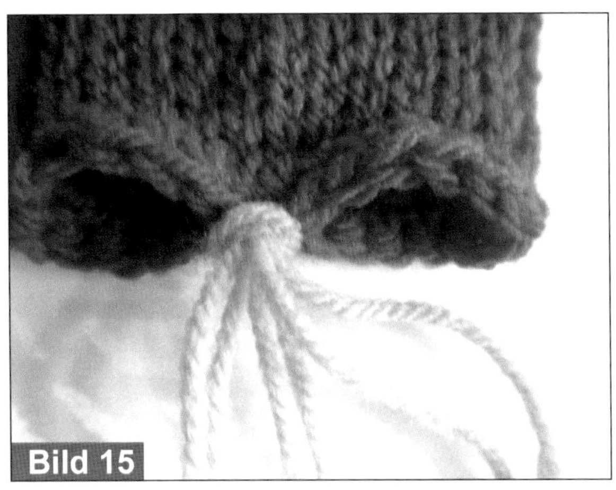
Bild 15

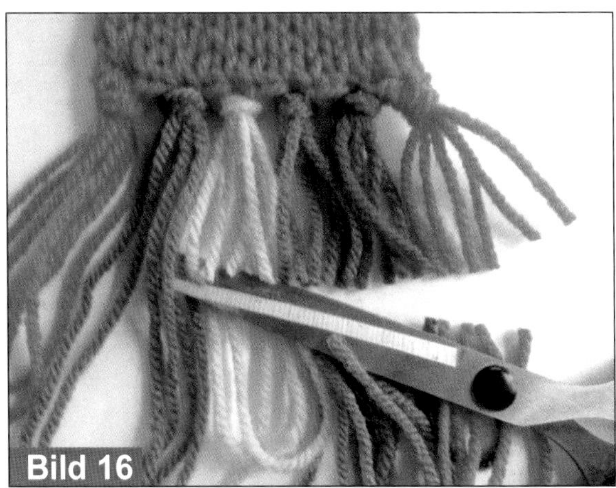
Bild 16

Hier zeige ich dir eine Möglichkeit, deine Handyhülle unten mit **Fransen** abzuschließen. Wickel eine Farbe 3x um 4 Finger, schneide das Bündel durch und knüpfe es ein.

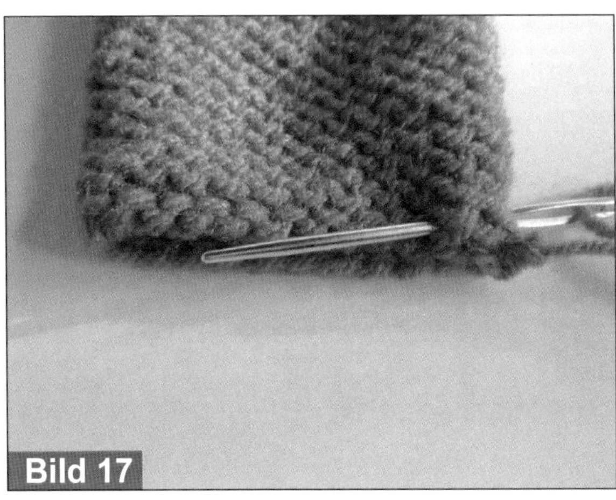
Bild 17

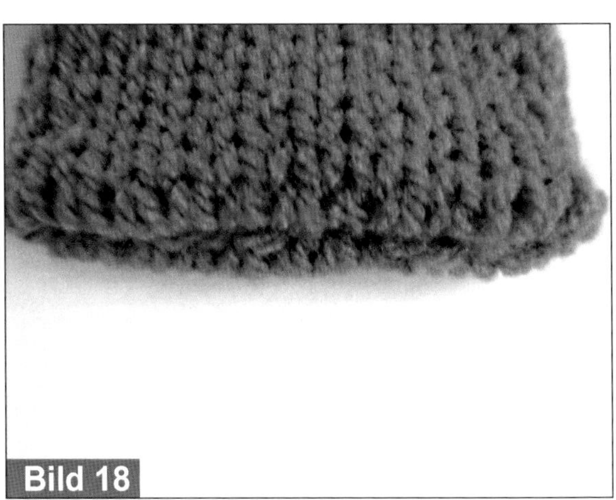
Bild 18

Ein anderer unterer Abschluss wäre die **Steppnaht**. Stülpe deine Hülle um (= linkes Maschenbild) und verbinde die obere und untere Kante mit der Stopfnadel.

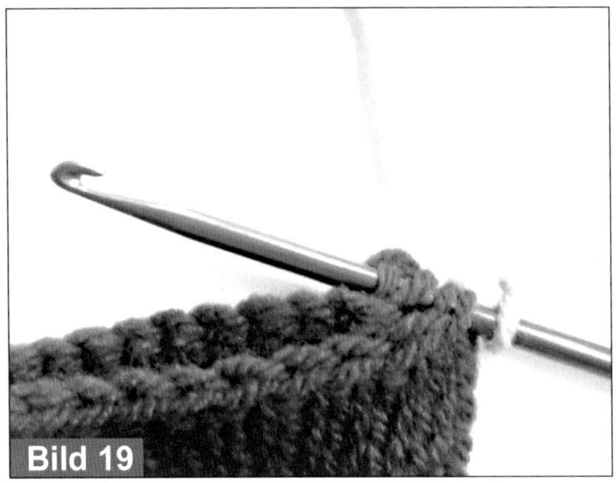
Bild 19

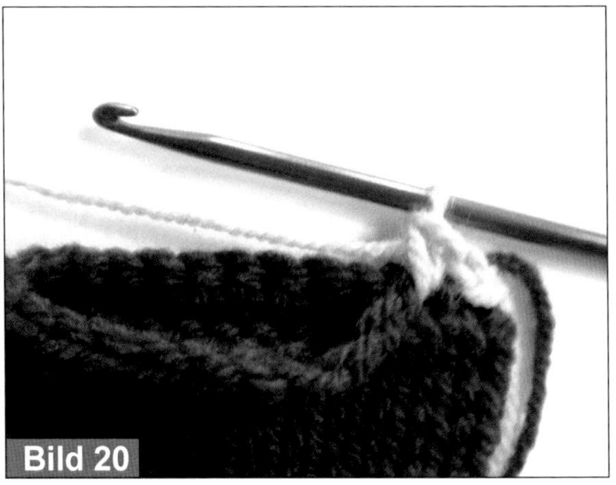
Bild 20

Abhäkeln mit fM`s ginge auch als unterer Abschluss ... dazu drehst du deine Arbeit, machst einen Schlaufenknoten aus einer neuen Farbe und nimmst jeweils zwei Schlaufen aus der oberen und unteren Kante auf. Es folgen feste Maschen bis zum Ende der Reihe.

Häkeln & Co
Grundlagen und neue Ideen für die Textilarbeit – Bestell-Nr. 11 753

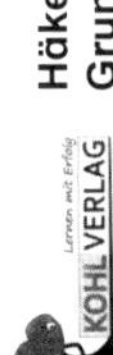

Mein knallbuntes Handytäschchen / Grundkurs Knooken

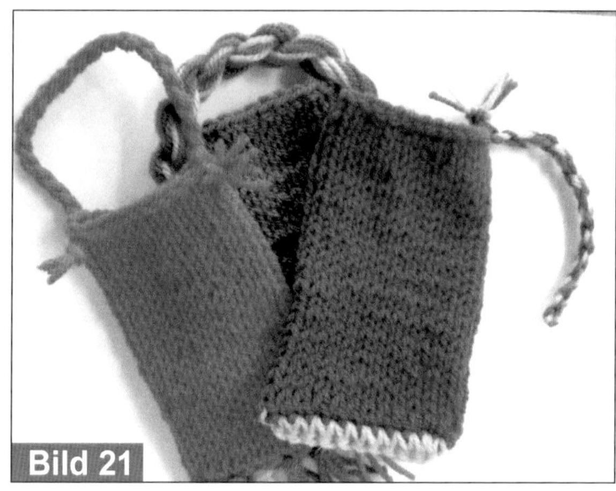
Bild 21

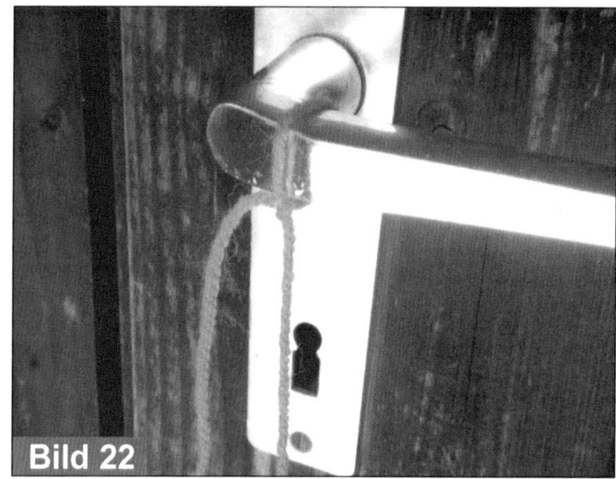
Bild 22

zu Bild 21: Hier siehst du fertige Handy-Täschchen.
Unten sind sie abgeschlossen, oben offen. Zusätzlich haben sie noch dicke, dünne und **bunte gedrehte Kordeln** bekommen. Damit kannst du deine Handy-Hülle um dein Handgelenk oder Hals legen, in deinen Gürtel einbinden oder einfach nur bunt gestalten ...

zu Bild 22: ... und wie du Kordeln drehst, zeige ich dir jetzt.
Knote einen langen Faden (doppelt so lang, wie du deine Kordel haben willst) an einer Türklinke fest ...

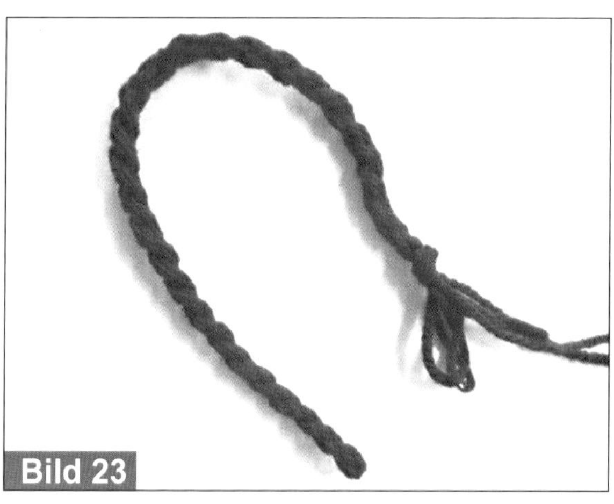
Bild 23

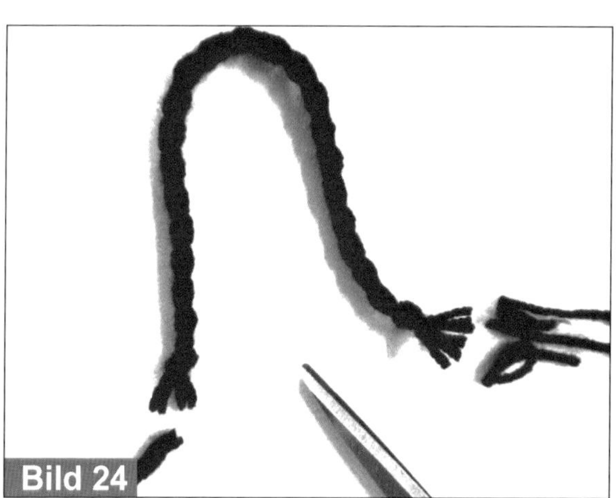
Bild 24

zu Bild 23: ... und wickle noch andere Fäden um die Klinke.
Halte am unteren Ende das Fadenbündel stramm und beginne damit, es **nur in eine Richtung** zu drehen. Wenn du loslässt, wird es sich kringeln ... ziehe das Fadenbündel glatt und mache einen Knoten in das Ende.

zu Bild 24: Du kannst jetzt auch in das Schlaufenende einen Knoten machen und beide Enden auf 2 cm abschneiden.

Häkeln & Co
Grundlagen und neue Ideen für die Textilarbeit – Bestell-Nr. 11 753

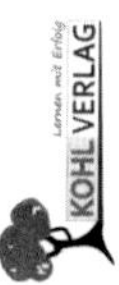

Geknooktes Püppchen

Hier kannst du nachvollziehen, wie ich **mein Püppchen** geplant habe.
Deines kann ganz anders ausschauen, aber halte dich an ...

Proportionen und Farbwechsel

Mütze oder Frisur 3 cm oder 6 Reihen (Farbauswahl **ROT**)	
Gesicht 3,5 cm oder 8 Reihen (Farbauswahl **WEISS**)	
Oberkörper / Pulli / T-Shirt 4 cm oder 9 Reihen (Farbauswahl **GRAU**)	
Hose / langer Rock 4 cm oder 9 Reihen (Farbauswahl **GRÜN**)	
Füsse / Schuhe 2 cm oder 4 Reihen (Farbauswahl **BLAU**)	

Male in die leeren Spalten dein eigenes Püppchen!

Häkeln & Co
Grundlagen und neue Ideen für die Textilarbeit – Bestell-Nr. 11 753
KOHL VERLAG

Geknooktes Püppchen

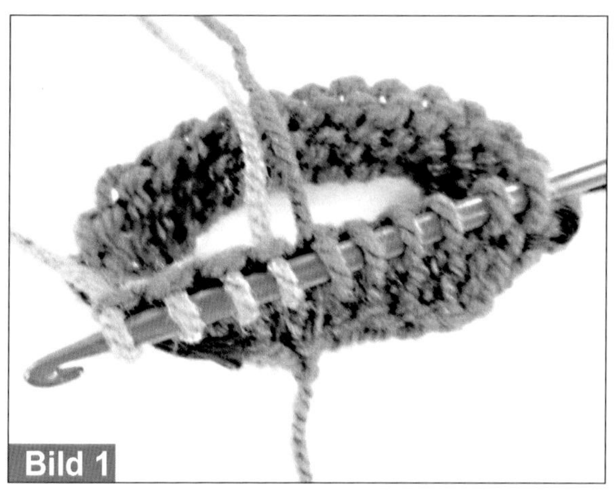
Bild 1

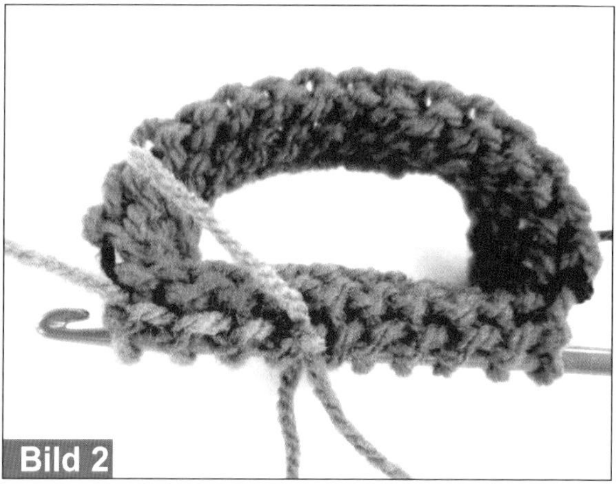
Bild 2

zu Bild 1+2: Du beginnst unten bei den Füßen oder Schuhen (siehe auch Grundkurs Knooken ab S. 79). Nach 4 Reihen rund geknookt möchtest du **die Farbe wechseln**?

Das geht ganz einfach, indem du dir die neue Farbe auf die Knookingnadel holst und 4 Maschen machst. Bevor es dann weitergeht, verknotest du die Enden beider Farben und schneidest sie kurz ab (sie liegen dann innen und brauchen nicht vernäht zu werden).

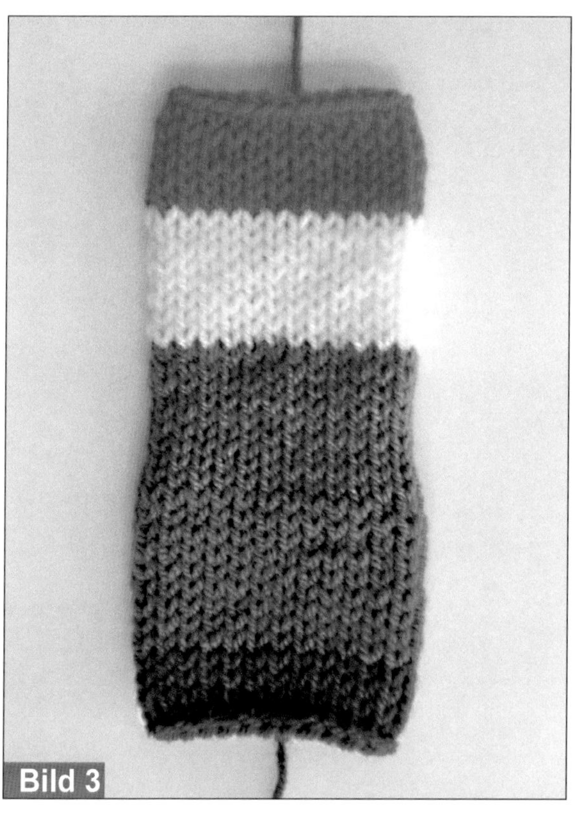
Bild 3

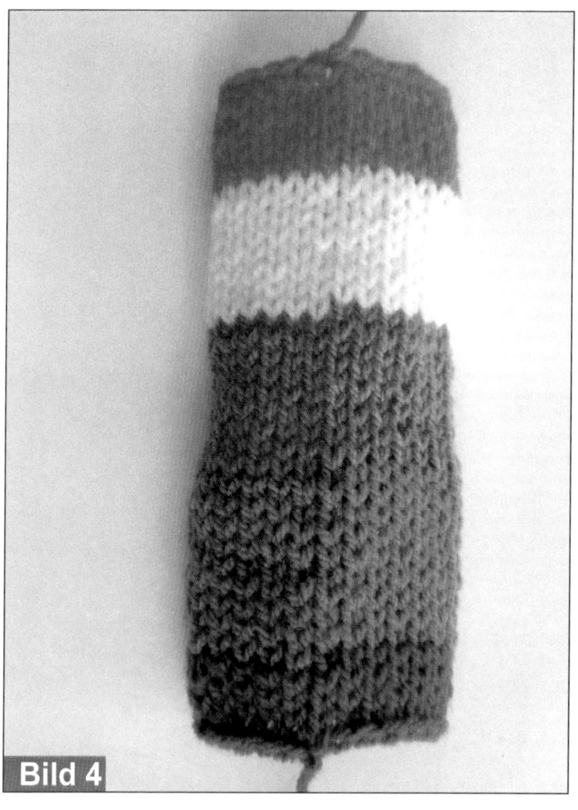
Bild 4

zu Bild 3: In weiteren Farbwechseln hältst du dich an deine eigene Planung ... hier siehst du mein fertiges Ergebnis von vorne ...

zu Bild 4: ... und von hinten. Da ist ein Versatz der Farbwechsel erkennbar ... geht nicht anders, weil wir in Spiralen gearbeitet haben. Macht nichts, ist ja hinten!

Häkeln & Co
Grundlagen und neue Ideen für die Textilarbeit – Bestell-Nr. 11 753

Geknooktes Püppchen

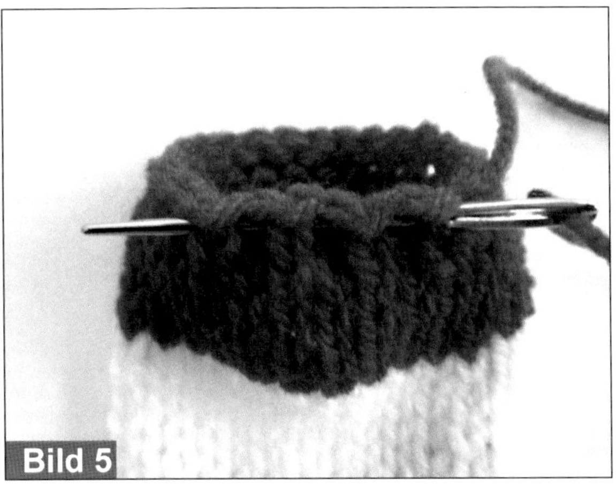

Bild 5

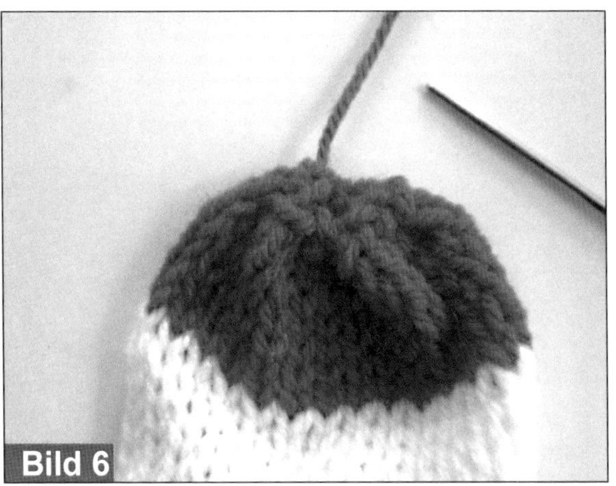

Bild 6

zu Bild 5+6: Um den **Strickschlauch** mit Zauberwatte zu füllen, schließen wir als erstes die Form am Kopf ... **mit der Stopfnadel**.

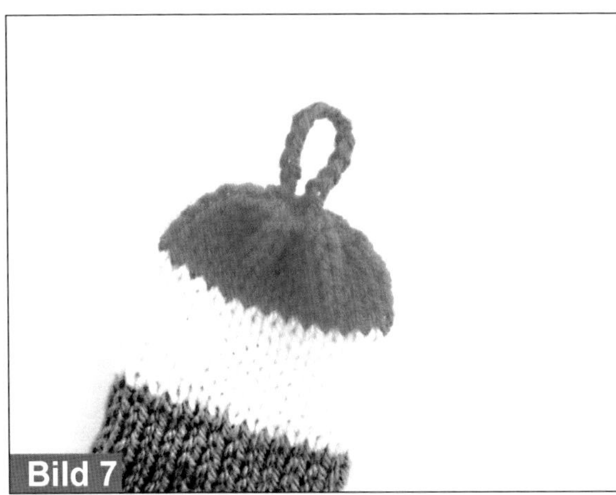

Bild 7

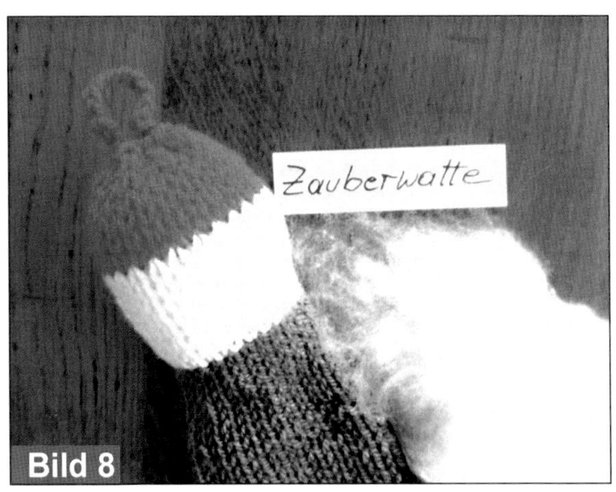

Bild 8

zu Bild 7+8: Eine Luftmaschenkette aus dem Endfaden ist praktisch zum Aufhängen ... oder fällt dir etwas anderes ein?

____

____

____

____

____

Alles gut vernäht, kann jetzt das Stopfen mit Zauberwatte beginnen ... der Kopf sollte schön dicht und fest gefüllt sein.

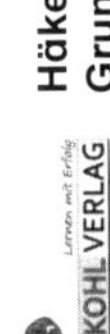

Geknooktes Püppchen

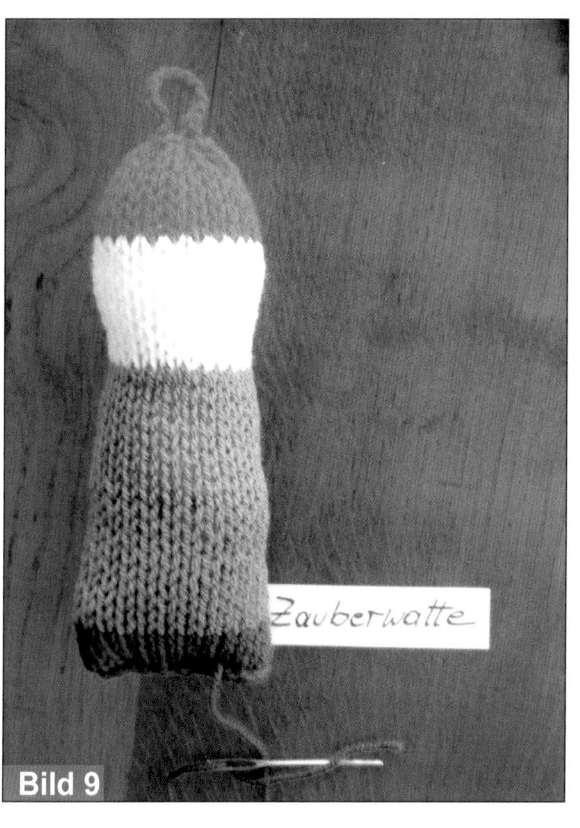

Bild 9

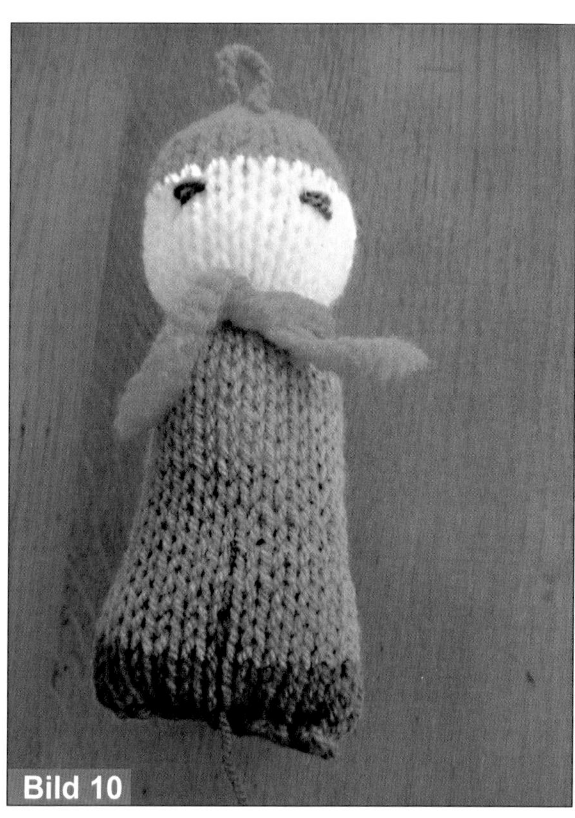

Bild 10

zu Bild 9: Der Rest des Körpers wird jetzt weiter ausgestopft und mit einem Steppstich an der unteren Kante abgeschlossen.

zu Bild 10: Das Püppchen ist offen für weitere Gestaltungsmöglichkeiten ... hier sind es aufgestickte Augen und ein Häkelschal, vielleicht erkennst du auch, dass mit einem Steppstich die Hose angedeutet wurde. Das kannst du auch mit den Armen machen, oder fällt dir noch mehr ein?

Weihnachts-Wichtel

Ein Wichtel ist ein kleiner Kobold oder Zwerg. Beim „Wichteln“ bringt er kleine Geschenke in der Vorweihnachtszeit und ist in jeder Schule bekannt, aber unsichtbar! Schade, denn er möchte sich outen ...

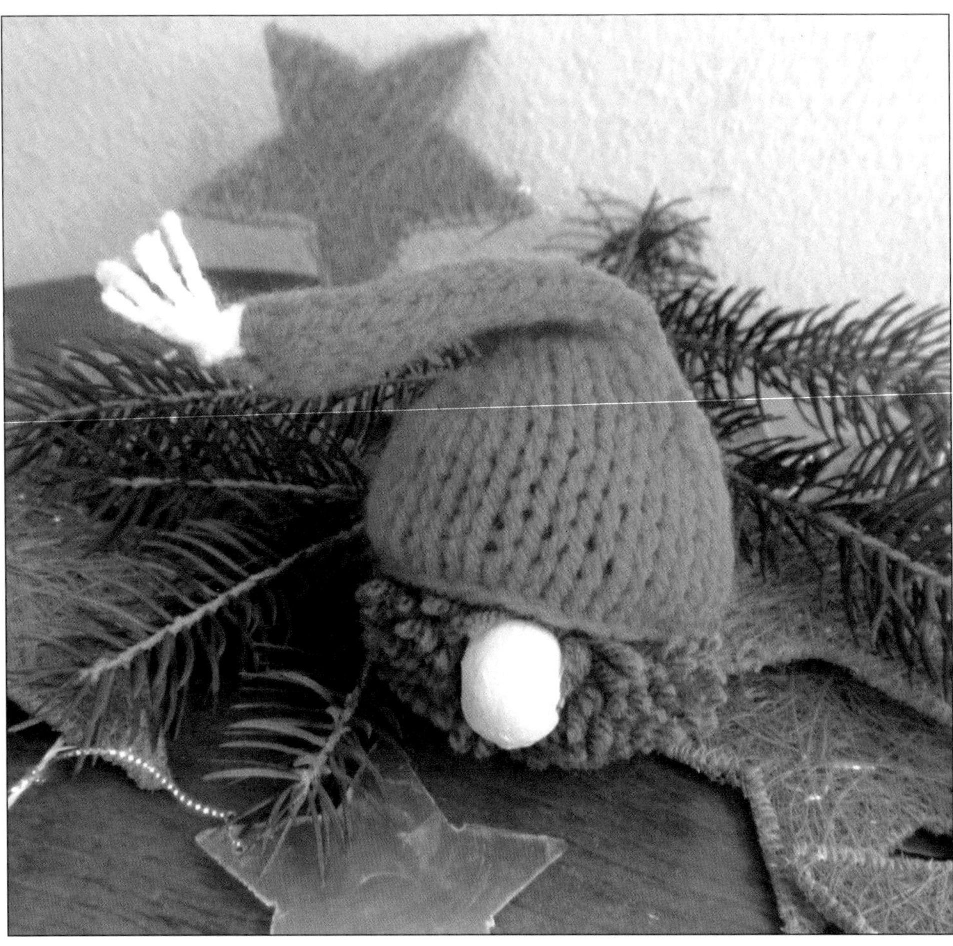

Farbbeispiel siehe S. 13 ✶

... und so geht es, ihn herzustellen aus einem Bommel und der geknookten Zipfelmütze. Mit der Nase mitten im Gesicht, unsichtbaren Augen ...

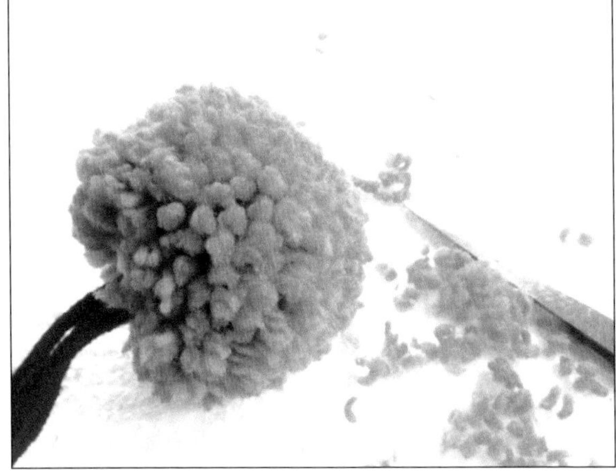

Bommel siehe S. 51-53 ✶

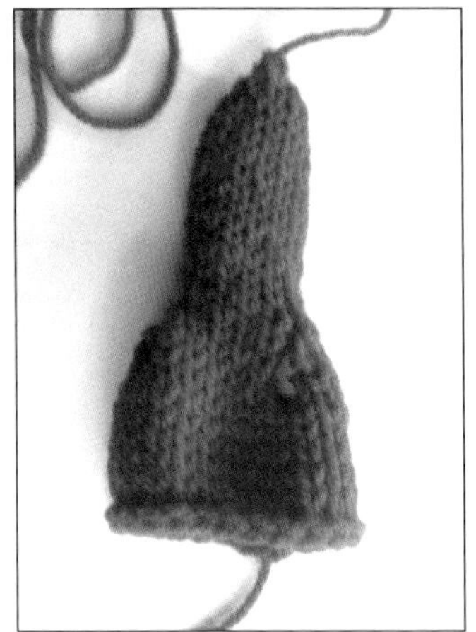

Zipfelmütze siehe S. 89 ✶

Häkeln & Co
Grundlagen und neue Ideen für die Textilarbeit – Bestell-Nr. 11 753

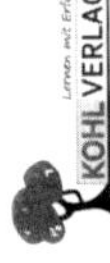

Weihnachts-Wichtel

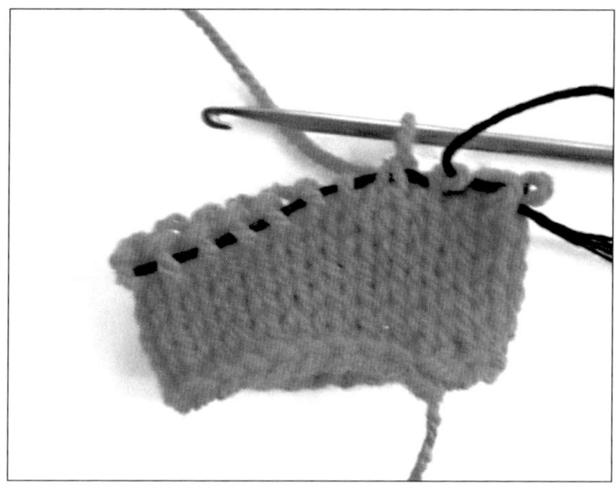

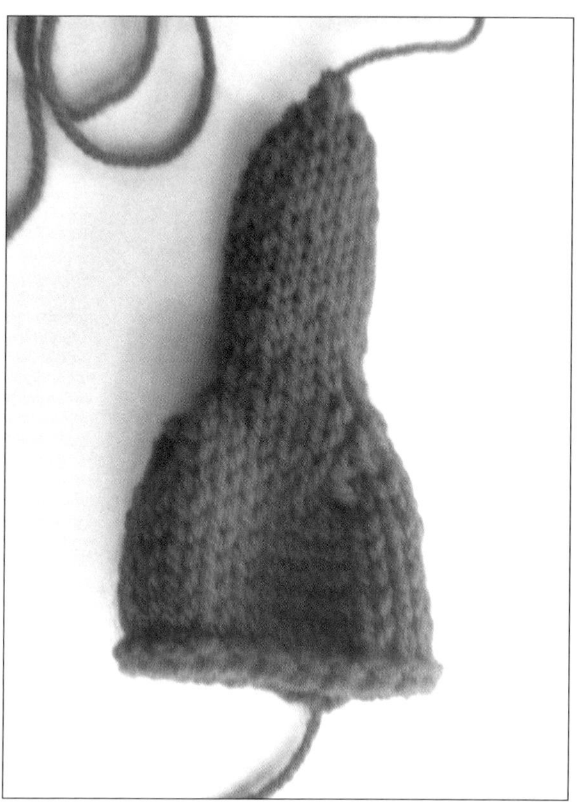

Beginne mit 25 Luftmaschen und schließe sie mit einer Kettmasche zum Ring. Knooke 7-8 Reihen (siehe auch Grundkurs S. 79-83).

Um eine Zipfelmütze zu bekommen, musst du Maschen abnehmen. Dazu häkelst du an 4 Stellen in der Runde jeweils 2 Maschen zusammen, bis nur noch 12 Maschen übrig bleiben (auf der Nadel und dem Hilfsfaden).

Nach weiteren 12 Reihen ohne Abnahmen häkelst du jede 2. und 3. Masche zusammen, bis nur noch 5 Maschen auf der Nadel sind. Schneide dann den Faden auf ca. 20 cm ab und ziehe ihn durch alle Maschen durch. Der Hilfsfaden hat jetzt ausgedient. Vernähe noch die beiden Endfäden mit der Stopfnadel in die Zipfelmütze.

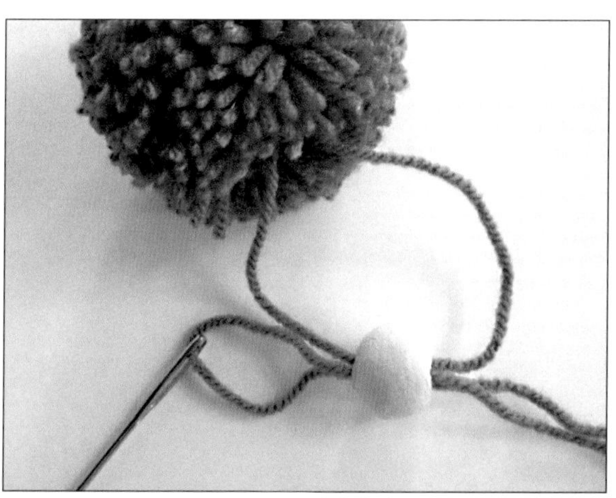

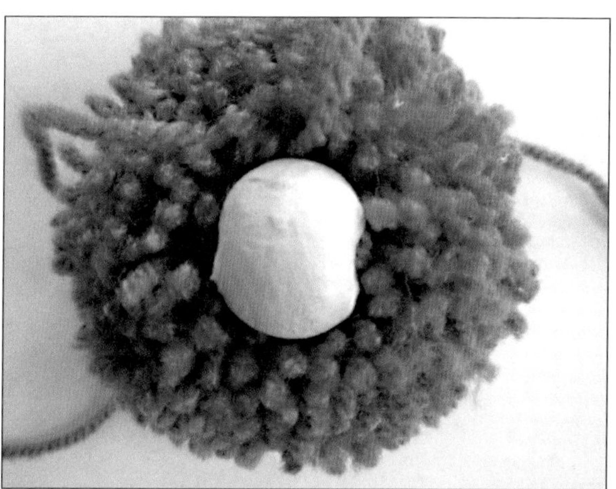

Der fertige Bommel bekommt eine Wattekugel-Nase. Fädele die Enden mit der Stopfnadel von beiden Seiten durch das Bohrloch, ziehe sie fest und mache einen Doppelknoten. Alle überstehenden Fäden kannst du so kurz abschneiden, wie der Bommel groß ist. Jetzt kannst du dem Bommel die Zipfelmütze überziehen, dein Wichtel ist fertig!

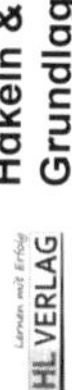

Beanie für Strickeinsteiger

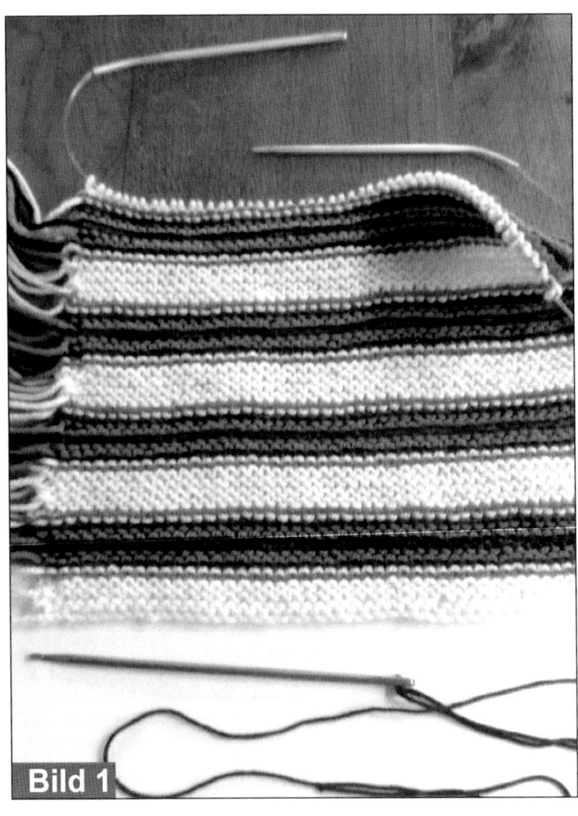
Bild 1

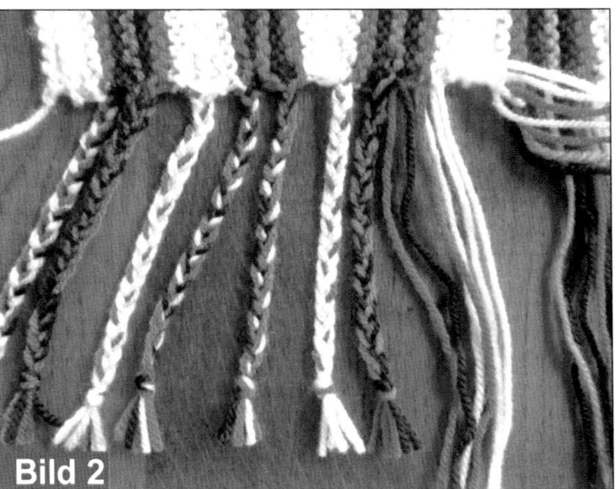
Bild 2

zu Bild 1: Diese Beanie wird in Hin- und Rückreihen quer geknookt und/oder gestrickt (Maschenbild kraus rechts).

Beginne mit der Knooking-Nadel und ca. 50 Luftmaschen, damit bestimmst du die Länge deiner Mütze. Jetzt geht es immer weiter mit rechten Maschen ... die kannst du knooken oder gleich eine Rundstricknadel benutzen (TIPP: geht schneller!).

Farben kannst du wechseln nach Lust und Laune, aber mache **mindestens 2 Reihen in einer Farbe**! Die Enden schneidest du auf einer Seite mindestens auf 20 cm ab.

zu Bild 2: Zwischendurch kannst du immer mal wieder die Enden verflechten (das ist besser als alle auf einmal zum Schluss). Ziehe sie dazu einzeln an der Kante fest, sortiere 3 mal 2 Fäden und mache daraus einen Zopf, so lang du ihn haben magst. Zum Schluss wird noch ein Überhandknoten gemacht und der Rest auf ca. 2 cm abgeschnitten.

Häkeln & Co
Grundlagen und neue Ideen für die Textilarbeit – Bestell-Nr. 11 753

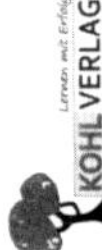

Beanie für Strickeinsteiger

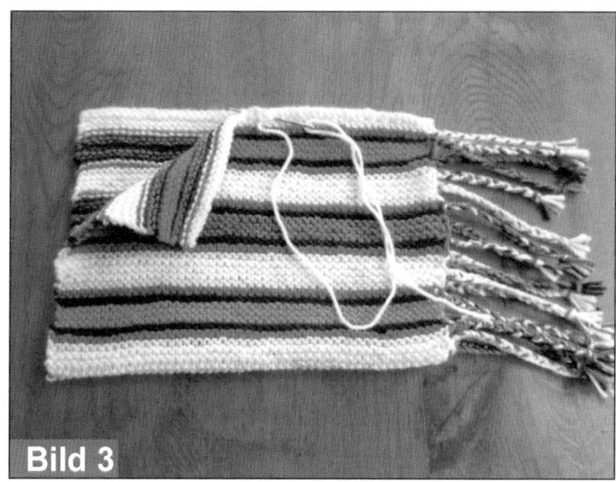
Bild 3

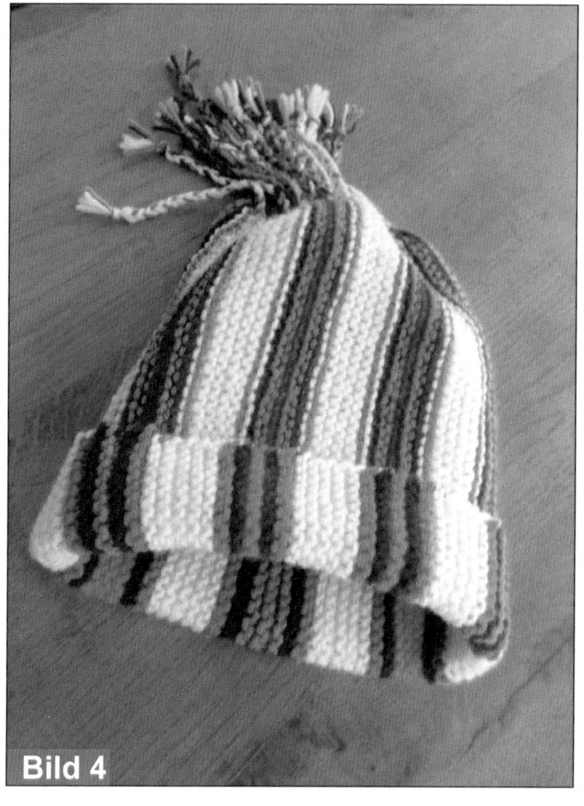
Bild 4

zu Bild 3+4: Es dauert eine Weile, bis du genügend Reihen für deinen Kopfumfang gemacht hast. Das Praktische an diesem Mützen-Modell ist, dass du zwischendurch immer mal wieder anprobieren kannst ... bis du meinst, jetzt passt die Beanie. Mit einer Stopfnadel und dem Steppstich machst du sie rund und kannst sie überziehen.

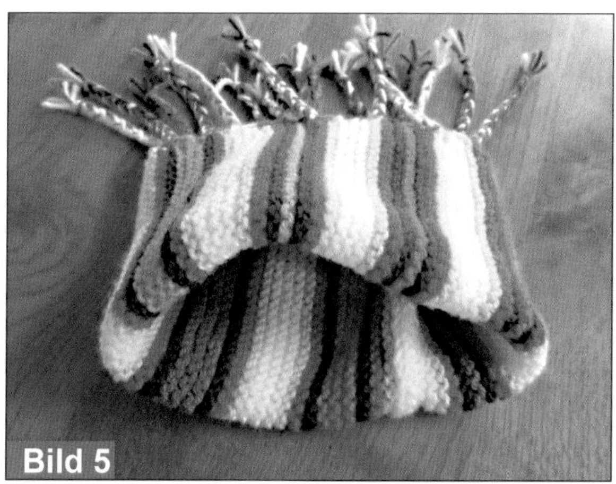
Bild 5

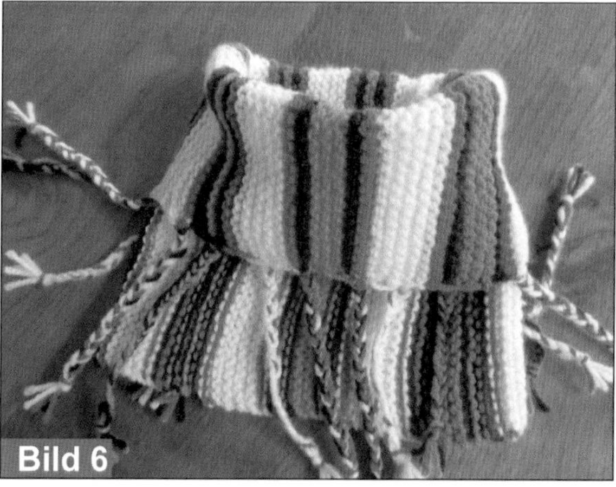
Bild 6

zu Bild 5+6: Deine Beanie ist ein wahrer **Verwandlungskünstler**, wenn du sie oben an den vielen Zöpfen nicht zusammennähst. Als cooles Stirnband doppelt gelegt für warme Ohren ... oder als Rolli für den Hals kommst du garantiert gut durch den Winter.

Häkeln & Co
Grundlagen und neue Ideen für die Textilarbeit – Bestell-Nr. 11 753

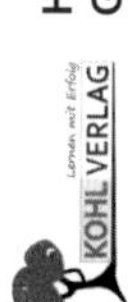

Klasse 5 6 7 8 9 10 11-13

Kunst, Werken & Gestalten

Werken & Gestalten

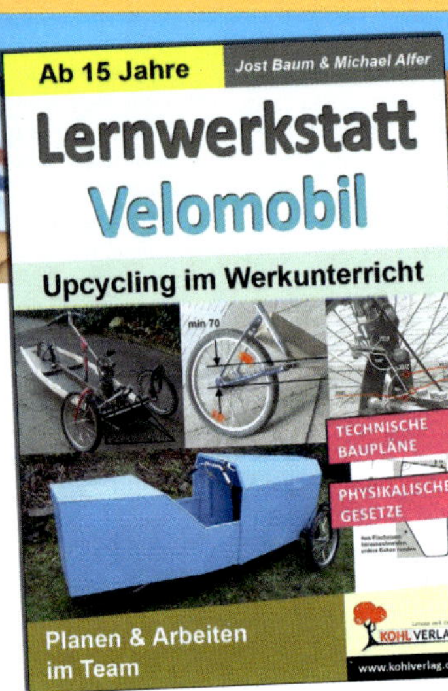

Jost Baum & Michael Alfer

Lernwerkstatt Velomobil

Upcycling im Werkunterricht

Aus 2 Kinderfahrrädern entsteht ein funktionsfähiges Velomobil - SPANNEND! Dieses wird in Gruppenarbeit hergestellt, wobei die Schüler diverse Fertigkeiten, Kenntnisse und Kompetenzen erlangen. Dazu zählt planerisches Denken, Fähigkeit zur Teamarbeit, Erkennen der Funktionsweisen von Fahrradbauteilen, unterschiedliche Demontage - und Montagetechniken.

44 S. | 12 387 | ab 12,49 € | 9 10 11-13

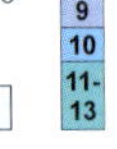

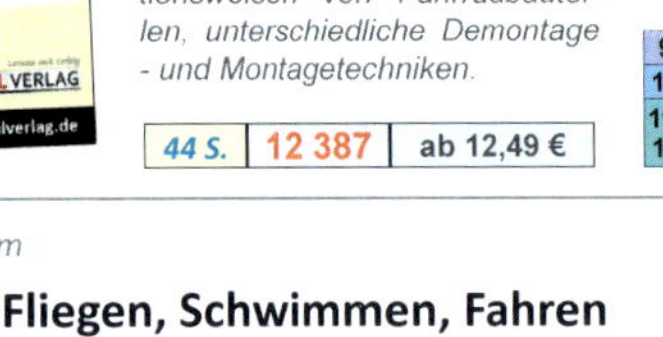

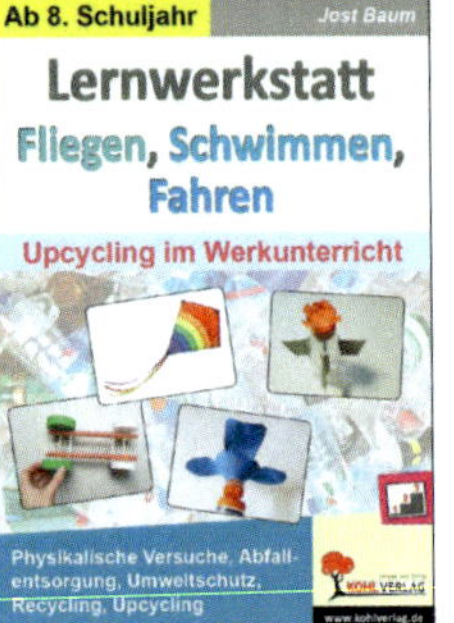

Jost Baum

LWST Fliegen, Schwimmen, Fahren

Upcycling im Werkunterricht

Der beste Abfall ist der, der gar nicht entsteht! Nachhaltigkeit und Klimaschutz passen mit der Wegwerfmentalität nicht zusammen. Die Abfallvermeidung muss daher das oberste Prinzip einer ökologischen Abfallwirtschaft sein, denn jede Form von Sortierung, Behandlung, Verwertung und Beseitigung, geht mit dem Verbrauch von Ressourcen einher und trägt zur Klimaerwärmung bei. Upcycling im Unterricht soll auf die wachsende Müllflut aufmerksam machen und auf sinnvolle Alternativen verweisen. Hier sind tolle Ideen für Upcycling im Werkunterricht.

48 S. | 12 764 | ab 13,49 € | PDF plus | 8 9 10 11-13

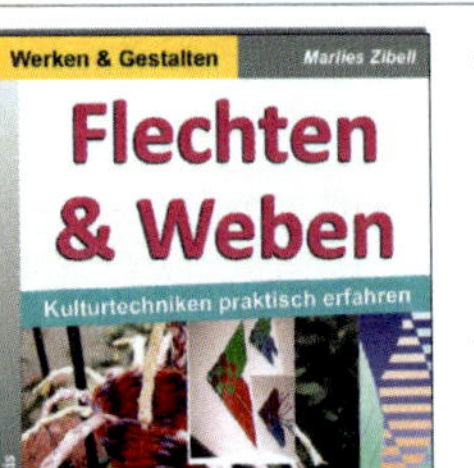

Marlies Zibell

Flechten und Weben

Kulturtechniken praktisch erfahren

Mit Flechten und Weben begann unsere Kulturgeschichte der flächenbildenden Techniken. Neu aufgerollt für die Unterrichtspraxis präsentiert die Autorin Ideen, Übungen, Methoden und Werkbeispiele. Dabei steht die praktische Umsetzung mit verschiedenen Materialien im Vordergrund. Die Motivation der Schüler beim Erstellen der im Alltag einsetzbaren Gegenstände wird verstärkt. Die Schritt-für-Schritt-Anleitungen unterstützen das selbstständige Arbeiten. ***Auch für fachfremd Unterrichtende sind die Ideen leicht nachvollziehbar.***

64 Seiten | 11 486 | ab 15,99 € | Alle Stufen

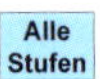

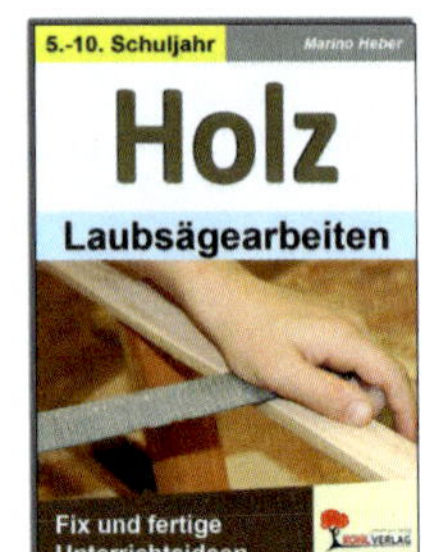

Marino Heber

Holz – Laubsägearbeiten

Fix und fertige Unterrichtsideen

Der Schwerpunkt liegt auf der Bearbeitung von Holz und auf dem Umgang mit der Laubsäge. Neben Informationstexten stehen Kopiervorlagen und ausführliche Bauanleitungen zur Verfügung.

__Aus dem Inhalt__: Teelichthalter, Kerzenständer, Taschentuchbox, Smartphone-Halterung u.v.m.

40 Seiten | 11 689 | ab 12,49 € | 5 6 7 8 9 10

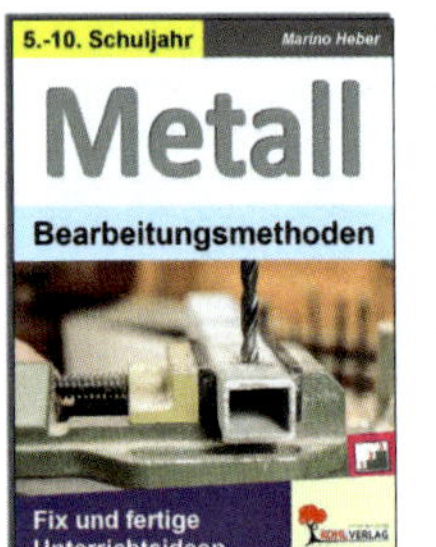

Marino Heber

Metall – Bearbeitungsmethoden

Mit dem Hintergrundwissen, dass die Verarbeitung von Metallen in der Evolutionsgeschichte einen technischen Meilenstein darstellt, werden die einzelnen Projekte des Bandes sicher noch intensiver von den Schülern erfasst. Es werden Säge-, Bohr-, Schleif- und Punktierarbeiten erklärt und praktisch umgesetzt.

40 Seiten | 11 835 | ab 12,49 € | 5 6 7 8 9 10

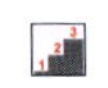

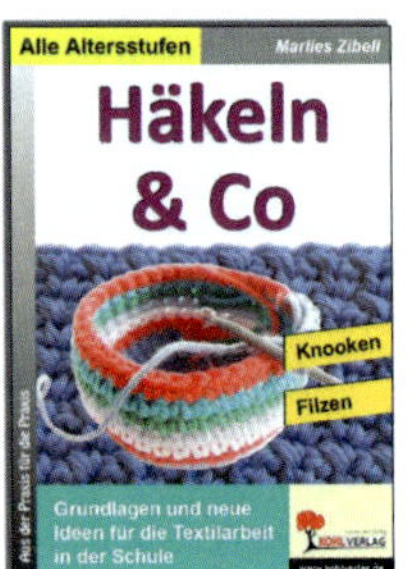

Annette Heber & Marino Heber

Kunststoffe – Bearbeitungsmethoden

Obst- und Stiftschale, Bilderständer, Laterne, Puzzlebild und ein Serviettenhalter. Bei den Projekten wird gebohrt, geschraubt, geklebt und mit der Heißluftpistole verformt. Der gezielte Einsatz von Werkzeugen fördert beim Umgang mit Kunststoff nicht nur die manuellen Fähigkeiten, sondern auch Geduld, Ausdauer und Genauigkeit.

40 Seiten | 12 035 | ab 12,49 € | 5 6 7 8 9 10

Marlies Zibell

Häkeln & Co

Grundlagen und Ideen für die Textilarbeit

Schrittweise wird in die Häkel-Technik eingeführt und Grundlagen für Erwerb und grundlegende Materialkenntnisse vermittelt. Kreative Beispiele und neue Werkzeuge eröffnen andere Möglichkeiten durch Eingehen auf z.B. Knooking und Rubberbands.

92 Seiten | 11 753 | ab 17,49 € | Alle Stufen

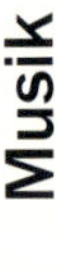

Musik

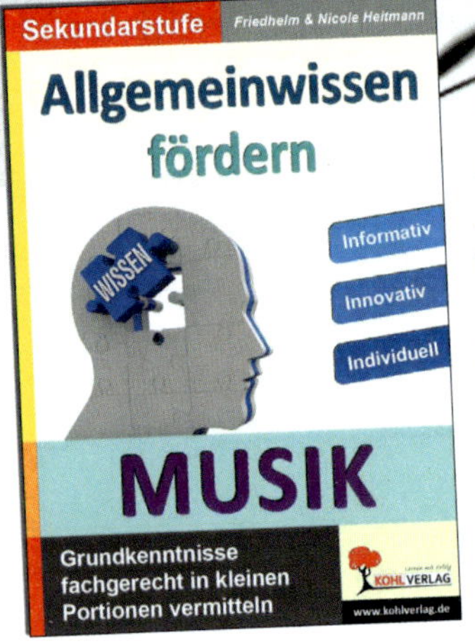

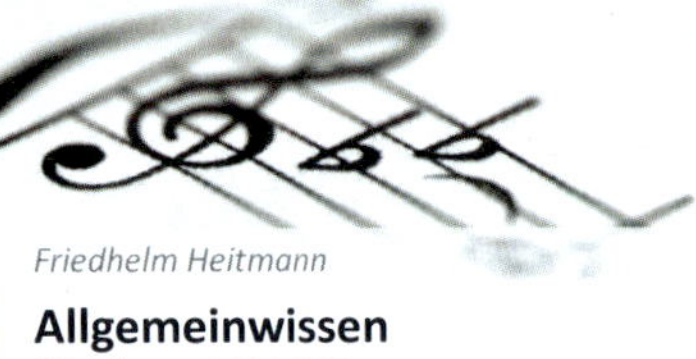

Friedhelm Heitmann

Allgemeinwissen fördern MUSIK

Mit diesem Band wird das Allgemeinwissen Musik gefördert, insbesondere bei den Kindern, deren Grundwissen zum Thema Musik recht schwach ausgeprägt ist. Folgende Themen werden behandelt: die Bedeutung von Musik, Musikinstrumente, Vokalmusik, eine Einführung in die Noten(schrift), Musikgeschichte, Tanzen. Ein in der Breite umfassender Überblick über die Musik!

64 S. | 12 351 | ab 14,99 € | FÖ | PDF plus | 5 6 7 8 9 10

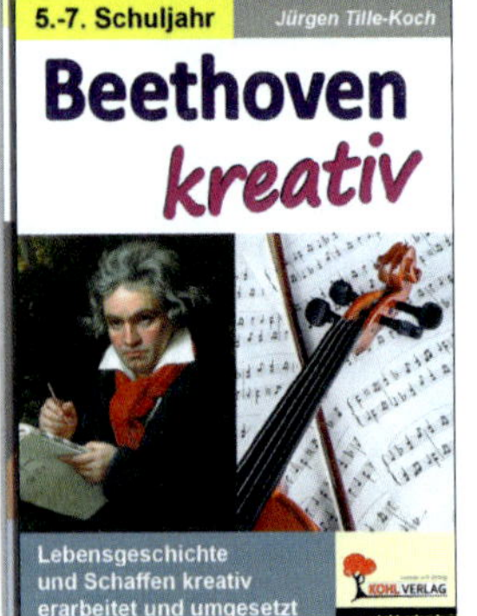

Jürgen Tille-Koch

Berühmte Künstler kreativ

Lebensgeschichte und Schaffen kreativ erarbeitet

Die Schüler setzen sich mit Künstlern der Musikszene des 18. Jahrhunderts auseinander. Lebensgeschichte und Schaffen des jeweiligen Künstlers werden bei leicht verständlichen Aufgabenstellungen kreativ in wechselnden Sozialformen und Gruppen erarbeitet. Eine Präsentation der visualisierten Ergebnisse und von gemeinsam live dargestellten Musikbeispielen schließt das Projekt ab.

48 S.	Mozart	11 780	ab 14,99 €
48 S.	Beethoven	11 851	ab 14,49 €
48 S.	Bach	11 922	ab 13,49 €
48 S.	Schubert	12 036	ab 13,49 €
48 S.	Tschaikowsky	12 219	ab 13,49 €

PDF plus | 5 6 7

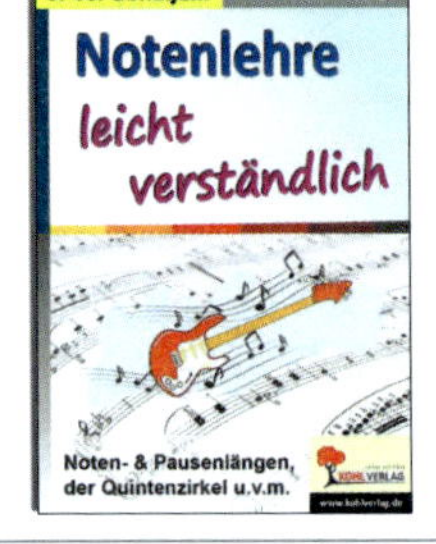

Sabine Runge

Notenlehre leicht verständlich

Noten- & Pausenlängen, der Quintenzirkel u.v.m.

Der Band enthält Übungen für das Lernen aller Noten, Notenzeichen, den Quintenzirkel, große – kleine Terzen, Dur und Moll, Intervalle, Lieder in andere Tonarten umschreiben, Akkordumkehrungen, musische Fachausdrücke bis hin zum Einstieg der Komposition für das Fach Musik. Die Kopiervorlagen erfordern wenig Vorbereitungsaufwand und sind auch für fachfremd Unterrichtende geeignet.

52 Seiten | 12 350 | ab 14,49 € | FÖ | 5 6 7 8 9 10

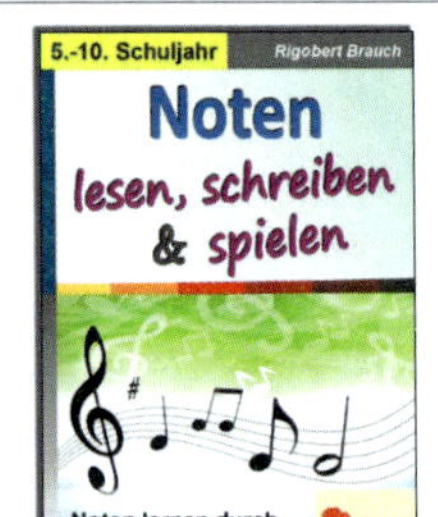

Rigobert Brauch

Noten lesen, schreiben & spielen

Bei der musikalischen Ausbildung spielt das Notenlesen eine zentrale Rolle. Umgang mit und Lernen von Noten bedeutet mehr als nur das Beherrschen von Notennamen. Sie sind ein interkulturelles Mittel der musikalischen Verständigung und verbinden Mensch und Musik miteinander. Dieser Band legt auf spielerische Art die Grundlage für einen Umgang mit geschriebener Musik.

__Inhalt__: - Noten lesen und spielen - Improvisieren leicht gemacht - Wortspiel – Worte klingen - Kantate – Märchenhafter Orient

48 Seiten | 12 274 | ab 13,49 € | 5 6 7 8 9 10

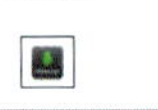

Rigobert Brauch

Notenwerte lesen, schreiben & spielen

NEU

Der Schwerpunkt liegt auf den Grundkenntnissen der Musiknotation. Einfache und schnell realisierbare Musikstücke verknüpfen das Basiswissen mit dem Musizieren. So werden die praktische Musikkompetenz der Lernenden, ihr spielerisches Umgang mit Rhythmen und die Freude an der musikalischen Praxis gefördert. Kooperative Lernmethoden ermöglichen vielseitige Erfahrungen und motivieren, musikalische Prozesse zu gestalten.

44 Seiten | 13 040 | ab 13,49 € | 6 7 8 9 10